LAURE

Je vous assure que cela « change » de ne pas avoir constamment en pensée le « il n'y a rien à faire ».

Laure

LAURE

ÉCRITS
FRAGMENTS, LETTRES

texte établi par J. Peignot et le Collectif Change

précédé de
PRÉFACE FINALE
par
JÉRÔME PEIGNOT

avec
VIE DE LAURE
et fragments sur Laure
par GEORGES BATAILLE

textes choisis et établis
par J. PEIGNOT

et un texte de
MARCEL MORÉ
sur
la mort de Laure

Société Nouvelle des Éditions Pauvert

LAURE ET LE COLLECTIF CHANGE

Le travail du Collectif Change sur les manuscrits inédits de Laure, et tout particulièrement celui de Marie-Odile Faye (et de moi-même), la découverte par nous d'un nouveau groupe d'écrits — le « dossier jaune » des archives Georges Bataille, contenant le « carnet rouge », voilà qui fut un grand moment à nos yeux dans une année 1975 jalonnée par beaucoup d'étapes cruciales.

Devant ces écrits déchiquetés et rayonnants, notre souhait désintéressé était d'assister à l'apparition, au grand jour, d'un des plus surprenants écrivains de ce siècle et de notre langue — d'un écrivain qui est une femme. A cela se joignait l'émotion violente qui trame cette Comédie divine et a-théologique, cet Inferno à plusieurs voix, joué entre Laure et Georges Bataille.

Un profond mouvement de la pensée politique, poétique et théorique traverse tout ce champ en filigrane : celui qui relie Georges Bataille à Raymond Queneau, par *Le Cercle communiste démocratique;* à André Breton, à Paul Éluard et au groupe surréaliste, par *Contre-Attaque;* à Michel Leiris et Roger Caillois, par le *Collège de Sociologie;* à Pierre Klossowski et André Masson, par *Acéphale.* La pensée et l'écriture de Laure traversent aux côtés de Bataille tous ces cercles concentriques — et parfois le précèdent.

Voici l'édition intégrale, à ce jour, de ses écrits établie avec nous par Jérôme Peignot. Où certaines correspondances inédites de sa jeunesse ont la fragilité d'un scherzo avant la grande fugue déchirante — les grands échanges érotiques avec Bataille, avant la mort.

Jean Pierre Faye.
juillet 1975.

Préface finale

Ma Mère diagonale

I

Ce n'est pas la première fois que j'éprouve cette sensation de ne pas être le fils de ma mère et de mon père, mais bien plutôt de ma tante côté paternel et de mon oncle côté maternel. Que je sois le produit de cette toute ensemble légère, totale et parfaite translation, je le sens aujourd'hui avec une grande précision. A elle seule elle rend compte de cette conscience très particulière que j'ai de vivre. Les vertus éclairantes de ce regard oblique sont proprement vertigineuses. Dans un léger cafouillage chromosomique dont je vis les effets dans le moindre détail, tout à coup je me découvre comme par le biais d'une coupe transversale. Alors, non seulement je m'explique moi-même dans mes comportements, mais encore je justifie les interactions de mes attitudes les unes sur les autres. Cela est comme si, infiniment plus qu'à l'ordinaire, je me prenais en flagrant délit d'être moi-même. Lors de tels instants je me vois enfin tel que je suis et de me connaître à ce point dans mes singularités — celles-là mêmes qui font de moi quelqu'un de différent des autres et, partant, de quelqu'un — pourrait me porter aux abords de la déraison. Pas assez de conscience égare, trop, au cœur de la lucidité, fait vaciller.

Ce décalage à l'origine de ma naissance me satisfait d'autant plus qu'il a pour premier avantage de nier mon père en le remplaçant par son contraire. Je n'imagine rien de plus différent de lui, en effet, que sa sœur Colette. Au tour grandiloquent de son frère, celle-ci répondait par une si grande grâce que ses contours en étaient comme tremblés dans une lumière exemplaire, et par l'exaltation d'une poétesse doublée d'une authentique révolutionnaire. Je n'ai jamais rêvé d'une femme plus naturelle que ma tante. Par sa volonté de rejoindre une toujours plus grande authenticité, Colette, ma morte (elle mourut lorsque j'avais douze ans) a passé sa vie à se fondre dans la transparence qui nous enveloppe.

Ma mère véritable est très exactement tout ce que ma mère diagonale n'est pas. Mon oncle, le frère de ma mère, mon père oblique, était, en effet, de droite lui aussi. Diplomate, il avait des manières et déjà de son vivant, tout se passait comme si je n'avais de cesse que je fusse assuré que j'en avais bel et bien hérité. Dans mon esprit, il s'agissait de mettre ses façons au service d'idéaux très exactement à l'opposé des siens. « L'oncle Jean » était un homme stoïque. Ayant sauté sur une mine à la fin de la *guerre de quatorze*, jusqu'à sa mort en 1962, il ne devait jamais cesser de souffrir de sa jambe droite. « Tu claudiques », c'est un bon début pour un homme qui cherche à faire carrière au « Quai », lui disais-je. Il souriait. Rien ne me plaisait autant que de resservir à mes ennemis le même plat que celui dont ils usaient avec moi. Cela me comblait d'autant plus qu'il s'agissait de parents qui, en dépit du fait que je ne partageais pas leurs opinions politiques, n'en étaient pas moins des êtres courageux. De détourner ainsi le courage de l'un au profit des conceptions de l'autre me procurait un réel plaisir.

En dépit de ce que je viens de dire, les rapports entre ma mère et ma mère diagonale étaient bons. En vérité, ce que Colette devait d'abord aimer chez Suzanne, c'était que, par sa seule présence, elle l'aidait à sortir de l'atmosphère étouffante des Laporte. D'être née dans un tel milieu donnait à Colette le tournis. Elle avait, tant les idées de cette famille catholique et bourgeoise lui étaient contraires, la sensation d'en avoir été niée dès avant sa naissance. Le fait de supporter une telle contradiction estompait ses traits dans leur pureté. Quand Laure, de son vrai nom, donc, Colette..., écrit pour la première fois à sa belle-sœur Suzanne qui vient d'épouser son frère Jacques, elle n'a que dix-huit ans. Elle vit avec ses sœurs Catherine et Hélène à Dammarie, la propriété de leur mère en Seine-et-Marne. L'endroit est agréable. Devant la maison, une grande pelouse enserrée d'imposants marronniers dévale jusqu'à la Seine. On pense à Renoir ou peut-être aussi à Pissaro. Cependant, il y a beau y avoir là une église avec un clocher pointu et des chants de coq le matin, trop près de Paris, Dammarie n'est pas un vrai village. En effet, les maisons qui, là, par-delà leur jardin, presque leur parc, donnent sur la Seine — trois ou quatre tout au plus — sont des maisons de « maître ». Les « enfants » y viennent pendant les week-ends avec leurs amis. Aussi, plus que l'extravagante légèreté des impressionnistes, mieux vaut évoquer la fausse quiétude bourgeoise peinte par Vuillard. Il y a quelque chose de torve au fond de cette paix-là : il a bien fallu que quelqu'un la paye. Comment, ou plutôt sur le dos de qui? Quand Mme Laporte, la mère de Laure, salue son jardinier, elle ne lui donne que deux doigts. C'est par ce genre de faille que des mondes entiers s'engouffrent. Victor ne tond pas régulièrement la pelouse : seulement, de temps en temps, une bande de terrain devant la terrasse. Au-delà, les herbes restent hautes. L'odeur de l'herbe coupée avive l'entendement. Laure n'a pas besoin de ce parfum pour raisonner. Elle pense trop, même jusqu'à s'empoisonner. C'est que la conscience qu'elle a de mener une vie aisée colore ses pensées de désespoir. Le luxe dans lequel elle vit a beau ne pas être excessif, il la ramène à elle-même. Il suffirait d'en sortir. Sans doute, mais comment? Il faut choisir une voie, mais laquelle? Gide, déjà, est passé par-là : il n'est que d'avoir fait un choix pour se dire qu'on aurait dû en faire un autre.

Le père de Laure est mort à la guerre de 1914 ainsi que ses trois oncles. L'événement a frappé les esprits. C'est la raison pour laquelle il existe aujourd'hui dans Paris une rue des *Quatre frères*... Confite en dévotion, la mère de Laure a choisi de donner à son reste de vie l'allure d'un long, d'un interminable martyrologe. Cette femme ne peut qu'avoir raison dès lors qu'elle a tant donné à la « patrie ». En regard d'une pareille douleur comment ne se sentirait-on pas en faute ne fût-ce que de vivre? Mais Laure vit. Elle a même « une soif infinie de vivre ». Non pas qu'elle veuille se laisser emporter par la seule pensée « d'une robe ou d'une boîte à poudre ». Ce à quoi elle aspire, c'est à « forcer les choses, adapter la vie à sa nature, l'enrichir et l'embellir par elle-même ». Elle a raison. Le bonheur, la légèreté ne se cueillent pas comme les fleurs dont elle emplit sa maison : ils se façonnent. « La vie ne donne qu'en proportion de ce qu'on lui donne. » Mais à force d'indécision, Laure se comporte à l'opposé de ce qu'elle souhaite : comme toutes ces jeunes filles qui attendent l'homme providentiel. Est-il seulement possible d'échapper à cette niaiserie? « Comment peut-il exister de vraies jeunes filles équilibrées? » Elle a hâte « d'être délivrée de l'état faux, irréel dans lequel elle se trouve ». Elle ne se rend pas compte que c'est précisément parce qu'elle ne voit que trop bien les choses comme elles sont, qu'elle se croit irréaliste. Chauffé à blanc par le regard qu'on porte sur lui, le réel a un aspect spectral qui renverse le sens sur lui-même.

Mais, réaliste, Laure l'est infiniment plus que sa belle-sœur, qui ne doit qu'à son insouciance de femme riche et policée de passer au travers de tous les événements graves et difficiles de la vie sans donner à penser. Cela, Laure s'en doute un peu, mais après quelques foucades : « c'est encore moi qui gâche cela qu'était ta tendresse avec la même manie atroce de détruire ce que je désire », elle se rend compte que son exigence est stupide : « ... l'Amitié, l'Affection ne sont que des *mots* quand on ne sait pas s'élever au-dessus des divergences d'idées — on se dit " esprit large " mais sorti de sa sphère (amis, entourage) le cœur ne suit pas — l'Affection est plus large et plus subtile que toutes ces mesquineries ». Que les deux femmes ne se comprennent pas, c'est certain. Ainsi, d'abord timidement, Laure commence à dire à sa belle-sœur qu'elle se sent aussi différente « qu'une femme blonde peut l'être d'une brune ». Mais elle a besoin à ce point d'être comprise et aussi, une telle crainte de ne pas être entendue, qu'à bout de souffle et d'amour, dans une même et courte phrase en forme d'appel, elle dit sa tendresse et son angoisse : « j'ai peur que tu ne me comprennes pas, ma chérie je n'en peux plus et j'ai hâte d'être au bord de la mer ». En fait, Laure parle moins à Suzanne qu'elle ne tente de lui faire partager sa solitude, ce qu'elle éprouve dans ce « jardin silencieux où elle ne peut pas se désespérer cependant en goûtant la forte nourriture que seule sait nous donner la solitude, ses joies dans leur brève durée sont assez intenses pour effacer les longs ennuis inséparables de l'isolement ». Mais, sans doute, n'y a-t-il de solution à rien. La vie le veut ainsi : « Tu n'imagines pas la joie folle de chaque seconde que j'éprouve à constater mes forces, écrit-elle à sa belle-sœur, entières depuis cet été seulement et je voudrais briser mon corps par mille efforts; je hais le sommeil et mon désespoir est de constater qu'en l'évitant le matin on y retombe plus tôt le soir... Ainsi nous pouvons briser toutes les barrières, nous sommes encore *limités* » — Mais sitôt cette remarque faite elle dit qu'elle voudrait « ne pas savoir penser » ... ne pas avoir « tellement réfléchi », être quelque chose de « précis », de « défini ». En réalité, et Laure le démontre à l'âge où elle écrit ses premières lettres à Suzanne, pour une jeune fille penser c'est prendre un risque fabuleux. C'est parce que Laure n'accepte pas de n'être que qui elle est : une petite jeune fille d'un milieu bourgeois aisé, qu'en réalité elle est déjà une femme.

Du fait de ses contradictions, de ses voltes toujours inattendues, sa correspondance se déchiffre comme on décrypte des hiéroglyphes. Et si, à l'état pur, la pensée n'était pas autre chose que ces réflexions d'une jeune fille réduite à réfléchir alors qu'elle n'est que sensation, qu'exaltation? A force de battre trop vite son cœur bat mal, exactement comme elle écrit : bien. On la voit ici prête à tout mais encore pour personne. A force de penser on dirait qu'elle a dépassé le seuil qu'il ne fallait pas qu'elle transgressât. Elle écrit des lettres et demande qu'on les lui renvoie. Pour un peu, elle préférerait qu'on ne les lût pas. Elle n'est pas folle; elle le sait parfaitement. Dans la mesure où ce que

MA MÈRE DIAGONALE

Laure écrit se trouve à ce point confondu avec ce qu'elle vit — ou ne parvient pas à vivre, comme on voudra — d'une manière fulgurante, ses lettres apportent certaines précisions sur la nature de l'écriture. J'ai, par exemple, entre bien d'autres, relevé cette expression : « mon cœur veut être un avec quelqu'un ». Elle n'écrit pas « un seul être ». Elle n'en est que plus vraie. Laure écrit comme on se dépouille... de l'écriture. En vérité, elle se débat en même temps avec la vie et avec les mots. Dans ses lettres elle crie, s'écorche aux ronces qu'elle accumule sur son chemin en écrivant. De son graphisme on dirait un agencement de poignards qui volettent au-dessus de ses lignes. En fait : tant elle parle vrai ou ce qui revient au même : tant elle se débat, elle réduit son propos à ce que l'on en décrypte. Dommage qu'on ne puisse reproduire cette correspondance en fac-similé. Laure tout entière est dans son écriture. Pour ceux qui parlent ainsi le langage est fébrilité. Et si, même, il n'était jamais que l'occasion d'un naufrage? « Vois-tu il y a des moments où tout croule et s'effondre et où il n'y a plus que la tendre clarté de toi. » En dépit du fait qu'elle ne cesse de proclamer que ses lettres sont des « brouillons », Laure sait écrire. En effet, par exemple, ces éboulis, on les voit. Le ton de ses lettres nous assure que le fait qu'elle écrivait à la fois a contribué à la perdre et à la sauver. A la perdre dans la mesure où d'écrire a fait qu'elle s'est trouvée toujours plus en présence de l'intraduisible; à la sauver parce que, de cette manière, elle a pu retrouver une respiration.

Mais qu'a-t-elle à se poser tant de questions? N'est-il pas évident que l'arrivée de cette Suzanne est une aubaine? Encore faudrait-il pouvoir « se donner tout entière, sans arrière-pensée. Mais pourquoi y a-t-il toujours elle entre les autres et elle et pourquoi si compliquée? » Elle est toujours séparée des autres par une vitre. Elle fait des signes mais finalement, ne les atteint pas. Parfois, la lumière se fait : elle a trouvé le moyen de voir les choses plus simplement et elle s'écrie, comme sur ce mot sans date que j'ai trouvé dans cette correspondance à Suzanne, ce mot qui, écrit sur son papier bleu fait l'effet d'une percée :

Et cela ne m'empêche pas de me simplifier —
Pardonne-moi : tu fais partie de la
beauté de la vie; toi et ce qui t'entoure.

Mais voilà déjà que le ciel se bouche à nouveau. Les lettres de Laure n'ont pas de ciel. « Je me sais si égoïste, écrit-elle, que le doute le plus affreux est d'aimer égoïstement... aimer parce qu'on se plaît à aimer. Dis-moi, là aussi se retrouve-t-on soi! alors rien ne vaudrait plus. Comprends-tu, sais-tu ce que... » Elle a beau ne pas finir ses phrases elles parlent, bien plus que si elles étaient faites. Le langage est tout en escarpements. Il révèle d'autant plus qu'il est apparemment informe. Si ces lettres n'ont pas de ponctuation elles ont davantage : ces vides, ce sont Laure, Laure qui, sans jamais ciller, dit ce qu'elle ressent par l'éllipse, le souffle retenu. Dans une lettre elle demande à sa belle-sœur si, elle qui vit avec cette grâce particulière, connaît le moyen d'aimer sans se laisser griser, sans contredire son amour par l'amour de soi qu'il avive. C'est parce que nous possédons un ego que nous sommes. Sans ego il n'y a pas d'amour et pourtant c'est ce même ego qui tue l'amour. Voilà encore Laure aux prises avec l'impossible. Et pourtant, cet impossible c'est le réel même à quoi nous sommes confrontés. La question que Laure pose là est la question par excellence, celle à laquelle on ne peut pas répondre. Et cependant, comment ne pas se la poser? Le raisonnement débouche-t-il toujours ainsi sur une impasse? Il faut se calmer : ne pas se laisser entraîner à dramatiser. Il doit bien y avoir une issue, la preuve c'est que le ciel, lui, est ouvert. A la question posée, Suzanne répondra par une formule : « le mariage ». Laure est plus que déçue : elle s'exaspère. Finalement, la réponse de Suzanne va l'aider dans la mesure où elle voit bien que, cette fois, elle est contrainte de s'assumer telle qu'elle est. « Merci chérie c'est pour toi qu'il m'a été donné de m'affirmer dans la contradiction. »

Ne serait-ce que pour saisir l'horreur que sourdement elles évoquent, on ne saurait mieux faire, en lisant ces lettres, que de se représenter toujours plus précisément l'endroit où, pour la plupart, elles ont été écrites : à Dammarie où, les beaux jours, des gens vides tourniquent sur le tennis du parc et où s'étale ce luxe qui la tue doucement, d'autant mieux qu'elle sait en goûter. Cette légèreté, elle a beau en juger comme elle juge sévèrement son frère Jacques, elle sait qu'elle en a besoin tout comme de l'éclat d'une journée de soleil. Et pourtant elle a conscience, et ce jusqu'à la transe : du temps perdu : « ... se laisser aller à une vie moyenne et basse, ne pas agir, se contenter des autres sans force, se laisser dominer par l'apathie, la banalité... la vulgarité des autres... vulgarité d'idées, néant d'intelligence, de beauté, de force d'amour — je ne le peux plus ». Elle a raison; la vulgarité est le refus de penser. Ici, la définition d'un mot est souvent celle du mot d'à côté. Laure est coutumière de ces translations. Son écriture est faite de cette mobilité. La prise en considération de ces écarts de sens est le signe même de l'esprit. Un été, Suzanne qui est cantatrice, fera venir à Dammarie son vieil ami Ricardo Vinès, le grand pianiste debussyste. Pour Laure c'est une fête. Elle prépare la maison, fait accorder le piano. Pourtant, à lire ses lettres d'alors, on a l'impression que c'est elle qui craque. Indicible, le « plaisir continu et solitaire » qu'elle prend à une telle « perfection » n'est-il pas « une sorte de perversion? » Dans de telles conditions, il était fatal qu'elle écrivît. C'est ainsi qu'elle commença, dans ses lettres à sa mère, par parler de « ce moi isolé que moi-même je voulais éprouver par une réalisation quelconque ». Mais ses premiers efforts lui apparurent bientôt peine perdue. « Pauvres essais avortés », dit-elle, « où je découvrais aussitôt le vide en soi de ce que j'appelais réalité ». Au fur et à mesure que je déchiffrais sa correspondance, je m'apercevais qu'en dépit de ses angoisses et de ses désillusions, Laure s'était acharnée. « Donner tout de nos forces pour recevoir tout de la vie au maximum de nos possibilités », écrivait-elle dans une lettre qui faisait allusion à ses premiers efforts d'écrivain, « ne peut rien détruire en nous de notre richesse de sentir ». Et puis, à nouveau, elle retombait, déchirée par la nécessité dans laquelle elle se trouvait de procéder à des choix, des orientations qui lui semblaient des mutilations. Elle aimait la vie, « voulait vivre et ne pas être seulement un cerveau ». Plus tard, dans l'un des brouillons de *l'Histoire d'une petite fille*, elle devait écrire : « A dater de ce jour apparemment calme, imperturbable je commençai à jeter des cris sur le papier : j'ai eu pour berceau un cercueil et puis pour langes un linceul, j'ai eu de l'amour une vision de prêtre lubrique ou de rigolades cyniques... je ne sais pas où je vais, mais peu importe puisque je sais où je suis : contre tous, aussi loin de ma sœur que de mon frère, mais nous sommes quatre et il y a quatre points cardinaux, je suis à l'est, pourquoi? Parce que le soleil se lève seulement et puis je vois si bien ma sœur toute froide au nord, mon frère « évaporé » au Midi et l'autre finissant... Quelle idiotie. Mais puisque je suis banale, il faut l'être avec cœur. Serai-je jamais capable d'imprimer un trait de volonté dans le réel? »

Marly, Louveciennes, Garches : Laure est contrainte de jouer sur le clavier des maisons qu'avec leurs amis Fleuret, les Laporte louent. Ainsi, c'est à Louveciennes que Laure rencontrera Paul Rendier[1]. Depuis quelque temps déjà elle parlait de mettre ses jours à l'étiage des « fièvres de la nuit ». Tout de suite ce fut non pas le coup de foudre — l'expression a un caractère romantique qui convient mal en l'occurrence — mais l'amour déchirant. En effet, si on ne possède guère de renseignements sur la nature exacte des relations de Laure et de Paul Rendier, du moins connaît-on la présence dans la vie de cet homme à l'époque, d'une autre femme, « d'une blanchisseuse »,

1. Paul Rendier, ami de Georges Bataille, est l'un des signataires des tracts du groupe *Contre-Attaque* en 1936.

m'a dit Suzanne avec un air entendu que je me suis refusé à entendre. Que Laure soit tout de suite éprise de Rendier on peut le reconnaître à cela qu'elle mêle l'aveu de son amour à sa déception d'écrivain. Du fait qu'alors « l'incommunicable d'elle-même s'est trouvé « partagé », elle ne considère plus ce qu'elle écrit que comme des tentatives dérisoires des « grimaces », des sources de « bévues », de mensonges, d'erreurs. Mais alors, Suzanne avait raison : c'était bien un homme qu'elle attendait. Mais non, ce n'était pas cela et Laure l'avait bel et bien prévu : « comprends-tu... il justifie ce pressentiment que si tout ce qui demandait à vivre en moi, si toutes les possibilités latentes trouvaient leur expression, ce serait l'angoisse complète, le paroxysme de l'inquiétude — la négation dans l'exaltation ». D'ailleurs, elle précisera : « n'imagine pas qu'il y ait quoi que ce soit entre Rendier et moi — une simple conversation — il a peut-être, à peine un peu de sympathie pour moi — c'est tout ce que je désire de lui pendant longtemps encore ». Il n'en est pas moins vrai que la rencontre avec Rendier marque une totale modification des rapports de Laure avec les « siens ». « C'est à sa liaison avec Rendier », écrit Bataille [1], « que Laure dut de rompre brutalement avec sa famille ». L'expression est inexacte : la preuve en est que, de Corse où elle est partie rejoindre Paul Rendier, « décision qui fut une des plus difficiles de sa vie », précise Bataille qui dit encore « qu'elle ne s'entendait qu'assez mal avec lui (ce qui est tout dire, cet « assez » étant pire que « mal »), elle continue d'écrire à sa belle-sœur. C'est la raison pour laquelle, replacés dans ce contexte, les trois messages envoyés de Bastia et d'Ajaccio prennent un singulier relief. Sans doute, au premier abord, c'est par ce qu'ils ne disent pas qu'ils parlent davantage. Le moins qu'on puisse en penser c'est que leur ton n'est guère celui d'une femme heureuse. L'impression que l'on tire de la lecture de ces trois lettres est que si, en effet, Laure se rendit en Corse pour rejoindre Rendier, celui-ci ne s'y trouvant pas seul, elle s'y retrouve surtout en présence d'elle-même. C'est presque physiquement qu'on sent sa solitude. Elle pose là sur les choses les plus simples un regard dont on connaît exactement le poids. La déception d'amour fait qu'on ne regarde plus le monde qu'en lui donnant la pesanteur de la mort.

Sans doute ne saura-t-on jamais les raisons profondes de cet échec : leurs opinions politiques communes ont-elles incité Laure à ne pas se replier romantiquement (on pourrait dire aussi : bourgeoisement) sur son amour? Dans le même temps qu'elle aime, Laure entend dépasser son sentiment? Plusieurs mois après l'épisode Rendier, elle écrira en effet à sa belle-sœur : « il me semble que si à trente ans on n'a pas réalisé tout l'amour qu'on porte en soi de désir de vie de beauté (envers et *contre tous*) ça ne vaut pas la peine ». Suzanne, grâce à qui Laure avait fait la connaissance de Rendier, aurait souhaité « tout autre chose pour elle ». Catherine, la sœur de Laure, aussi. C'est ainsi que ce qui devait arriver se produisit un jour et dans la violence. Ce soir-là, Catherine a commencé, en présence de Laure, par reprocher à Suzanne et à Jacques d'avoir fait faire à sa sœur la connaissance de « ce Rendier ». N'était-ce pas lui qui « avait mis dans la tête de Colette ces idées révolutionnaires? » A l'issue de cette discussion, Colette s'échappa. D'Orléans, elle écrit à sa belle-sœur la lettre bouleversante de solitude d'un certain 6 décembre, probablement de l'année 1926. Suzanne aurait dû prévoir sa réaction. Laure ne lui avait-elle pas écrit : « tout le monde se contente d'une « petite vie » et laisse tomber en soi l'ardeur de vivre par peur de la souffrance. J'aime cela, lu je ne sais où : « A tous il nous faut une ivresse que ce soit la passion, l'action héroïque, le vin ou l'opium : l'œuvre belle est toujours un acte d'amour pour la vie fût-ce au milieu du désespoir et de la négation — il n'est jamais de péché dans l'amour : pécheur qui laisse tomber en lui l'ardeur et la grandeur de vivre. » Si elle a recopié cette phrase, c'est aussi parce que, confusément, elle se sent décalée par rapport à ce qu'elle éprouve. Déjà elle s'accuse de ne pas être à la hauteur de ce qui lui est donné de vivre. Mais, en fait, et on le sent depuis les premières lettres de cette correspondance, Suzanne est comme embarrassée par l'amour par trop débordant que sa belle-sœur nourrit pour elle. Au reste, plus avisée qu'aurait-elle dû ou pu faire?

Longtemps, donc, ma mère suivit avec tendresse les fluctuations d'autant plus vécues de cet esprit tourmenté, qu'elles étaient imperceptibles. La grâce et le bon sens de ma mère qui, un temps, furent tout pour Laure, ne purent rien. Propos de jeune fille, dira-t-on, d'une enfant encore qui se cherche tout en se déchirant. En réalité, ses angoisses nous prouvent que Laure avait d'emblée atteint au comble du délire. Adulte, en effet, elle ne fit que prendre ses réflexions de jeune fille aux arêtes trop vives au pied de la lettre. Son œuvre prouve enfin qu'à force de tenter de sortir des impasses dans lesquelles elle s'était engagée, elle vécut, jusque dans ses derniers tourments, l'enfer de la raison. « Pourquoi, en allant jusqu'au bout de ma pensée, ai-je toujours l'impression de trahir ce que j'aime le plus au monde et de me trahir moi-même sans que cette trahison soit " évitable "? Si vous sentiez toute l'angoisse vécue et à vivre dont ce *pourquoi* est chargé, vous essaieriez de répondre, mais il n'y a pas de réponse possible. C'est en soi que l'on porte l'opposition la plus dangereuse. »

LAURE

Un événement se trouve au centre de la correspondance de Laure et de ma mère, événement qui, du fait que je ne l'ai pas mentionné, fait dans la préface aux *Écrits de Laure*[1], l'effet d'un trou : le suicide de Laure. Un soir qu'ils s'apprêtaient à se rendre à l'Opéra, un coup de téléphone enjoignit à Jacques et à Suzanne d'avoir à se rendre immédiatement auprès de Laure. Quelque chose de grave était arrivé. Elle habitait dans un petit hôtel étreignant de tristesse, avenue d'Orléans. Ils la trouvèrent gisant sur un lit, démantelée comme un mannequin et qui baignait dans son sang. On apprendra plus tard que la balle que Laure destinait à son cœur avait ricoché sur une côte. On se représente la scène : Suzanne en robe longue, Jacques en frac. Comment, même en esprit, ne pas éprouver l'extravagante crudité de cette réalité qui s'offrait : béante. Les premières paroles de Laure furent, de toutes ses forces de reste, pour innocenter Bernier et bien faire entendre qu'elle ne s'était pas tuée pour lui. Puis, elle supplia qu'on l'emmenât dans un hôpital et non dans une clinique. Pour elle, au moment où elle touchait à la mort, il ne s'agissait pas là d'un détail. Par ce geste, elle entendait redresser l'erreur de sa naissance, erreur qui l'avait fait naître dans un milieu auquel elle se sentait étrangère. Mais son frère, craignant le scandale, entendait agir à sa guise. L'insistance avec laquelle elle tint à régler ses frais... de clinique témoigne du fait qu'elle prit sa fausse sortie pour un luxe de plus.

Ainsi, on le voit, en prenant Laure pour mère je ne trahissais ma mère véritable qu'avec le meilleur de mon père. En fait, loin de la trahir, je ne faisais que rendre justice à ses rêves d'amoureuse.

N'empêche : en dépit de cet accord entre les deux femmes de mon récit, je ne serai parvenu à bout de mon propos que si le sentiment prévaut que chacune de mes lignes est ici une croix. Ce à quoi je vise, en effet, c'est à donner à penser à un être : moi, qui, au lieu d'en suivre le cours, aurait, par l'entremise de ses naissances de plus en plus déviées, remonté le temps à l'infini jusqu'à patiner dans un vide immémorial.

Revenons-en à Laure. Peu après que, pour la première fois, j'eus formulé l'idée de ce transfert à l'origine de ma naissance, je reçus une lettre de Georges Bataille. Son œuvre exerçait sur moi une fascination d'autant plus grande que, traitant d'érotisme, son auteur avait été pendant plus de quatre ans l'amant de ma tante. Au reste, ce qui portait mon trouble à son comble, c'était le fait de savoir que Bataille avait eu pour Laure une authentique passion amoureuse.

---

1. Ed. J.-J. Pauvert, 1971.

Que je puisse ainsi avoir sur ces amours un double point de vue leur conférait un singulier relief.

Parce qu'ils s'étaient l'un et l'autre longuement expliqués sur ce point, je savais qu'en s'étreignant Laure et Bataille avaient eu une certaine appréhension de la mort. Que Laure fut morte faisait que je participais à cette expérience qui avait été la leur.

Déjà, j'aurais été capable de reprendre toute l'œuvre de Bataille et de retrouver derrière chacune de ses pages quelque chose de sa folie pour Laure. C'est ainsi que, pour moi, les deux volumes de *l'Expérience Intérieure* et, surtout, *Le Coupable* se réduisaient à l'énoncé de la grammaire passionnelle de son auteur. Derrière ces paragraphes, en filigrane, se découpait le visage de Laure et cela avec la force terrible d'une incantation. Plus encore : je me faisais fort de déchiffrer l'œuvre entière de Bataille à la lumière de son désir de Laure. C'est ainsi que, progressant dans la lecture de *l'Érotisme*, j'avais la sensation de remettre les pas dans ma propre exploration du plaisir. Enfin, restait *le Bleu du Ciel*. Cet infini-là, d'une manière à la fois évidente et impalpable, me restituait l'image de ma Laure avec tous les pouvoirs et, aussi, tous les sortilèges de l'évidence.

Ainsi, on comprendra d'autant mieux mon trouble en recevant une lettre de Bataille qu'on aura saisi que si j'avais fait d'elle ma *mère diagonale* Laure était aussi autant que pour Bataille sinon plus : ma morte à moi, ma hantise à jamais, mon véritable amour. Ce qui me fascinait en elle c'était que les excès de sa lucidité l'avaient aidée à donner corps aux fleurs de sa folie. Je savais que de voir trop clairement comment le monde est fait et de vivre l'oreille collée sur les battements de sa transparence avait communiqué à Laure toute sa beauté.

A nouveau donc, je ne pus me contraindre à ne pas songer à ce qu'avaient dû être les étreintes de Laure et de Bataille. J'imaginais, mêlée à leur tendresse sans nom, leur fureur amoureuse inscrire leur couple dans les rets d'une série de lois qui rendait leur folie naturelle. Je voyais même Georges, en bon théoricien du plaisir, justifier leur amour à tous deux au point d'en faire les éléments d'une logique implacable. De Bataille aussi et depuis longtemps, j'avais fait un père, non pas un géniteur mais un père mental. Qu'à la fois Laure fût morte, qu'elle eût été ma tante et que je l'eusse aimée passionnément sans avoir jamais pu l'atteindre, me réduisait à l'état d'une blessure, d'une quelconque forme ayant assez de vie pour souffrir d'amour et, compte tenu de la violence qui m'était faite, pas assez. Cette brûlure sourde, infiniment profonde, je n'ai, par la suite, cessé de l'éprouver. Elle m'a aujourd'hui réduit à l'état d'une braise qui n'en finit pas de se consumer. Tout ceci explique pourquoi j'ai moins lu les ouvrages de Bataille que, notre amour étant commun, je ne les ai scrutés, cherchant à retrouver dans ses écrits quelque chose des palpitations de mon sang.

Contribuant encore davantage à me voiler le regard à la fois du bonheur d'avoir retrouvé ma Laure et d'angoisse de devoir constater que je l'avais perdue pour toujours, un livre de Bataille dénonçait plus que les autres la présence de Laure dans sa vie : *l'Abbé C*. Après la guerre de 14 s'avisant que, dans l'euphorie de la victoire, les bourgeois risquaient de s'éloigner de la foi chrétienne, l'Église avait introduit des prêtres dans les familles parisiennes. Avant les prêtres ouvriers, en France, une guerre avant la dernière, on vit donc des « prêtres bourgeois ». L'un d'eux entra dans ma famille dépourvue d'hommes du fait du conflit. Mes trois grands-oncles et mon grand-père étaient morts en l'espace de quelques semaines et mon père s'était engagé en 17 et avait été envoyé dans le Rif. L'occasion était trop bonne pour qu'on la laissât échapper : un prêtre vint donc et s'installa. Il s'appelait l'abbé D.

Ma grand-mère était une personne confite en dévotion et au catholicisme étouffant. Elle avait trois filles. Comme bien l'on pense l'abbé usa des circonstances pour faire main-basse sur ce qu'il pouvait et caresser mes tantes. Il va sans dire aussi que jamais je ne sus le fin mot de toute cette affaire. Chaque fois que j'ai évoqué la présence de ce prêtre chez mes parents, j'ai vu les bouches se pincer. Les Laporte, y compris et surtout mon père, sont des comédiens, des gens passés maîtres en l'art non pas seulement de se dédoubler mais de ne plus même savoir où ils en sont avec eux-mêmes à force de toujours trop bien se composer une figure. Tout récemment encore, j'ai tenté de connaître le fin mot de cette affaire; je n'ai trouvé que des pantins aux attitudes d'automate déréglé.

Ainsi, réduit à des supputations qui, depuis, font partie des fantasmes de mes nerfs, j'en suis venu à m'imaginer Laure cachée dans un grenier où elle confiait à un cahier qui n'était pas encore et, dans le même temps, beaucoup plus qu'un journal de jeune fille, le récit hachuré des manœuvres à demi abouties du prêtre de sa mère.

Enfin, et ce point ne contribuait pas pour peu à vouer tout ce qui la concernait au silence, Laure avait été « communiste ». Dans la famille, prononcé avec une intonation contenue parfaitement significative, le mot fomentait une gêne telle qu'elle remettait en question ceux-là mêmes qui avaient *frissonné* cette allusion. En réalité, l'embrasement révolutionnaire de Laure répondait de ce qu'elle entendait par l'évidence. Pour elle, être une militante révolutionnaire ce n'était que rendre à l'air la transparence qui est la sienne, l'épeler jusque dans les derniers replis de sa profondeur. Pas plus que Bataille ne s'est radicalement opposé à l'U.R.S.S.[1], Laure n'a suivi aucun précepte à la lettre. Elle était allée en Union Soviétique dans les années 1930 où sa pureté avait rendu inévitable sa fascination pour la cause naissante du socialisme. Elle avait ramené de ce pays alors ensanglanté, le meilleur de sa flamme et l'avait nourrie autant avec son amour pour Bataille qu'avec ses convictions politiques profondes. Jusque dans ma chair, je connaissais les troubles de son courage, lesquels ne l'ont pas occupée seulement au moment de ses engagements politiques, mais dans tout le cours de son existence. Sa personne entière était la Révolution. Celle-ci n'est jamais que la vérité qui se manifeste. Logique avec elle-même, Laure était habitée d'une rage sainte à ce point que sa personne entière irradiait d'imperceptibles tremblements de la même nature que ceux qui font vibrer la lumière aux abords d'un feu.

Ainsi n'est-ce qu'artificiellement que j'ai séparé les convictions révolutionnaires de Laure du reste de sa vie. Son amour, la Révolution et ses poèmes ne formaient qu'un triangle dans lequel elle vivait enfermée, un signe qui se retrouvait à l'endroit de son sexe, sur son visage et dans le fond de ses mains; un triangle qu'elle fracassait sans cesse pour toujours mieux le reconstituer.

C'était en février 1936. Du fait des événements les esprits étaient « surexcités » pour employer l'expression de Suzanne. On n'en peut pas moins être assuré du calme et de la sérénité de Laure pour qui la présence du Front Populaire au pouvoir devait être la source d'une grande joie, sans doute, mais aussi d'un surcroît de fermeté.

Quand, ce jour-là, Laure arriva rue du Ranelagh, elle remarqua aussitôt un drapeau tricolore que ses neveux avaient fabriqué avec des chiffons et mis à la fenêtre. « Tu les laisses mettre cette ordure au balcon », fit-elle. « Le drapeau français n'est pas une ordure », répliqua Suzanne outrée. Si, alors, Suzanne se rendait compte de ce que 1936 représentait pour Laure, visiblement elle n'imaginait pas ou plus ce que le drapeau français évoquait à sa belle-sœur. Non pas tant la mort de son père que tout ce que, forte de sa peine, sa mère leur avait fait vivre à ses sœurs et à elle, tout ce qui fera la substance de *l'Histoire d'une petite fille*, le récit autobiographique de Laure. Et pourtant, Suzanne aurait pu se souvenir. Dans une lettre d'août 1922, Laure ne lui disait-elle pas déjà : « Décidément maman s'est beaucoup trompée »? Il est vrai qu'il s'agissait d'un euphémisme — c'est le moins qu'on puisse dire —, vrai, aussi, que

1. Cf. *La part maudite* (Éd. de Minuit).

Laure était toute de « pudeur farouche » et, enfin, qu'il y avait plus de dix ans que cette petite phrase lui avait échappé. Et puis, en dépit de tout, Laure n'avait jamais cessé de montrer beaucoup de compassion à l'égard de sa mère.

Mais, si elle ne peut pas ignorer tout ce par quoi sa belle-sœur est passée — ses drames familiaux et amoureux comme son voyage en Russie — Suzanne n'y pense pas même. C'est que cette « grâce » de Suzanne que Laure lui reconnaît, et qu'elle admire tant, est, en réalité, et pour l'essentiel, faite d'oubli. Dans Paris, un mot circulait à propos de Léon Blum, un slogan lancé par un journaliste de la presse de droite dans le but de jeter le discrédit sur l'homme qui se trouvait alors à la tête du gouvernement du Front Populaire : « Léon Blum s'appelle Karfunkel et il a de la vaisselle d'argent ». Suzanne avait invité quelques amis. On était à table lorsque à la faveur d'une discussion sur les événements du moment — on ne pouvait guère parler d'autre chose — Suzanne fit état du nom supposé de Léon Blum et de sa « vaisselle d'argent ». « Tu as des preuves » lui demanda Laure calmement? « Mais enfin, c'est une chose connue de tout le monde », répliqua Suzanne. Laure aussitôt se leva, jeta sa serviette sur la table et sortit. Une demi-heure plus tard le téléphone sonna. C'était M. Bluwal, le chef de cabinet de Blum : « Madame, vous avez dit, il y a un instant, que Léon Blum s'appelait Karfunkel et qu'il avait de la vaisselle d'argent. Qu'entendez-vous par là et avez-vous des preuves de ce que vous avancez? » Suzanne raccrocha sans répondre. Ses amis, à qui, aussitôt, elle fit part de ce qu'elle venait d'entendre, lui firent peur en lui disant qu'elle était « bonne pour la prochaine charrette ». Jamais, après cet événement, Suzanne ne devait revoir celle qui lui avait témoigné tant d'amour. Quelque chose dans cette rupture nous dit que, bien qu'elle en soit l'artisan — du moins au premier abord —, Laure en a non seulement plus souffert que Suzanne mais encore qu'elle en a souffert jusque dans son corps. Ses idées, en effet, Laure les a vécues sans la moindre compromission de sorte qu'elle n'a pas pu ne pas s'en sentir affectée dans sa personne entière. Ce combat intérieur qu'elle a mené, Laure a parfaitement éprouvé ce qu'il lui en coûtait de le livrer. Ainsi, par exemple, n'a-t-elle pu ignorer de quel prix exactement elle payait la perte plus que d'une amitié : presque d'un amour.

MA MÈRE DIAGONALE

***

Au sujet de la mort de ma tante, de nombreux bruits ont couru dans la famille où, pourtant, d'ordinaire, les racontars circulent mal. D'abord (et sur ce point, après tout ce que j'ai appris au sujet de l'abbé, j'ai tout lieu de penser que la scène s'est bel et bien passée), tandis que Laure était à l'agonie, ma grand-mère avait exigé que l'on fît venir un prêtre. Encore consciente, Laure, comme bien l'on pense, s'y était opposée de toutes ses forces de reste. Mais, surtout, je m'étais laissé dire que ma grand-mère avait fait la connaissance de Bataille alors que Laure venait d'être mise en bière. Que de fois me suis-je représenté la scène. Je voyais, comme on me l'avait rapporté, ma grand-mère identifiant Bataille par-dessus le corps de Laure, l'embrassant (et chaque fois, j'avais l'impression de très exactement connaître la pression mesurée de ses vieilles lèvres sur la joue de Bataille) et, finalement, Bataille ayant enfin dit que « cette fois Laure était à lui », ces deux êtres se jalousant le cadavre [1].

Dans une lettre, Bataille me disait donc « qu'il venait de revoir une revue où il avait trouvé mon nom ». Je savais qu'il faisait allusion à cette publication qui avait reproduit une partie du livre que je publiais à l'époque. Or, il n'est pas un seul de mes ouvrages où, tentant de redonner à Laure la présence qu'elle méritait, je n'avais mentionné son nom. Depuis toujours et aujourd'hui encore, celui-ci est pour moi comme, par-delà la mort, ce cri voilé qu'il suffit à la vraie vie de pousser pour témoigner de sa permanence. Puis aussitôt, Bataille précisait « qu'il était honteux d'être resté si longtemps sans m'écrire ou, plutôt, d'avoir été radicalement incapable de m'écrire ». Il mentionnait ensuite « que ceci coïncidait avec le fait qu'il allait à la fin revenir habiter Paris ». Il me donnait sa future adresse, son numéro de téléphone, les heures où le joindre et ajoutait : « Si nous pouvons nous trouver simplement dans Paris l'obstacle que nous avons rencontré tombera. » Enfin — et de relire cette formule toute simple écrite de sa main me procure encore une émotion trouble — il m'assurait de « sa profonde affection ». S'il avait éprouvé tant de difficultés à m'écrire, c'était parce qu'il était dans sa nature de dresser ainsi artificiellement des obstacles. A travers moi, sans même encore me connaître, il visait déjà à s'interdire de rejoindre sa Laure pourtant perdue à jamais.

---

1. Au sujet de la mort de Laure, voir l'article de Moré en annexe.

LAURE

Quand j'arrivai au bar du Pont-Royal, seul un homme aux cheveux gris était là qui m'attendait. Ce que nous nous dîmes alors n'a que peu d'importance. Ce qui, en revanche, en a, c'est le fait dont je témoigne ici absolument, que je vis de grosses larmes rouler sur ses joues.

Puisqu'aussi bien, en regard de leurs choix politique je les récuse l'un et l'autre, ne suis-je tout à fait ni le fils de ma mère ni, surtout, celui de mon père; puisque je ne suis pas non plus celui de Laure que j'ai aimée et que j'aime encore passionnément, ni encore moins celui de Bataille, j'en suis petit à petit venu à ne me sentir le bâtard de personne. Dans ces conditions (qui ne l'éprouverait pas?) cela tourne à vide. Pire ou peut-être mieux, je n'engrène plus sur aucune réalité, vis dans un pays qui me file sous les pieds, une contrée toute de moirures et qui, finalement, n'a jamais existé.

II

Chaque fois que j'évoque la figure de Laure, je retrouve un ton vrai, ma vie sentimentale s'organise, se dépouille des scories qui l'encombrent. Cette femme et l'amour que j'ai pour elle purifie tout. Ma passion me rend à mon authenticité. Ce point s'est trouvé vérifié par la lecture des écrits de Laure, lecture qui a aussi contribué à confirmer mes liens de sang avec elle. Déjà, je pensais que je vivais avec mon père quelque chose de la même nature que ce que Laure a connu avec sa mère. A une génération de distance, dans la même famille, nous sommes en effet de sexe opposé, deux mêmes enfants perdus. En lisant enfin *L'Histoire d'une petite fille* et *Le Sacré*, il me semblait que je changeais de sexe et me retrouvais dans le sien. Nos textes aussi, je les échangeais. Je sentais ce que Laure avait écrit, jusque dans la moindre virgule, le moindre souffle. Et si tout mon travail se réduisait à faire connaître celui de Laure? Je n'ai peut-être écrit que pour faire la connaissance des hommes qui pouvaient me faire lire ces textes et m'aider à les publier. A nouveau je connais les moments de cette première lecture :

J'avance lentement dans ma lecture, dans toute cette lumière. Ces textes tant ils sont beaux me giclent dans les yeux.

Désir de transformer chacune de mes femmes en Laure. J'entends les pousser à devenir ce qu'elle fut, ce qu'elle est aussi encore pour moi : non pas ma tante mais « ma mère diagonale ».

Laure, une femme débarrassée de toute famille, seule afin d'être toujours plus ouverte au plaisir et, de ce fait, à la mort.

Dans ses écrits, je vis donc que Laure parlait de sa première corrida. Dans ces quelques pages, elle disait qu' « *à côté d'elle la vue du sang faisait bander un homme comme un cerf* ». Cet homme, dès que j'eus déchiffré ces lignes, ce fut moi, moi ravagé du désir d'elle : Laure.

LAURE

Dans *le Bleu du Ciel* Bataille, rendait compte d'un voyage à Barcelone et j'apprenais que Laure s'y était rendue. Il avait intitulé un autre livre *L'Abbé C.* et je connaissais quel rôle avait joué un certain abbé D. dans la vie de Laure.

Mais, en réalité, Laure n'était présente ni dans l'un ni dans l'autre de ces livres pas plus cependant qu'elle n'en était absente. Les pistes que je suivais se croisaient, se brisaient mais un peu plus loin je les retrouvais entières. En fait, Laure était indubitablement présente aux endroits les plus forts des livres de Bataille. Comment n'y avais-je pas songé plus tôt? J'en étais à ce point convaincu que j'avais même fini par reconnaître la présence de Laure même dans les livres de Bataille antérieurs à l'arrivée de ma tante dans sa vie.

Laure s'arrangeait pour faire travailler ce que d'aucuns appellent un travers (et que, moi, je nomme le désir de rendre aux mots tout leur sens), à son acheminement vers toujours plus de pureté. « Dans la conversation, m'explique Leiris, il fallait faire attention. Il y avait des choses que l'on ne pouvait pas dire sans s'exposer à une implacable réprimande. Avec elle, on avait le sentiment de se trouver sur le tranchant d'une arête. » Laure, je le sens en effet, était une lame. Ses jugements sur certaines choses, celles afférentes à ses opinions politiques par exemple, étaient sans appel. « Je ne supporte pas plus la banalité chez les autres que chez moi-même, les propos pour ne rien dire », répète-t-elle souvent dans ses écrits. Je me l'imaginais dans ses conversations avec « les autres » et ne pouvais pas ne pas me dire qu'elle devait sans cesse les ramener à toujours plus d'exigence. Chez elle, cette attitude provenait du fait que tout ce qui pour elle atteignait à une certaine vérité du même coup touchait au « sacré ». Des scènes de famille qu'elle avait connues, elle avait hérité ce sens du « sacré » qui marque toute son œuvre. De ceci, pour qui connaît l'œuvre de Bataille, il est facile de conclure que, du fond de son enfance, Laure ne pouvait déjà que répondre aux plus belles et aux plus authentiques des aspirations de l'écrivain. Cette force implacable qu'elle mettait à défendre ce que lui suggérait sa sensibilité, elle en faisait le principe même de son sexe.

J'ai le sentiment ici d'expliquer Laure par les nerfs ou, plutôt, au moyen de mon sang, le même que le sien. Comprendre Laure à ce point c'est, à défaut de l'étreindre, m'identifier à elle dans des moments de trouble voisins de ceux de l'amour. Au vrai, lors de tels instants, j'ai la sensation de faire l'amour non pas tant avec ma morte qu'avec l'air même dans lequel elle est, l'air qui, en retour, parce qu'il m'enivre, lui aussi m'explique.

Curieux tout de même que l'homme qui me lie à cette femme que j'aime éperdument (et dans ce mot-là il y a perdu) soit si indubitablement le contraire de ce que nous sommes ou nous fûmes, Laure et moi. Dans le même temps et c'est ce qui explique la violence de ma passion pour elle, c'est aussi *contre mon père* que j'aime ma tante.

Dans ses textes, Laure ne se montre cependant pas aussi vindicative à l'endroit de son frère. Quelque part, elle le compare à un chat ou à quelque chose d'approchant : « Jacques partit de ses pas souples. On aurait dit qu'il se trouvait toujours sur un court de tennis alors que les autres marchaient tous dans la maison comme sur le tapis qui mène à la Sainte Table. » Ailleurs, elle précise encore : « Mon frère seul nous tirait du malaise par une désinvolture qui faisait éclater en trombe ces fous-rires sacrilèges qu'il faut contenir au salon ou à l'Église. » Mais plus tard ses réticences s'expliquent par le fait que force lui fut de constater qu'il n'était guère pour elle qu'une fausse bouffée d'air. Bataille reconnaissait que la personne de mon père était nantie d'une certaine auréole de scandale. De ce fait, il lui accordait une certaine considération. Mais l'attitude n'était, chez mon père, guère plus qu'une grimace. Sa liberté sexuelle, en effet, ne sortait pas du cadre bourgeois, des formes conventionnelles, dans lesquels il tenait finalement à se maintenir.

Pour Laure, chacun avait le devoir de vivre au plus pur de lui-même. Ainsi, pour elle, la corrida ne pouvait pas ne pas apparaître le moment pathétique par excellence. C'est sous l'influence de ma tante ou, plutôt, en pensant à elle et aux problèmes qu'elle se posait, peut-être pour l'aider, que Leiris m'a avoué avoir écrit *Miroir de la Tauromachie*. Sur la page de garde de ce petit livre illustré de dessins de Masson qu'il m'avait envoyé, il avait écrit : « Cher Jérôme Peignot, voilà le petit livre dont je vous ai parlé. J'espère bien pouvoir vous expliquer, l'un de ces prochains jours, quel est son lien exact avec celle que (ne pouvant la nommer) il fallut bien baptiser " Laure ". » Quand bien même le livre de Michel était-il illustré de somptueux dessins érotiques de Masson, je me sentis investi du droit et même chargé du devoir, chaque fois qu'en moi le besoin s'en faisait sentir, de souligner vigoureusement les passages qui m'atteignaient au plus profond. Je ne tardai pas à me rendre compte que ces lignes-là étaient celles derrière lesquelles je reconnaissais la présence, mieux même : le visage de Laure. « L'estoc — jusqu'à sa garde fleurie du *matador* — disparaît au sommet du garrot, comme la rose rouge qu'une fille au corsage serré se plante entre les seins. » « Une passe de poitrine : la lui mettre entre les seins. » « Tout se résume peut-être en un bout d'étoffe rouge cloué sur un mur blanchi à la chaux : haillon de sang brûlant contre la prison des os. » A vrai dire, si ces citations, pour moi, me ramenaient à Laure, pour tout autre que ceux dans le secret, elles ne faisaient allusion qu'à la vie amoureuse de tout un chacun pourvu qu'elle fût passionnée. Comme une écharde qui darde, Laure s'incrustait pour moi dans le sentiment même que j'avais de la vie dont, de toute la fièvre de sa vérité, elle nourrissait les moments les plus hauts.

Quand j'eus terminé ma lecture, l'envie me prit de rajouter les commentaires que les propos de Leiris me suggéraient. Laure était à l'origine de ce texte, je me retrouvais, moi, en pouvoir de le parachever. C'est ainsi que, dans la ligne du thème de Leiris qui, là, établissait d'une manière magistrale ces liens qui unissent et même confondent les gestes de la corrida à ceux de l'amour, je parlai, en marge de son livre, de « la virginité du taureau face à la mort ». L'homme, lui aussi, ne mourrait-il pas dans l'amour? Je goûtais tant le récit de Leiris que j'aurais aimé me l'approprier. Au vrai, par le sang n'était-il pas déjà un peu le mien? On le voit, de quelque manière que je prenais cette affaire, je multipliais les chassés-croisés : par l'entremise du « *Miroir de la Tauromachie* » je retrouvais ma Laure. Par-dessus ce livre, Laure et moi confondions notre même et irrésistible besoin d'écrire, notre même désir de confondre l'amour et l'écriture.

Enfin, peu après ma rencontre avec Michel, je devais me rendre compte qu'il m'avait envoyé deux fois le « Miroir ». Mon trouble fut grand lorsque je lus sur la page de garde du second exemplaire ces quelques mots : « A la mémoire de Colette... ». De lire là le nom de ma tante ou plutôt le mien accolé au sien me donna une émotion indéniable. Les lettres de ce nom enserraient un mirage. J'eus alors le sentiment que Michel scellait là notre union à Laure et à moi, cette union que je ne savais comment désigner. Faute de mieux, j'ai donc parlé de ma « mère diagonale ». L'expression ne vaut que si l'on a saisi que le terme de « mère », ici, ne supprime pas celui d'amante.

En fait de croix, je dois à la vérité de dire aussi que « De la littérature considérée comme une tauromachie » (la préface de Leiris écrite à *l'Age d'homme*) depuis toujours, m'a servi de document phare. Pour l'autobiographe que je suis s'y trouvent les règles suprêmes qui doivent me guider. Du moins d'un point de vue mental je voyais « *Miroir de la tauromachie* » précéder « *De la littérature considérée comme une tauromachie* » et, par conséquent, édicter les lois de mon travail. Laure était en effet à la source de mes plus fortes exigences en matière d'écriture ou, du moins, je savais qu'elle devait y être. A elle seule, l'idée de la placer devant moi comme une clarté dans la nuit de sa mort, chargée de conduire le meilleur de moi-même à bon port, me grisait. Considérant les choses de cette manière, rien ne m'empêchait plus de tenir mes cris pour confondus à ceux qu'elle ne poussait plus mais dont, pour moi, dans ses vibrations les plus reculées, l'air rendait toujours témoignage.

C'est à cette même époque que Jean-Pierre Faye me rappela que Laure traversait *Fourbis*[1]. Je l'avais lu pourtant mais ne m'en souvenais plus. Était-ce que, malgré moi, j'avais jusqu'alors jeté un interdit sur ce qui concernait Laure? Si je devais ne pas me tromper, je ne voyais qu'une raison à mon comportement, celle, bien qu'elle fût morte, de rendre ma tante toujours plus inaccessible, comme un amant se torture avec délices des tourments que lui inflige la séparation d'avec celle qu'il aime. Ce texte de *Fourbis*, je le relève ici avec le bonheur confus que l'on imagine. Laure apparaît dans ce livre à titre de trace amicale, douce et trop humaine pour que tout ce qui s'attache au prénom qu'elle porte ne se transforme pas un peu, chez Leiris, en amour : « Pour dire adieu à son cadavre, si juvénile malgré le mal qui dès longtemps lui rongeait les poumons, ma main posée quelques secondes sur le front froid d'une femme de mon siècle et de mon climat en qui j'avais placé le meilleur de mon amitié, moi qui — sans être un homosexuel — regarde l'amitié comme une espèce d'amour et suis probablement — quelque dégoût que j'aie pour la sublimité des amours platoniques — l'homme des amitiés féminines plutôt que celui de la passion; j'ai découvert plus tard que ce geste dernier adressé à une créature qui, depuis des années entretenait avec l'Ange de la mort des rapports si familiers qu'elle semblait lui avoir emprunté un peu de son impénétrabilité de marbre, n'avait été que la machinale mais tendre reproduction d'un geste plus ancien, accompli du temps qu'elle était encore à peu près en santé : un soir que nous traînions à quelques-uns dans les bars de Montmartre et qu'elle s'était enivrée, ainsi qu'il arrivait souvent quand elle ne pouvait plus soutenir l'effort qu'il lui fallait pour sauvegarder un équilibre qui ne tenait jamais qu'à un fil, suspendue qu'elle était entre la glace et le feu par sa rigueur et sa passion, son dégoût de la vie, son messianisme social et son incapacité de subir une contrainte, j'avais posé ma main sur son front pour l'aider à s'affranchir de sa nausée

1. P. 214 de l'édition Gallimard : notée par Marie-Odile Faye au printemps 1970, en même temps que les pages 213, 225 et 239.

en vomissant, caresse unique dont ma paume droite — sur laquelle pesait cette tête qui s'abandonnait, autant par l'effet de l'alcool que par celui des antinomies implacables dont elle était éternellement la proie — n'a pas perdu le souvenir. Comme en témoignent tels des feuillets qu'elle avait rédigés, cette amie avait choisi pour se dépeindre le prénom émouvant de « Laure », émeraude médiévale alliant à son incandescence un peu chatte une suavité vaguement paroissiale de bâton d'angélique ».

Peu avant la date où j'ai fait toutes les découvertes que je viens de décrire, je fus invité par Dominique Aury à me rendre dans cette maison de la Boissise-la-Bertrand où Paulhan avait vécu et où, de son vivant, j'avais été convié à une de ces mémorables parties de croquet qui aiguisait sa malice en décuplant sa joie. Paulhan n'ignorait pas l'existence de Laure et quand je lui avais apporté mes premiers essais à la N.R.F., tout de suite il m'avait dit : « Vous avez de qui tenir! ». Puis nous avions évoqué l'existence des textes de Laure. Dès cet instant, Paulhan devait m'inciter à faire une démarche auprès de mon père dans le but de le convaincre d'autoriser la publication de l'œuvre de sa sœur. Lorsque à quelque temps de là je me retrouvai donc dans ce but chez mon père, qu'à l'époque je n'avais revu depuis plusieurs années, je l'entendis me répondre : « Paulhan n'aime que le scandale ». « Et Leiris, fis-je, lui aussi tient le même langage » — « Je n'ai jamais compris une seule ligne de ce qu'il écrit ». « Et Bataille ne dit-il pas que l'œuvre de Colette est admirable? » — « Bataille a fait beaucoup de mal à Colette ». Ces réponses, dilatoires s'il en est, furent tout ce que j'obtins. Pour moi qui faisais de ces trois hommes mes maîtres à penser, je fus bouleversé. Déjà, à lui seul, le fait que l'on puisse accorder si peu de crédit au travail de Laure me renversait. Il était cependant possible de formuler à l'endroit de mon père une autre critique, autrement pertinente. « Pourquoi vouloir remuer tout cela », disait-il en substance. Il oubliait qu'il s'agissait de l'œuvre d'une femme de génie et que de tels écrits qui ne voient pas le jour sont comme le cadavre qu'avec tant d'acharnement Antigone se refuse à laisser sans sépulture : ils hantent les consciences de ceux qui en sont responsables et qui, par leur négligence ou par leur refus, privent le monde d'un cri dont il a besoin. En vérité, l'argument de mon père était que ces textes étant scandaleux, il était inutile qu'ils fussent divulgués et par là, risquassent de troubler l'esprit, notamment des enfants de mon autre tante, la sœur aînée de Laure. Que Laure, disait-elle, qu'ils ne fussent capables d'entendre? Ne pouvaient-ils supporter ce que nous, leurs cousins, entendions bien? Il y avait pourtant belle lurette que toute cette marmaille avait atteint l'âge dit adulte. Était-ce parce qu'ils avaient en réalité sombré dans la pâteuse dialectique des raisons bourgeoises, des conventions sociales et surtout du christianisme tout à la fois agressif et sournois? Allons, en regard de la splendeur des écrits de Laure, de tels arguments ne sauraient faire le poids et l'ombre que, par son refus de la publier, mon père tente de jeter sur l'œuvre de Laure n'obscurcit que lui. A elle seule son attitude dans cette affaire suffirait à justifier ma séparation d'avec lui, déjà vieille de plus de quinze ans.

Or donc, à peine étais-je sorti de chez Paulhan que je me décidai à me rendre à Dammarie, petit village où, enfants, mon frère, ma sœur et moi passions les vacances du mois de septembre, chez notre grand-mère. La maison, à 2 km à peine de chez Paulhan, n'avait pas changé d'un arbre. Le rose de ses murs « travaillait » toujours entre les pierres bien blanches qui ceinturaient le bâtiment comme une malle aux coins renforcés de cuir. Deux hommes y jouaient au tennis dans un soleil éblouissant. Était-ce parce que je ne les voyais que de loin, toujours est-il que la chaleur semblait alourdir leurs balles? Le ponton sur la Seine était le même. Tel celui des peignes, le dos des poissons gris était toujours transparent. Quelle douceur pour cet endroit qui, pour Laure, avait été si chargé! Je remettais donc mes pas là où Laure avait mis les siens. Moi aussi c'est dans cet endroit que j'avais appris à connaître la nature. Ces recoupements me donnaient un malaise. J'avançais calmement. Il s'agissait, une à une, de vivre chaque émotion que cette promenade suscitait en moi, de la sortir de l'écheveau duquel elle se trouvait prisonnière. J'étais habité par un vague écœurement. Il n'empêche : tout cela était attaché à un temps révolu. D'où me venait le souci de l'en arracher? De cette sensation qu'au fond de mes jours se trouvait la femme de mes rêves, celle qui hantait les mirages de mon sang.

Pour moi, en effet, Dammarie avait dû être le paradis bourgeois de son enfer. Un à un, je reprenais mes fils de reste, ceux-là qui pouvaient m'aider à retrouver ma Laure. Je me souvenais : la dernière fois que je l'avais vue, j'avais 12 ans. Cela se passait boulevard Lannes où elle avait un petit appartement, des « chambres de bonnes » bout à bout. Je me souviens : mon frère était son filleul et, déjà, je souffrais que sa tendresse fût ainsi déviée en ma défaveur.

Le visage de l'amour est proche de celui de la mort. Laure avait ce visage-là. Sans pourtant qu'elle fût maigre, on sentait ses os sous sa peau, ces mêmes os auxquels on devait atteindre lorsqu'on faisait l'amour avec elle. J'ai gardé le souvenir d'une Laure grande et blonde,

blonde comme les femmes qui savent ce que d'aimer signifie, hypernerveuse et sensible comme le sont les vrais poètes et, dans le même temps, à la fois abrupte et fragile comme beaucoup d'hommes ne le sont pas. Quand bien même la réalité est-elle là pour les amener à plus de réalisme, les enfants attirent le monde tout entier et les êtres qui les entourent dans leur rêve. J'y étais d'autant plus incité avec Laure que déjà je l'aimais. Renseignements pris, elle était de taille moyenne et châtain. Peu importe, après tout. Ce qui compte, c'est que Laure était aussi capable d'atteindre à l'abjection de la chiennerie. En vérité, j'ai le sentiment, en faisant resurgir son image dans mon esprit, de me conformer au plus près à ce qu'elle aurait voulu être. Or — et j'en suis assuré — ses aspirations étaient si fortes qu'avec toute sa personne elle se transformait en une seule stridence. Son désir d'authenticité était tel que, de lui, elle tirait l'essentiel de sa beauté. On aura compris que celle-ci, lorsque je me la remémore, ne peut que me monter à la tête. Alors, identifié comme je le suis à mes égarements, je ne me connais même plus moi-même.

Mais j'en reviens aux écrits de Laure que je n'ai jamais dissociés de sa beauté. Ils la nourrissaient en effet comme une flamme se réalimente à une autre. L'une conduit aux autres et inversement. C'est de la beauté de ses poèmes que pour moi, Laure tenait cette transparence qui errait sur son visage. Au pouvoir à la fois brûlant et glacé de ses yeux répondait la violence de sa poésie. Il n'est pas de beauté féminine qui vaille, qui ne parte de ce feu central de l'âme et qui, pour cette raison, ne puisse être réduit à une consomption. L'instant de la beauté de Laure est éternel. Il reste figé dans mon esprit comme le fanal de toutes mes certitudes.

L'œuvre entière de Laure est autobiographique à tel point qu'elle en devient, qu'elle en bascule, dans la plus évidente des poésies. Je ne connais personne qui, par la même voie, ait atteint au cristal qui est la marque de l'œuvre de Laure. Dans ses écrits, Laure se révèle tellement elle-même qu'on dirait qu'elle s'y offre transpercée.

Ce qui, à y regarder encore d'un peu plus près, confère à ces écrits leur perfection, c'est l'économie dont ils témoignent. J'ai parlé des os de Laure visibles sur son corps et que, par leur sexe, ont dû sentir ceux qui l'ont aimée. Sous la simplicité de ses phrases se sent le squelette des mots qu'elle a employés. Ainsi, lire un poème d'elle, c'est se fondre à la vie qui, dans un souffle, leur a donné naissance. A force de souffrir pour toutes les raisons que j'ai dites, on sait que Laure dut à la fin ne plus avoir que la peau sur les os. Elle est morte en effet de tuberculose à trente-cinq ans, à la veille de la guerre, comme minée par un mal mental qui lui a finalement coupé son souffle de reste. Ses derniers écrits vibrent eux aussi de fragilité. Tout se passe comme si les mots dont ils sont composés, au lieu de la disperser au dehors retenaient pour eux la tension qui les anime.

A force et depuis si longtemps, de mêler mon existence à celle qui fut la sienne, je ne vois plus pourquoi (si tant est que je l'aie jamais vu depuis que je suis conscient) j'accepterais seulement l'idée que les textes de Laure pourraient ne pas être aussi à moi. Compte tenu de mon amour pour elle, je vais même plus loin et affirme que, de toute éternité, ils sont à tout le monde. Tous les raisonnements de mon père à ce sujet m'apparaissent dérisoires. En prenant une telle attitude je ne fais que de me retrouver dans des évidences. Me battre pour arracher ces écrits d'entre les mains de ceux qui tentent de les étouffer : je ne peux détenir de meilleurs moyens, dans les zones de la mort où à la fois les sons s'amortissent et renouvellent éternellement leurs résonances, de crier mon amour.

Ainsi, non seulement la famille avait mis les écrits de Laure à l'index, mais encore visait à rayer son souvenir. Ces gens qui ne la valaient pas, une fois morte, cherchaient à étouffer sa mémoire. Finalement moi non plus, cependant, mais pour des raisons différentes, je ne souhaitais pas connaître le lieu où Laure avait été enterrée. De cette manière, je savais que sa beauté et sa vérité me hanteraient toujours davantage. A l'inverse de l'attitude d'Antigone dont j'ai parlé plus haut, ce désir de demeurer dans l'ignorance quant à la sépulture de ma tante rendait à celle-ci toute cette vie qu'au fond, sans que je le susse toujours, elle n'avait jamais cessé d'avoir pour moi.

Je n'ai jusqu'ici qu'insuffisamment insisté sur les opinions politiques de Laure. Elles faisaient corps avec sa beauté tout autant qu'avec sa poésie. Si, sur ce point, mes renseignements sont fragmentaires, j'en sais assez cependant pour affirmer qu'elle entretint longtemps des liens d'amitié avec un militant français du tout premier parti communiste, Léon Bourénine qui, en son temps, dut fréquenter Lénine et Trotsky. Laure décida-t-elle seule de se rendre en Union Soviétique ou bien effectua-t-elle le voyage en compagnie de cet homme avec qui elle revint en France? Autant de questions qui demeurent pour moi sans réponses.

Si, sans doute, Laure a bien voulu se démontrer à elle-même qu'elle était capable de ne pas tomber dans le piège du mariage et de vivre sa sensualité sans hypocrisie, en se donnant tout entière et même davantage (c'est l'épisode de sa vie à Berlin dont Bataille rend compte dans la « *Vie de Laure* »), elle était aussi persuadée que de mener une vie dissolue ne suffit pas pour s'estimer révolutionnaire. Pour s'en convaincre il ne lui aurait suffi que de regarder agir son frère :

« son nom avait pour moi le sens des orgies parisiennes de son frère », écrira Bataille plus tard. L'attitude est très exactement à l'opposé de celle à laquelle Laure aspire à se conformer. Elle est la pureté même et c'est dans cette mesure qu'elle entendait se briser. Désormais, elle veut se donner autrement, plus complètement encore. Elle veut s'identifier à l'amour même. « Elle voulait devenir une révolutionnaire militante, écrit Bataille, elle n'eut toutefois qu'une agitation vaine et fébrile. Elle apprit le russe à l'École des Langues Orientales et partit pour la Russie. Elle y vécut d'abord pauvrement et très seule, mangeant dans de misérable restaurants et ne mettant les pieds que rarement dans les hôtels cossus pour étrangers. Elle connut ensuite des écrivains. Elle fut la maîtresse de Boris Pilniak, dont elle garda mauvais souvenir, que cependant elle revit plus tard à Paris. Elle séjourna à Léningrad mais surtout à Moscou. Fatiguée de tout, elle voulut connaître et même partager la vie des paysans russes. Elle n'eut de cesse qu'on ne l'introduise dans une famille de moujiks pauvres dans un village perdu, en plein hiver. Elle supporta mal cette épreuve excessivement dure. Elle fut hospitalisée à Moscou, gravement malade ». De ce voyage en Russie, Suzanne a conservé une lettre qui dit la tristesse et la solitude que Laure éprouve en se sentant à ce point impuissante; une carte où elle évoque une idée de travail pour son frère à Moscou, moyen comme un autre de se raccrocher à une bouée ou d'appeler au secours; et, enfin, un mot griffonné au crayon pâle. Si déjà, et depuis toujours, Laure faisait fi de la ponctuation (elle n'usait que de tirets), du moins les barres de ses lettres créaient-elles un rythme. Cette fois, à la tension de son graphisme a fait place la ligne sinueuse d'une écriture de noyée. Les choses ici se sont même distendues à ce point qu'à lui seul un mot s'étale parfois sur toute la largeur du papier. Laure démontre là que le comble de l'écriture est une démarche à l'envers de l'écriture.

« Son frère vient la chercher et la ramène en sleeping », poursuit Bataille. « Elle rentra à Paris : elle habitait alors rue Blomet. Dégoûtée, il lui arrivait de provoquer des hommes vulgaires et de faire l'amour avec eux jusque dans les cabinets d'un train. Mais elle n'en tirait pas de plaisir ». Il est un point sur lequel je ne me suis pas assez étendu, c'est sur celui de la maladie de Laure : sa phtisie. Mais est-ce bien utile? A travers les citations que j'ai déjà faites, l'écriture de Laure à la fois patiente et désespérée, à elle seule, déjà, ne dit-elle pas toute la fragilité de sa vie? Si ce sont ces épisodes dans les trains qui me ramènent à la maladie de Laure, c'est qu'à leur sujet Suzanne parle de « la sensualité particulière aux tuberculeux ». Si, par là, elle a voulu évoquer on ne sait quelle fatalité d'ordre physiologique, elle se trompe. Laure était ainsi qu'on peut être assuré que c'est les yeux dans les yeux de chacun de ses amants de passage qu'elle s'est donnée. C'est l'inverse qui s'est produit : ce n'est pas la maladie qui l'aurait incitée au plaisir mais sa volonté de regarder l'amour en face qui l'a tuée. Chaque étreinte lui a conféré la fausse ardeur d'une flamme qui s'éteint.

A son retour, pour sa famille, Laure est, du fait de ses opinions politiques, une pestiférée. En fait, on ne le dit pas même. On se tait, ce qui est pire. De fait, avec ces appels au secours en provenance de Russie s'arrête la correspondance avec ma mère. A lui seul ce silence est significatif. Il ne dit pas tout. En réalité, parvenue au comble de la faiblesse, contrainte de reconnaître son échec dans la mise en forme de ses convictions, épreuve qui la soutenait physiquement, Laure est désormais seule. Alors elle n'est plus réduite qu'à son intransigeance. Mais, sans doute en a-t-il toujours été ainsi. En effet, le recul aidant, considérée dans son ensemble, on peut dire de cette correspondance que Laure y écrit moins à sa belle-sœur qu'elle n'y parle toute seule devant elle; qu'elle ne s'y est abandonnée à une délirante mélopée. Avec ses lettres, Laure administre la preuve qu'on ne révèle la vérité que déchirée.

C'est dans ces conditions que Laure vit avec Léon Bourénine. « Il s'efforça de la sauver, écrit Bataille, la traita en malade, en enfant, fut pour elle davantage un père qu'un amant ». Si l'on est contraint de reprendre encore ici les formules de Bataille, c'est qu'il est le seul à pouvoir préciser les choses. En effet, à l'époque, les liens se sont beaucoup distendus entre Laure et Suzanne. Outre les raisons politiques que l'on devine, Suzanne et Jacques sont en instance de divorce. Non pas que Laure cesse pour autant de conserver un réel attachement pour son ex-belle-sœur — les deux femmes continuent à se voir jusqu'en 1936 — mais, en dépit de sa faiblesse physique que trahit une certaine atonie dans ses rapports avec sa famille, Laure n'est désormais plus assurée de ce qu'elle pense et donc capable de solitude. En outre, elle vit davantage dans un milieu d'intellectuels qui n'est pas celui dans lequel évolue son frère. Du dandy qu'est Drieu La Rochelle, ami de Jacques Laporte que Laure rencontra chez lui, à Bourénine et, surtout, à Georges Bataille, il y a un monde. Sans doute Jacques fera-t-il la connaissance de Bourénine, il ne rencontrera pas Bataille. Déjà cette différence dit tout.

Voici enfin ce que, dans les notes ajoutées à l'un des deux petits livres de Laure que Georges Bataille et Michel Leiris devaient publier à sa mort, signé du pseudonyme de Laure[1], j'ai trouvé au sujet des convictions politiques de Laure : « Insurgée de bonne heure contre une éducation bourgeoise et catholique elle avait, après un séjour prolongé en Russie, trouvé dans un dévouement entier au communisme d'opposition une issue au besoin de donner une signification à sa vie. Les faits l'ayant amenée à rejeter comme dénuée de valeur l'activité politique, il lui fallut se relever, selon son expression : « de ce grand tremblement de terre qu'est la perte d'une foi ». Sans cesser de connaître des moments de détresse — comme de bonheur ou de caprice — elle parvint à retrouver « un état de conscience plus total que jamais », ambition la plus haute que pût réaliser quelqu'un pour qui *l'intégrité de l'être* a sans doute occupé, dans l'échelle des valeurs, le rang privilégié ». Ce sont je suis assuré c'est que jamais Laure ne devait cesser de témoigner d'un authentique esprit de révolte. J'en vois une première confirmation dans sa séparation d'avec Bourénine et, pour paradoxal que cela puisse paraître, une seconde dans son amour pour Bataille qui suivit. Passer du premier de ces hommes au second, c'était, en effet, glisser de la sécheresse d'un trop bel esprit aux ardeurs jamais excessives du cœur (ou, comme on voudra, des sens); quand bien même vous emporteraient-elles. Au vrai, que dire d'un choix politique qui n'est pas étayé par la folie de son amour? Laure faisait preuve d'une plus authentique conviction communiste en vivant avec Bataille que lorsqu'elle s'était rendue en Union Soviétique, fût-ce en 1930. Alors, en effet, dans une généreuse confusion, elle mêlait l'amour qu'elle avait pour Bataille et celui qu'elle nourrissait pour l'humanité. La révolte, pour elle, ce n'était pas la haine mais l'amour. Laure n'avait pas de haine en elle, pas même pour « les siens » (décidément, l'horreur de cette expression lorsqu'elle désigne des êtres que l'on n'a pas choisis!). Quand bien même, par leur seule présence, la niaient-ils, Laure n'était d'ailleurs habitée que par l'amour qui submergeait ses traits. Ceux-ci étaient à ce point noyés dans la tendresse que l'on ne discernait plus d'eux que ce qu'il en fallait pour esquisser un visage.

A lire les lettres de Laure datant des premiers mois de sa passion pour Bataille, il semble qu'amoureuse, sans même avoir atteint à un certain bonheur et au nom précisément de son amour, elle exigea l'impossible. On dirait qu'elle n'eut de cesse, sous prétexte qu'elle ne s'en estimait pas digne, qu'elle eût obstrué ce ciel-là avant que de

1. Il s'agit des deux petits ouvrages édités en 1942 sous le manteau, à très petit nombre d'exemplaires, qui ont été donnés à un certain nombre de personnes amies de « Laure ».

l'avoir atteint... Il est vrai que quelque chose de cette habitude qu'elle avait héritée de son enfance, de s'estimer toujours en faute, entravait encore l'expression de sa tendresse. Au reste, on en sait assez pour deviner que sa vie avec Bataille ne fut pas une liaison ordinaire. Pas plus qu'elle ne connut enfin la paix, elle ne vécut alors un drame. Pour définir cette période de sa vie, on peut évoquer non pas un enfer mais son envers, qui n'est pas non plus le bonheur mais plutôt la joie analysée, fouillée jusqu'à l'angoisse. Enfin, ses instants de jalousie furent à la mesure de sa vérité : ils la déchirèrent et la révélèrent en même temps à elle-même. On est en droit de se demander si, précisément parce qu'il l'aimait, Bataille n'a pas été enclin à la pousser jusqu'à l'extrême d'elle-même.

***

L'histoire de ma rencontre avec les manuscrits de Laure et celle de leur publication, je les ai vécues comme un roman. Ce récit vient recouper celui de ma propre existence. Le moins étrange en tout ceci n'est pas qu'il ait fallu que j'atteigne l'âge de quarante-quatre ans pour pouvoir enfin lire à nouveau ces textes. La suite des événements m'a convaincu qu'il fallait qu'il en fût ainsi. Tant d'interdits pesaient sur ces papiers que, s'il m'avait été donné d'en disposer plus tôt, je n'aurais pu tirer de cette lecture les conclusions qui s'imposaient.

Les lire, c'était, en effet, m'engager à les publier. Comment plus tôt l'aurais-je pu? Un soir — c'était pendant la guerre — mon père nous avait bien lu à mon frère et à moi quelques pages triées pour nous avec soin et puis, sans doute la conscience tranquille bien que ce fût à peu de frais, avait à nouveau enfermé le tout dans un petit placard de la bibliothèque que je devais repérer. Depuis, j'avais gardé le souvenir d'un certain passage où Laure parlait du « septième ciel ». Plus de vingt ans ans plus tard, ce que Laure disait là me faisait encore tourner légèrement la tête. Cela était fin au point que l'on était comme indubitablement écœuré par tant de justesse. Et puis, attiré par le caractère scandaleux qui demeurait attaché à ses écrits, écrits que mon père avait promis de nous lire plus tard (mais quand?), je parvins, un soir, à faire sauter la serrure du petit placard. Cependant, dans la fébrilité, je ne découvris guère plus que ce que je connaissais déjà. Le bruit de l'ascenseur devait, en effet, trop vite me contraindre à remettre le tout en place.

Mais je dois à la vérité de dire qu'à supposer que je fusse parvenu à subtiliser et à lire ces documents dans leur entier, je n'aurais sûrement pas trouvé en moi la force de m'opposer à la volonté de mon père.

Pour troubles qu'ils m'apparaissaient, les arguments par lesquels il justifiait son interdit quant à la divulgation de l'ensemble étaient sans appel. Au reste à qui me serais-je adressé? On le voit : avant même que j'en eusse pris pleinement connaissance, la splendeur des écrits de Laure me laissait déjà démuni.

C'est ainsi que lorsque grâce à mon ami Bernard Noël, j'eus découvert que la revue « *Ephémère* » avait publié des textes de Laure [1], ce que je lus ne m'était pas entièrement étranger. Je retrouvai entier, cela va de soi, le petit vertige dont j'ai parlé. De constater qu'au cœur de toute cette nuit, cet infini du ciel était toujours là, porta mon trouble à son comble. Mais, en lisant ces écrits, je retrouvai bien d'autres choses encore, entre autres la confirmation de ce que je sentais confusément à savoir que Laure et moi avions quelque chose de commun dans notre manière de nous exprimer. Cela me frappa même au point que j'en vins à me dire que, pour l'essentiel, Laure avait écrit mon autobiographie. Ne serait-ce que dans cette superposition, il y avait déjà de quoi m'égarer. Vraiment avais-je écrit ma vie par Colette interposée? Où en étais-je, où étais-je? Vivais-je seulement encore? Un instant, je crus perdre l'esprit. Déjà du même sang que Laure, j'étais donc de la même encre. Cependant, il n'en était pas moins vrai qu'en regard de ses écrits, les miens me paraissaient des balbutiements. Les siens, eux, résonnaient dans un espace d'une très grande profondeur, quelque chose de noir, d'éternel et aux sonorités presque métalliques. Il n'y avait pas de cas où Laure n'atteignait au mythe. Si la remarque est fondée pour *l'Histoire d'une petite fille*, a fortiori l'est-elle pour *Le Sacré*, le second [2] petit volume de Laure. Mais je vais plus loin encore : après que Laure eut écrit à ma place, je n'ai plus qu'un désir, maintenant qu'elle n'est plus là : écrire à la sienne.

L'instant qui fut pour moi le plus émouvant, ce fut celui où Louis René des Forêts, à qui Leiris les avait communiqués, me transmit les papiers de Laure. En découvrant ces documents, j'eus le sentiment moins de rentrer en possession des traces d'un passé qui me concerne que de me trouver confronté à la trame même du temps. En effet, sans pourtant que je puisse me l'expliquer bien clairement, lire ces lignes, c'était entre chacune d'elles, déchiffrer cette grisaille bourdonnante dont la durée est composée. Un grand désordre régnait dans ce dossier de fines feuilles jaunes. Tout de suite, l'écriture de Laure me surprit. Bien sûr, presque toutes ses lettres étaient détachées à souhait.

1. *Histoire d'une petite fille.*
2. Le titre de ce petit volume est de Bataille.

Cependant, beaucoup plus amples que je ne les avais imaginées, certaines des boucles que Laure avait formées se terminaient avec une réelle sécheresse. Il y avait là aussi quelques traits rageurs sur le sommet des t, des accents qui semblaient des serpes. Et si je m'étais fourvoyé en ne voyant en Laure qu'un être diaphane? En réalité, je n'avais pas songé au fait, que pour elle, son écriture ne pouvait pas ne pas être le lieu de son affrontement avec elle-même.

Louis René des Forêts estimait que, tout compte fait, il n'y avait guère dans cet ensemble de feuillets beaucoup plus à reprendre que ce qui avait déjà été publié dans les deux petits livres que j'ai dits. Je me mis en demeure de vérifier cela par moi-même. En feuilletant l'ensemble de ces documents, je fus d'abord frappé de constater qu'ils avaient été écrits un peu partout. Il y avait là des papiers à en-tête d'un hôtel de Lyons-la-Forêt, d'autres d'Avignon, une lettre d'embauche de l'Agence Opéra Mundi, des phrases griffonnées dans des marges de journaux déchirés.

J'avais à remonter le cours du temps jusqu'à ces vétilles, surtout jusqu'à elles. Très vite, il m'apparut que tous ces textes, d'une manière ou d'une autre, révélaient une singulière intimité avec la mort. « Tu as beau te détourner, te cacher, renier... écrivait-elle dans des brouillons de *l'Histoire d'une petite fille*, tu es bien de la famille, disaient les morts qui ajoutaient : et tu seras des nôtres ce soir. Ils discouraient, tendres, aimables et sardoniques ou bien à l'image du Christ, l'éternel humilié, l'insane bourreau, ils me tendaient les bras ». Et pourtant, en dépit de l'horreur bourgeoise que Laure décrivait, une indéniable douceur habitait l'arrière-plan de ses récits.

« La question était là : est-il possible de communiquer? » Partout dans ces papiers, je retrouvais cette phrase. Cette question, Laure se l'était toujours posée d'une manière angoissée, comme au bout de son souffle. Ainsi c'est très clairement qu'il m'apparaissait que tout ce qu'elle avait écrit pouvait se confondre au halètement d'une respiration qui se cherche. Lorsque l'on sait qu'elle est morte de tuberculose, on est saisi en la lisant de constater que ses écrits, à la fois doublent sa vie physique et annoncent sa fin. Il semblait que ces mots qu'elle formait sur du papier en vue de rédiger des lettres qu'elle n'envoyait pas, se réduisaient à l'état de traces. Alors, il ne s'agissait plus que des derniers signes d'une vie. A force de vivre son existence sans concessions, Laure était arrivée à ne plus avoir assez d'énergie pour vivre ce sursis qui lui était accordé. « On peut porter plusieurs êtres en soi et lutter farouchement et même s'avilir (aux yeux des autres, cela ne fait *rien*, mais pour soi, c'est atroce). Il est des cas où l'on ne sait pas serrer les dents à en avoir les mâchoires brisées. »

Il n'était pas jusqu'aux derniers éblouissements de la fatigue qu'elle ne savait évoquer à la perfection : « Mais je reste là, muette, comme si de rien n'était, étranglée et tout au fond de moi je retrouve une fête magnifique de toutes manières et puis cela change, c'est vulgaire et grisant comme une foire ou bien je vois les yeux fermés et je suis toute recouverte d'une fine pluie de sueur et de cendre ».

Au bout de sa lassitude, Laure usait du stratagème qui consistait à utiliser des formules toutes faites afin, les détournant de leur sens, de leur donner une signification déviée ou, si l'on veut, gauchie, d'une acuité singulière. En vérité, ayant baigné toute son enfance dans une atmosphère de faux-semblants et de mines composées, elle en était venue à écrire de faux mots qui, mieux que les vrais, se révélaient capables de traduire la vérité qu'elle cherchait à transmettre dans ce qu'elle avait de plus horrible. De cette manière, ce monde à l'envers du sirupeux dans lequel nous nous trouvions englués, Laure le reconstituait avec un grand luxe de détails. On aurait dit qu'avec la minutie d'un savant, elle entendait rendre compte de toute l'âpreté d'un cri. Est-ce que la langue elle-même, celle que Laure employait, la nôtre, n'était pas une énorme figure de rhétorique? C'était donc cela la tâche des poètes : pour la contraindre d'avouer ce qu'elle cache, retourner la langue comme un doigt de gant?

Au fur et à mesure que je déchiffrais ce dossier, où je reconnaissais d'autres écritures que celle de Laure, j'avais l'impression qu'elle avait passé à ceux qui avaient mis ses poèmes au net une manière de trésor qu'elle seule avait été incapable de hisser jusqu'à la lumière. Je reconnus aussitôt l'écriture de Michel Leiris et, sur ces fameuses feuilles jaunes (on aurait dit que là, la marque du temps se trouvait comme confirmée), bien ferme et bien ronde, celle de Georges Bataille. Elle correspondait assez à ce que je savais de lui. On aurait dit qu'avec son graphisme d'ingénieur cette écriture était le lieu d'un reflet qui avait l'apparence d'un mirage. En fait, quelque chose que Bataille avait enfermé dans ses lettres, en recopiant les textes de Laure, transmettait à l'ensemble une vibration dont l'intensité était parfois insoutenable. « Les autres : ils font joujou à la vie, joujou avec le crime, avec la souffrance, la misère ». Souvent, quelquefois parce que je tombais sur le double d'un poème que j'avais déjà lu, j'avais la sensation d'un refrain, d'une hantise. Tout ce manuscrit, l'œuvre entière de Laure m'apparaissait comme musicalement organisée, orchestrée dans cette beauté quasi miraculeuse qui s'attache aux écrits dénonçant l'horreur de la faiblesse et de la mièvrerie. Parfois, je m'apercevais que Laure avait d'abord, ou bien *aussi*, donné une forme poétique à certains passages de son *Histoire d'une petite fille*. Je n'en étais pas surpris tant il est vrai qu'en lisant « *L'Histoire* » de Laure, placée comme elle l'est sur le fléau d'une balance, on ne sait si ces paragraphes ne sont pas plus indubitablement poétiques que ses poèmes.

La compénétration de ses différents styles donnait toutes ses dimensions à son œuvre. Cependant, ce qu'il y avait d'éprouvant à lire ces textes admirables, c'était que l'on sentait que de les écrire n'était pas parvenu à délivrer Laure de son angoisse. Au contraire, on aurait dit que ce travail, parce qu'elle n'en était jamais satisfaite, contribuait à donner à son mal mental l'intensité d'une fournaise. Au lieu de lui permettre de respirer un peu mieux, ses poèmes n'avaient été finalement pour elle que des miroirs où s'attisait cette obligation dans laquelle elle se trouvait, et qu'elle dénonçait plus que qui que ce fût, de vivre. Après trente ans d'attente, en lisant enfin ces textes je me retrouvais, moi aussi, dénoncé jusque dans les replis de ma personne la plus secrète...

En ce qui concerne les notes que Laure avait prises sur des enveloppes ou des nappes de bistrot, ce qu'elles révélaient avec une grande évidence c'était combien il était nécessaire, si l'on voulait que les mots signifiassent quelque chose, de les habiter entièrement. Chaque fois, on aurait dit que, craignant de ne pas les nourrir tout à fait assez en les soulignant, elle cherchait non seulement à leur rendre toute la puissance de leur signification mais à leur conférer l'obsédant bourdonnement de sons réverbérés. » *N'accepte* pas ce qui t'amoindrit », « se rattraper par l'intéressant », « ce qui, *finalement*, devient artificiel ». Cela était beau de la voir ainsi réduire son poème à rien : un simple trait parfois seulement sous un adverbe. Ce qu'il y avait de saisissant aussi, c'était de retrouver dans ces notes griffonnées prises sur le vif, ces brouillons de lettres, le squelette des poèmes que j'avais lus dans les deux petits livres que Leiris m'avait communiqués. J'ai dit que du point de vue de la langue les écrits de Laure révélaient une exceptionnelle économie de moyens. Cette fois, c'est avec la vie même qui avait servi à élaborer ces textes que je me trouvais en présence. A n'en pas douter, l'épisode le plus fort de tous ceux que l'on devinait là derrière était une scène entre Laure et Bataille. Pour quelqu'un qui connaît Laure comme je la connais : par-delà la mort et par le cœur et par le sang, de songer au sentiment de solitude qu'elle avait dû éprouver, rétrospectivement, donnait la sensation de voir le sol disparaître sous vos pieds. Ce qu'il y avait de plus impressionnant dans cette affaire, c'était de relever la détermination de Laure. De constater qu'une femme malade, aussi faible faisait montre d'une telle fermeté, me troublait jusqu'au fond des os.

Mais Laure ne devait pas rompre avec Bataille. Sans doute à

son endroit comme à celui de tout autre, demeura-t-elle toujours capable de moquerie. Cependant, la tournure d'esprit de Bataille qui l'incitait à élever tout débat très haut (sur le plan du *Sacré*, précisément), son intelligence du plaisir, devaient non seulement la maintenir auprès de lui mais l'y ramener comme fascinée. Il était impossible de se fâcher vraiment avec Bataille tant il savait noyer les raisons de ses adversaires dans l'enfer de sa trop belle lucidité.

Ce à quoi Laure tendait, c'était à une entente totale. Elle imaginait son amour comme le creuset où les vérités auxquelles elle croyait atteignaient à l'intensité d'une fournaise. Or, jusque dans sa chair, elle souffrait des moindres divergences au point que sa vie ne fut que déchirements. C'est ainsi qu'en dépit du fait qu'elle ne devait jamais parvenir à trouver le moyen de donner corps à ses aspirations politiques, il lui était impossible de continuer de vivre avec un homme dont elle ne partageait pas les points de vue : résolution dont il lui fallût faire preuve lors de sa séparation d'avec Bourénine. Elle précise cependant dans ses papiers qu'elle ne fit alors que se conformer aux lois de la nature. Pour elle, les raisons d'une séparation s'énonçaient comme un syllogisme. Elle en écrivait les composantes sous forme de petits éclats répartis en tous sens sur une page comme autant d'éclairs : « Il nous faut savoir tous deux où nous allons, ce qui se passe »; « Il y a les jours où l'on supporte, les jours où l'on ne supporte pas »; « Il faut un accord profond entre soi-même et *tous* les instants de sa vie »; « Être fort c'est être seul »; « pouvoir c'est oser »; « avoir les reins solides »; « vouloir dans le néant n'est rien. Vouloir? Avec de grands cris d'impuissants? »; « Il faut être assez pervers, assez libertin pour que rien ne compte ». Elle avait beau proclamer qu'elle ne faisait que se conformer à la nature, il était indubitable aussi qu'elle visait à atteindre à la limpidité de la solitude parfaite. De son attitude dans ces matières je tirais la conclusion qu'elle n'avait fait, dans sa vie sentimentale (le mot lui convient mal), que tirer les conclusions qui s'imposaient à elle après tant d'années passées dans le monde oppressant à force de fausseté, de sa famille. Physiquement même, elle n'était plus capable de supporter l'hypocrisie.

A un moment donné, Laure parlait de ces notes qu'elle prenait et elle disait : « Par instants fugitifs noter l'essentiel de sa vie. Les « noter », pourquoi pas les vivre? » Sans doute il n'est pas une seule « note » des cahiers de Laure derrière laquelle on ne puisse déchiffrer un lambeau de sa vie, une souffrance ou bien une révolte. Cependant, cette vie, elle l'a bel et bien décrite, et précisément grâce à ses « notes ». Finalement la lecture de son œuvre donne la sensation que Laure a vécu toute son existence partagée entre le besoin de s'adonner à la vie et, ne serait-ce que pour retrouver son souffle, sa volonté de codifier dans ses écrits ce qui en même temps et la faisait vivre et la tuait :

....

On ne se rattrape pas sur le papier
Comme un noyé qui s'agrippe à un rocher
la feuille est lisse, lisse, lisse
Le papier c'est de la pâte molle
de la colle sèche avec des mots éculés.

En fait, le goût d'une certaine littérature ou, plutôt, de coincer quelque chose comme un mauvais sourire entre ses mots, incitait Laure à s'y remettre. Pour une personne orgueilleuse comme elle l'était, il y avait déjà là quelque chose de très remarquable. Il est vrai aussi qu'elle se sortait de l'embarrassante situation dans laquelle elle s'était mise, précisément par un détachement bien à elle. Cette distance d'avec son propos, Laure la marquait par l'entremise des formules qu'elle utilisait : « On peut toujours parler mais parler vrai comme d'autres parlent allemand ou anglais... »

Mais son but n'était pas de dire sa solitude ou son désarroi. Sans cesse, ces instants d'angoisse intense, elle cherchait à les dissoudre dans la souffrance des autres, de ceux-là pour qui « la crainte du lendemain annule le jour même ». Si elle ne cessait de souhaiter fondre sa peine dans la douleur de ces êtres aux vies écrasées, elle éprouvait aussi ce désir comme une insulte à leur misère. Ainsi, sa grande peine se réduisait-elle à ravaler sa chance. Comment pouvait-on au moins ne pas *se taire?* « Il y a deux mondes et rares sont ceux qui dans l'un ont vraiment conscience de la réalité journalière de l'autre. Il y a l'habitat des uns et des autres et les heures et ce qu'elles amènent dans chaque existence. Il y a les vies qui n'ont pas d'heures. L'aube des désespérés... » Et plus loin, sur une autre feuille avec une tout autre écriture, elle reprenait :

En voyant le charme, la grâce, le dédain
On s'étonne qu'il n'y ait pas plus
Souvent... journellement des accidents,
Des accès de colère. Pourquoi cela reste-t-il
Le fait des malades
Alors je me prends à espérer
Que la colère tapie dans les quartiers ouvriers
S'y cantonne

LAURE

Pour mieux s'armer
Jaillir maîtrisée
Et atteindre son but
Plus sûrement
Tous viendront un jour en grande masse compacte
Infliger la leçon.

Mais Laure ne se contentait pas de dénoncer les injustices. J'affirme ici que c'est de se savoir du côté des oppresseurs et de ne rien parvenir à faire de concret pour se désolidariser d'eux, qui l'a tuée. Sans doute eût-elle pu se dire qu'à elle seule sa volonté de se déprendre de sa famille était déjà un fait à mettre au compte de la Révolution. L'important est qu'elle n'ait pas vu les choses de cette manière : « Qu'est-ce qu'une conviction non prouvée? Une certitude qui ne passe pas dans les faits? Une solidarité verbale?... La pensée entrave le geste et on reste là coincée. La pensée? Pendant qu'on pense restent les faits, l'histoire, les hommes et leurs langages antinomiques. (Finalement) on reste là les mains bien propres (devant) une page toute blanche? » Il n'est pas une seule de ces versions successives où l'on n'ait pas l'impression que chaque mot compte. Et pourtant, Laure recommençait, raturait, recommençait à nouveau... Pour elle chacun de ses passages devenait lancinant, le coup de sirène d'un bateau en perdition. D'ailleurs à plusieurs reprises, j'ai retrouvé de loin en loin, formés en capitales tremblées, des appels AU SECOURS.

Chaque fois que je croyais enfin pouvoir donner la parole à Laure, je retombais dans le puits de ses griffonnages, de ses corrections et de ses redites. Sans doute, même celles-ci avaient-elles de l'intérêt pour moi. Je suivais sa pensée jusque dans ses moindres soubresauts. Mais, à supposer que je puisse parvenir à tout remettre au net, le rythme de cette respiration entrecoupée serait-il seulement perçu par d'autres? Sans doute avais-je laissé filer quelques très beaux aphorismes. Il n'empêche : je n'en pris pas moins le parti de me conformer pour l'essentiel au travail que Bataille et Leiris avaient effectué et de livrer au public, à peu de chose près, le fruit de leur travail. Ce qu'ils avaient fait était bien fait. Après tout, ils avaient connu Laure mieux que moi et, surtout, ils l'avaient aimée. Pour moi, cet amour répondait d'abord de la qualité de leur tâche. Et puis je sentais qu'en fin de compte, c'est à l'état de fusées, d'éclairs presque incompréhensibles comme ils l'étaient, que ces petits pavés de textes trouvaient toute leur force. Après le travail de dépouillement que j'ai effectué sur ces papiers, les écrits de Laure enfin publiés me paraissaient à moi des fleurs sauvages, vénéneuses même à force de vérité.

Mais c'était de ne pas compter avec l'apport de sa correspondance qui, tout compte fait, est partie intégrante de son œuvre poétique. On verra qu'elle tient une place capitale dans ce volume. En effet, il est encore un point sur lequel je voudrais insister, c'est sur le fait que, peu à peu, alors que je n'avais cru voir en elle qu'un être perdu de douleur et de solitude au sein d'une famille qui, à peine l'avait-elle fait naître l'avait déjà étouffée; force me fut de reconnaître que Laure avait acquis pour moi la dimension d'un maître à penser, mieux encore : d'un maître à comportement. Il m'apparaissait en effet que tout s'était passé dans sa vie comme si, au bout de sa fragilité, elle avait eu l'intuition de certaines solutions : « Laure avait retrouvé Dieu », écrivait-elle. « Ce n'était pas un être humain, elle en fit un héros, un saint. Dans ses bras, alors, elle voulut qu'il lui fît mal. Elle inventa d'être battue, rouée de coups, d'être blessée, d'être victime, d'être bafouée, honnie, méprisée et puis, de nouveau adorée et sanctifiée ».

Sans doute encore émergée de l'obscurantisme religieux qui l'avait portée aux abords de l'épuisement, ces clartés, Laure n'avait-elle fait que les entrevoir? Elle ne les en avait pas moins codifiées avec obstination. Pour vacillantes qu'elles étaient, dès que je les aperçus. je décidai de faire de ces lumières mon unique fanal. En réalité, ces lois que, tout à coup, Laure s'était mise à édicter, elle les avait proclamées dans une atmosphère particulière, celle que sa souffrance l'avait aidée à définir : l'atmosphère du sacré. Sans doute cette atmosphère-là n'était-elle pas sans rapport avec celle dont Bataille a fait le sujet de ses analyses. Ce que je prétends c'est que Laure lui a donné son thème de réflexion privilégiée. Sans elle, son œuvre serait demeurée tout entière du côté des seuls concepts philosophiques. Or, Bataille est à la fois un poète et un philosophe, et c'est l'imbrication en lui de ces deux êtres antinomiques qui fait des livres de la seconde partie de sa vie, finalement des poèmes. « ... L'œuvre poétique est sacrée, écrivait Laure, en ce qu'elle est création d'un événement topique communication ressentie comme la *nudité*. Elle est viol de soi-même, dénudation, communication à d'autres de ce qui est raison de vivre... » Sous la plume même de Laure, je ne pouvais trouver plus forte injonction. C'est au moment où je lus cela que je décidai non pas simplement de « publier son œuvre » (une dédicace de Bataille sur *Le Coupable* m'avait déjà fait l'effet d'un ordre [1]) mais de donner à lire cette

1. « A Jérôme Peignot, avec la très fidèle amitié de Georges Bataille et avec le projet de le revoir très vite en vue de la publication d'une nouvelle édition des œuvres de Laure. Je m'excuse d'un long silence dû à un état presque malade. »

œuvre tout entière, je veux dire y compris les passages que mon père jugeait scandaleux. Il me semblait en effet que c'était par ceux-là surtout que ces textes atteignaient précisément *au Sacré*.

Au moment de sa fin, Laure « se rattrapa », comme elle le dit elle-même, de toutes les faiblesses dont elle s'était accusée toute sa vie durant. Elle n'avait eu de cesse de dénoncer « le chantage à la faiblesse » dont sa mère usait et abusait. Elle, au contraire, entendait se montrer fière de sa mort. Ses derniers écrits ne laissent sur ce point aucun doute. Du sanatorium où elle resta deux mois, elle écrivit à des amis : « ... Sachez-le, j'ai horreur de l'apitoiement et — *même actuellement* — je ne me sens nullement pitoyable et même *actuellement* il m'est impossible d'envier aucun être au monde. J'envie peut-être une chose, un *état*, c'est la santé — cela oui — Et encore! *Mon mal est si profondément lié à ma vie* [1] qu'il ne peut être séparé de tout ce que j'ai vécu. Alors? Peut-être est-ce encore une de ces malchances qui se muent en chance... » Peu après, dans une lettre qu'elle n'envoya pas, elle écrivit :

« Eh bien si c'est cela la mort.

Vais-je manquer du courage d'aimer la mort [2].

J'ai peur que quelque chose soit cassé en moi : les reins brisés? Être faible à ce point-là.

Est-ce que les obsessions ne remplacent pas la crainte de Dieu?

Est-ce que ce n'est pas intolérable d'en être là?

Je veux parler « d'aimer la mort » parce que cela signifie aimer la vie sans *restriction*, l'aimer jusque-là, la mort y compris. Ne pas être plus terrifiée par la mort que par la vie. A cette condition, je me sens redevenir... noble. »

Et, auparavant, toujours dans la proximité de cette mort qu'elle dénonçait si lucidement : « L'idée de la mort, quand on la suit jusqu'au bout... jusqu'à la putréfaction, m'a toujours délivrée et ce jour-là plus que jamais. Je détaillais les diverses formes " d'accident mortel " et toutes me paraissaient enviables et délicieuses. Je devenais calme et même gaie. »

Enfin, lors de son voyage en Espagne, Laure qui avait lu *Les proverbes de l'Enfer* de William Blake y avait découvert cette phrase que je retrouvai à plusieurs reprises dans ses papiers : « Faire passer votre charrue et votre soc sur les os des morts ». Cette même phrase est la dernière qu'elle écrivit avant de mourir. Elle témoigne de sa

1. C'est moi qui souligne.
2. « Comme je deviens vieille fille, à manquer du courage d'aimer la mort » (Arthur Rimbaud, *Une saison en Enfer*, « Mauvais sang »).

volonté de voir, dans l'esprit de ceux qui l'avaient aimée, totalement effacées jusqu'aux dernières traces de sa vie. Il n'en est pas moins vrai (Michel Leiris me l'a confirmé) qu'elle aurait aimé que, fût-ce par-delà sa disparition, les cris de son insondable détresse fussent entendus.

Dans leurs notes, Bataille et Leiris se sont, à ce sujet, exprimés sans ambages : « Avant de mourir elle a marqué formellement le désir que son témoignage ne reste pas incommuniqué, affirmant qu'il ne faut pas s'isoler, rien n'ayant de sens que ce qui existe pour d'autres êtres. Mais la misère inhérente à tout ce qui est littérature lui faisait horreur : car elle avait le plus grand souci qui puisse se concevoir de ne pas livrer ce qui lui apparaissait déchirant à ceux qui ne peuvent pas être déchirés ».

Sur ce point relatif à la volonté de Laure de voir ses écrits publiés, plusieurs remarques me viennent à l'esprit. Qu'elle l'ait ou non lu sous l'influence de Bataille, toujours est-il qu'à plusieurs reprises j'ai retrouvé dans les manuscrits ou les brouillons de Laure des références à Nietzsche et tout particulièrement à *Ecce Homo*. Or Nietzsche, précisément, a parlé de ce désir, avoué ou non, qu'ont *toujours* ceux qui écrivent de porter le fruit de leur travail à la connaissance « d'autres êtres ». Pourquoi se seraient-ils donné tant de peine, dit-il en substance, si cela n'était pas dans un tel but? A lui seul le nombre considérable des versions successives de *l'Histoire d'une petite fille* et de chacun des poèmes du recueil *Le Sacré* suffit ici à confirmer Nietzsche dans le bien-fondé de ses dires.

***

Je ne connais personne qui soit mort avec un tel calme, une telle clairvoyance. A la simplicité, au courage dont Laure fit preuve lors de ses derniers instants répondirent de la part de sa famille les désordres les plus éhontés, trop horribles pour ne pas masquer un authentique manque d'amour.

En vérité, en mourant avant lui, Laure a justifié les livres de Bataille qui, par toutes les boucles de leurs mots, crient cette implication de la mort dans l'amour. Sans doute en mourant a-t-elle mis la vraie mort entre eux mais elle y était déjà du seul fait qu'ils s'aimaient.

Dans *Fourbis*, parlant du nom de Laure, Leiris évoque, on l'a vu, une « émeraude alliant à son incandescence un peu chatte une suavité vaguement paroissiale de bâton d'angélique ». Et voilà que Bernard Noël m'apporte le recueil de poèmes de Bataille qu'il a préfacé et je constate qu'il s'intitule *l'Archangélique*. Y a-t-il là un lien secret, un code dont je ne connais pas la clé? Ces poèmes, en tous les cas, ont quelque chose de la simplicité de ceux de Laure. Ainsi, indubitablement, ici encore, les signes se recoupent :

Je te trouve dans l'étoile
Je te trouve dans la mort
Tu es le gel de ma bouche
Tu as l'odeur d'une morte
Tes seins s'ouvrent comme la bête
Et me rient de l'au-delà
Tes deux longues cuisses délirent
Ton ventre est nu comme un râle
Tu es belle comme la peur
Tu es folle comme une morte.

Laure abominait la littérature et tout ce qui s'y rapporte. J'ai dit qu'elle n'a jeté des cris sur des papiers que pour pouvoir respirer. Informulés, ces « cris » eussent-ils été plus vrais? En fait d'expression, nous nous trouvons ici au bord de l'inarticulé en même temps qu'au comble de l'exactitude. On ne saurait dire plus : avec son *Histoire d'une petite fille* comme avec ses poèmes, Laure coïncide avec la langue elle-même. Notre réaction confrontée à un aussi parfait accord entre ce qu'un auteur entendait signifier et la manière dont il s'y est pris pour aboutir, nous incite à nous demander si nous ne sommes pas atteints jusque dans nos viscères.

Ma tâche accomplie, il me reste sur le cœur l'impression d'avoir fourragé dans le ventre même de la nuit, de la nuit avec laquelle Laure s'est identifiée. En effet, c'est parce qu'en écrivant ceci j'ai vécu dans une certaine intimité avec la mort que j'ai pu extraire de ces ombres — que, par instants, je suis parvenu à parfaitement détacher les unes des autres — cette image. Pour moi, elle brille dans un firmament renversé. Renversé, parce que c'est à l'horreur du monde dans lequel elle a vécu que Laure doit d'avoir été qui elle est. Il n'est pas de vérités abominables. Toutes sont bonnes et belles à dire, simplement parce qu'elles sont ce qu'elles sont.

Les bombes à retardement sautent dans l'avenir. Celle dont, en publiant les écrits de Laure, j'ai conscience d'allumer la mèche éclatera dans le passé. Et pourtant, parmi les débris qu'elle dispersera, il s'en trouvera qui appartiennent au présent. La raison en est que depuis que Laure est morte certaines des situations auxquelles elle a été affrontée sont réapparues. Pire : qu'il relève du sectarisme bourgeois ou d'une prétendue intransigeance « révolutionnaire », l'obscurantisme n'est-il pas plus étouffant aujourd'hui qu'au lendemain de la Révolution de 17 ?

Enfin, j'ai donc, en terminant cette préface, la sensation de sceller mes retrouvailles avec la mort. D'avoir écrit cela, de publier surtout les écrits de Laure installe la mort dans ma vie. Par « sceller mes retrouvailles avec la mort », j'entends nouer avec Laure des relations suivies et qui, par définition, ne sauraient être interrompues qu'avec ma vie et encore...

Jérôme Peignot

Le texte des Écrits de Laure et de sa correspondance présenté dans ce volume est intégral. Toutefois, certains noms de personnes et de lieux ont été remplacés par des noms imaginaires.

Jean-Jacques Pauvert
Jérôme Peignot

HISTOIRE D'UNE PETITE FILLE

Titre d'une nouvelle
Le Triste privilège
ou
Une vie de conte de fée
Histoire d'une petite fille *

Titre du roman
En Exergue : Lautréamont
Le Mal — Être
« Le mort saisit le vif »
Où le mort...
Quand le mort...
Histoire d'une petite fille

Pourquoi c'est déjà assez *expliqué*
par le début : autobiographie
mais continuer = chercher
dans la vie « libre » tout ce
qui est enfermé par le
même dilemme
s'expliquer par le Christ
la mort goût *la vérité*
la mort goût de l'absolu

---

* Écrit d'une autre encre — celle du fragment suivant — comme un *dernier titre*.

Titre d'une nouvelle

Le Triste privilège

ou

Une vie de conte de fée

Histoire d'une petite fille

Histoire d'une petite fille[1]

Le triste privilège
ou
Une vie de conte de fée

Des yeux d'enfant percent la nuit.

La somnambule, en longue chemise blanche, éclaire les coins d'ombre où elle s'agenouille marmottant tout endormie devant le crucifix et la Vierge Marie. Les images pieuses couvrent les murs, la dormeuse se prête à tous les agenouillements et puis glisse entre ses draps. Livrée aux fantômes moins réels qui eux aussi ont tous les droits sur moi, ma chambre reprend son immobilité lourde de cauchemar prématuré.

La terreur se lève entre quatre murs comme le vent sur la mer. Une très vieille femme cassée en deux me menace de son bâton, un homme rendu invisible par le fameux anneau me guette à tout instant, Dieu « qui voit partout et connaît toutes les pensées » me regarde, sévère. Le rideau blanc se détache de la fenêtre, il plane dans les ténèbres, s'approche et m'emporte : je traverse doucement la vitre et monte au ciel...

Des milliers de points lumineux apparaissent dans l'obscurité, ils dansent en rond, s'éloignent de la veilleuse, essaiment vers moi. Une fine poussière d'arc-en-ciel se pose sur les objets, les gouttes de couleur glissent les unes sur les autres. Cônes, cercles, rectangles, pyramides liquides et phosphorescentes, abécédaire des formes et des couleurs, prisme solaire, ciel de mes yeux en pleurs; les phosphènes dansent en rond... le lit tangue sous la houle des rêves.

Et les jours de ces nuits c'était une enfance sordide et timorée, hantée par le péché mortel, le Vendredi saint et le Mercredi des cen-

---

1. Titre choisi par Georges Bataille et Michel Leiris, parmi tous les autres.

dres. Enfance écrasée sous les lourds voiles de deuil, enfance voleuse d'enfants.

Non, tout n'est pas dit. Des mains criminelles ont agrippé la roue du destin : beaucoup en restent là, nouveau-nés vigoureux étranglés par le cordon ombilical et pourtant... ils ne « demandaient qu'à vivre ».

Écoutez-les, la nuit est pleine de leurs cris : longs cris déchirants interrompus par un bruit de fenêtre brutalement fermée, cris rauques et liquides étouffés par le bâillon et mourant entre les lèvres, appels stridents, noms d'hommes ou de femmes jetés dans le vide éternel, rire vengeur tombant de haut en cascade de mépris, plaintes vagues et diffuses, vagissements d'enfants à voix d'hommes. Tous ces cris, mêlés au vol des feuilles d'automne, montent d'un jardin comme monterait l'odeur de la rosée, de l'humus et du foin coupé.

C'est un jardin bien parisien où j'ai trouvé à me cacher. De derrière les fusains un homme est sorti tout pâle, il s'incline, serre une main dans le vide, s'en va à petits pas sur les cailloux blancs, s'incline encore étreint cette main inexistante et repart avec précaution tout autour de la pelouse... Un autre surgit, face enflammée, lèvres vermeilles, il a surpris mon refuge encastré dans le mur et caché par ces affreux massifs de fuchsias. Là, c'est plein de lierre, de suie, de fleurs de bégonias écrasées dans les doigts et de signes de marelles tracés à la craie. L'homme, geste obscène, s'approche, mais il y a bien des détours savants et voici qu'un autre enjambe sa fenêtre, éperdu, battant l'air comme un moulin, l'écume lui sort des lèvres : « ils m'ont volé les salauds » on le maîtrise. Maintenant passe une femme, mains jointes sous le menton elle court de tout son corps informe, flasque et balourd, ses visions arrachent au passant un demi-sourire aussitôt figé parce que là-haut apparaît un visage blême qui essaie de s'introduire entre les barreaux de sa cage, essaie de face et puis de biais mais en vain, alors un bras blanc décharné passe et pend doucement jusqu'au soir comme un linge au vent.

Une meute menteuse et souriante (parents et médecins) tourne autour de la fosse aux fous du jardin de l'enfance.

Pauvres êtres falots et leur douleur qui se rend pour s'être trop cabrée et leur douleur vaincue, impuissante, écrasée, idiote. Écoutez-les : a b c d je ne sais plus parler, 1 2 3 4 je ne sais plus compter.

Que vous importe l'innocent du village ou la folle du quartier? Les rues ne sont-elles pas pleines de consciences achetées, d'échines brisées? D'autres êtres encore, voués à une mort plus proche ou à une vie meilleure, s'en vont échouer dans les foires, dans les ports, dans les squares, sous les ponts.

Les épaves vivantes, venues de tous les naufrages — misère ou désespoir — se retrouvent étonnées sur les bords friables des quais. Étonnées de se voir face à face, d'homme à homme, et puisque les regards se croisent, on échange ces mots passe-partout, sans aucun sens et lourds de signification. Seuls, ceux qui reviennent de loin s'entendent *ainsi* parler... de la pluie et du beau temps. Et il semble que la terre, répondant au son des voix, devienne plus ferme sous les pas. L'eau du fleuve roule ses eaux grasses, charrie ses lourdes puanteurs. Au-dessus des ponts la ville, au-delà de la ville les champs. Et dans la ville et dans les champs une mer mouvante de regards humains.

Pas un qui ne cache un secret, une *histoire*, qui ne soit une réponse, un appel, une explication. Regards si clairs et très purs avec leurs fonds troubles de taches et de filets : algues et détritus humains. Regards exorbités, glauques et chassieux, regards aphones et d'autres illuminés, regards qui savent haïr et mépriser, regards aimants et confiants, regards qui révèlent *un* but, *une* volonté, regards que le désir voile dans le sang. J'entrevis tous ces regards à travers celui qui, insistant et perdu dans une pâleur d'affamé, semblait demander compte à toute impuissance, à toute défaite humaine autre que la sienne.

— Je n'habitais pas la vie mais la mort. Aussi loin que je me souvienne les cadavres se dressaient tout droit devant moi : — « Tu as beau te détourner, te cacher, renier... tu es bien de la famille et tu sera des nôtres ce soir ». — Ils discouraient tendres, aimables et sardoniques, ou bien à l'image de ce Christ l'éternel humilié, l'insane bourreau, ils me tendaient les bras.

De l'occident à l'orient, de pays en pays, de ville en ville je marchais entre les tombes. Bientôt le sol me manqua, qu'il fût herbu ou pavé, je flottais, suspendue entre ciel et terre, entre plafond et plancher. Mes yeux douloureux et renversés présentaient au monde leurs lobes fibreux, mes mains crochets de mutilés transportaient un héritage insensé. Je chevauchais les nuages avec des airs de folle échevelée ou de mendiante d'amitié. Me sentant quelque peu monstre, je ne reconnaissais plus les humains que pourtant j'aimais bien. Enfin, je me pétrifiai lentement jusqu'à devenir un parfait accessoire de décor.

J'ai longtemps erré traversant la ville de part en part, de fond en comble. Je la connais bien, ce n'est pas une ville mais une pieuvre. Toutes les rues parallèles et de biais convergent vers un centre liquide et boursouflé. Les tentacules de la bête portent chacune une seule lignée de maisons à deux façades : l'une à petits carreaux, l'autre à lourds rideaux. C'est là que j'ai entendu, de la bouche de Vérax, la bonne nouvelle de Notre-Dame-de-Cléry, là que j'ai vu le beau regard de Violette injecté de l'encre la plus noire, là enfin que Justus et Bételgeuse, Vérax et La Chevelure et toutes les filles à noms d'étoiles furent absorbés par le puissant courant de portes magnétisées. L'obscurité par instant traversée de rayons invisibles leur révèle l'espace à leur propre image. Seule transparence incandescente : le squelette et la forme du cœur. De sourds déclenchements animent tour à tour des éclairs de soufre et d'acétylène, auréolent de mercure les corps automatiques. Ils se voient mauves et puis verts...

L'heure des attractions étant passée, ils sont rejetés à la rue par cette même machinerie compliquée. Le visage tout épuré, ils regagnent des cîmes où ils se croient nés. (L'homme-tronc s'en va penser dans son quartier).

Au jour, le poulpe ensablé ne laisse pas trace de ses étirements et de ses convulsions, on peut mettre le cap sur cette plage ensoleillée.

C'est bien sur une telle plage que je découvris le ciel, un ciel immense et sans nuages où se perdait un cerf-volant. Croyant le suivre puisque mes yeux ne le quittaient pas, je courais sans fin pour l'atteindre. Haletante, je me jetai sur le sable : le sable aussi file entre les doigts avec une caresse chaude qui fait rire.

L'inévitable cortège : ces femmes en noir me ramenèrent par des rues à courants d'air glacés vers une « villa gothique » dont les vitres reflétaient un soleil pourpre. C'est le premier jour de ma vie que je regardais en voyant.

Laissant là les Souvenirs, les éboulements et les échafaudages d'une vie mort-née, les bronzes et les plâtres de toutes les civilisations et me fiant à un angle d'ardoise bleutée, je pris place un beau soir dans un envol de pigeons en plein cœur de la Cité. Les lourds oiseaux voyageurs s'abattirent pas bien loin, sur la place où, toujours *dévorée par le démon de la curiosité*, je me fondis dans un attroupement.

On attendait le défilé. J'ai vu les étendards et les drapeaux des petits garçons débiles et des vieillards cagneux (la badine à la main); j'ai vu les oriflammes et les oripeaux des prêtres en sueur (l'aisselle verte et puante), j'ai vu les scapulaires et les chapelets crasseux des jeunes filles, les enfants de Marie tremblantes : « Mon père j'ai eu de mauvaises pensées. » Tous braillaient, l'haleine pourrie : nous sommes l'espoua a a a re de la France. Trois vieilles hochinant de leurs cheveux gras découvraient d'entre leurs moustaches des râteliers tout pleins d'hostie rance.

LAURE

Te voilà sous les espèces du drapeau, sainteté insane! Pourquoi ne pas sourire désabusée ou éclater de rire amusée... Mais non, je reste là, à cracher le sang de mes ancêtres qui te ressemblent. N'en finirai-je pas bientôt de rejeter ce lest pesant? Oui, il n'y a pas si longtemps, la Véronique me souriait avec son linge suintant le Christ, la Vierge et sa couronne vacillaient dans l'encens ainsi que les gros clous fixés au mur et les traînées de sang, la Sainte-Face pleurait ses larmes d'huile derrière une lampe rouge seul éclairage de la « chapelle des Sept Douleurs ». C'était la retraite, l'heure de la méditation, j'avais sept ans, j'étais à genoux, tremblante. Bras et jambes brisés, je m'efforçais d'inventer des péchés tant les miens me paraissaient insignifiants, peu en rapport avec la gravité des mines, la sévérité des textes et des invocations. J'inventais... Le prêtre m'accueillit dans une pièce obscure où je pénétrai épouvantée et où il me confessa sur ses genoux. On me ramena en fiacre. La maison était loin : « entre *Sainte-Anne* et *La Santé* » expliquait ma mère au cocher et je tremblais longtemps encore dans un capitonnage de feutre humide, redoutant la mort à chaque tournant des rues ruisselantes de pluie où le sabot du cheval glissait et dérapait.

Je dus avaler l'hostie moi aussi, honteuse de ne savoir comment m'y prendre et de poser des questions. « Surtout, ne lui fais pas toucher tes dents », m'avait dit ma mère. Quel affreux débat de langue et de bon dieu ensalivé! C'était à tel point long et raté que je commençai à douter que ce fût là... Dieu. L'idée ne me lâchait plus, impossible de penser à autre chose : je sanglotais. Voyant mon émotion, le prêtre et les parents se félicitèrent de ma piété extrême. Je laissais dire; pouvais-je avouer l'horreur de ce qui se passait? N'étais-je pas déjà en état de péché mortel? On parlait de ferveur... Pour la première fois, les sourires béats, les airs supérieurs des grandes personnes me parurent étranges, *douteux*. Cependant, j'étais fière d'être la seule enfant dont la première communion se passerait, comme le voulait ma mère, sans qu'aucune réjouissance matérielle vînt troubler la sainteté de la journée.

Et une fois de plus la sainteté s'en alla loger au grenier. C'était une pièce de débarras pleine de malles et de vieilles ferrailles. La fenêtre, jamais ouverte, était condamnée par un épais rideau laissant filtrer une lumière de vitrail. Je restai là des heures entières, échappant à leur ennui, me plongeant dans le mien à corps perdu. Il arriva qu'un jour on déplaça tout un fatras d'objets pour atteindre la croisée et l'ouvrir; c'était la seule pièce d'où l'on pût voir de tout près un ballon captif tombé dans un jardin voisin. On distinguait à vingt mètres la nacelle coïncée entre deux murs, l'enveloppe orange à moitié dégonflée, striée de gros cordages, affalée sur les toits et les branches d'arbre. Enfin je vis le pilote dégagé de cet amas hétéroclite; la petitesse de cet être tombé du ciel m'apparut comme insolite et décevante. Ce fut un événement sans pareil que cette bouffée d'air dans mon grenier crevé.

J'étais sans amis. Tous étaient réprouvés par ma mère comme « trop fortunés » ou « pas assez pieux ». Pauvre, cette femme se fût trouvée tout naturellement portée à recourir aux voisins ou à leur prêter assistance, à laisser ses enfants jouer avec d'autres sur le trottoir, à parler elle-même aux commerçants, à connaître les histoires du quartier. Mais sa « situation » lui permettait de s'enfermer dans une méfiance totale de tout ce qui n'était pas la Famille et dans une ignorance complète de tout ce qui au monde pouvait être gai, actif, remuant, vivant, productif ou même simplement humain. « Avoir des relations » ou « recevoir » la jetait dans un état de panique solennelle dont nous subissions le contre-coup. Mon frère seul nous tirait du malaise par une désinvolture qui faisait éclater en trombe ces fous-rires sacrilèges qu'il faut contenir au salon ou à l'église.

La maison avait toujours un aspect morne et inchangé. L'arrivée du courrier me passionnait d'avance à cause de très rares lettres écrites d'Afrique, d'Amérique ou de Chine par un oncle lointain. Bien qu'il n'y eût jamais sur le plateau de bronze décoré que des factures, des faire-part et l'*Echo de Paris*, j'attendais chaque jour ce courrier fait d'enveloppes épaisses, de timbres extraordinaires et d'une écriture bizarre.

Malgré ses domestiques ma mère restait constamment préoccupée du ménage, préoccupée jusqu'à l'angoisse par la poussière, la naphtaline et l'encaustique. Il ne se passait pas de jour sans qu'une tâche nouvelle ne l'absorbât et ne mît en l'air choses et gens. Cela s'appelait « ranger » et ce n'était jamais fini. Tout le monde devait être sur pied et prendre une part active au bouleversement général. Enfants et domestiques, visages crispés à l'image de l'autre, allaient et venaient, montaient et descendaient, rien n'était épargné. Seule, la chambre de débarras demeurait immuable dans son air confiné et sa lumière de vitrail.

Je m'y réfugiais et là, à cheval sur une vieille malle de moleskine ou accroupie sur un petit banc à rempailler, je me racontais sans fin des histoires et surtout celle d'avant ma naissance, du temps où j'habitais le ciel. Ou bien, je contemplais avec ferveur un doux Jésus blanc et un Joseph blond, images bleues, roses, dorées, étoilées empaquetées dans la soie, nouées de faveurs. Ou bien, je lavais ma poupée et partais à la recherche de mon propre corps que l'on m'ordonnait d'ignorer. Curiosité de l'enfant vers son ventre au moment même où il sait que Dieu voit partout et le suit dans ce grenier. Curiosité et puis terreur. La vie eut vite fait d'osciller entre ces deux pôles : l'un sacré, vénéré, qu'il faut exhiber (les enlisements de ma mère après ses communions), l'autre sale, honteux qu'il ne faut pas nommer. Tous deux combien plus mystérieux, plus attirants, plus intenses que la vie morne et inchangée. Ainsi allais-je osciller entre l'infâme et le sublime au cours de longues années d'où la vraie vie serait toujours absente.

Il y avait ces ouvrières fières qui s'en vont au travail après avoir torché les gosses et leur disent, pressées, avec une tendresse rude qui ne mâche pas ses mots : « mouche ton nez, lave ton cul, propre à rien ». Devant celles-là au moins les enfants peuvent déboutonner leur culotte sans se croire en enfer. Avec elles les airs de bonté, les mines de mijaurées, ça ne prendrait pas. « Ma pauvre femme »? elles vous enverraient d'une torgnole rouler sur le trottoir.

Il y avait ces blanchisseuses que je croyais heureuses de tremper leurs mains dans la Seine : « As-tu bientôt fini, toi, avec tes couches, de m'envoyer de la merde dans mes mouchoirs? c'est que ça ne fera pas son affaire à la patronne », et les rires éclataient et se perdaient dans les roseaux. La journée terminée, les jeunes blanchisseuses se relevaient ayant au front et sous les bras une sueur âcre qui sentait bon le bois tiédi du lavoir et le foin chaud de leurs boîtes, elles se relevaient avec cette douleur aux reins et bien lasses à la fin de regarder leurs seins dans la rivière.

Il y avait ces maquerelles cyniques et qui ont beaucoup roulé de Marseille à Buenos-Aires portant au cœur un grand amour noyé d'absinthe.

Ce sont des existences dures et précaires, ni bonnes ni pires que bien d'autres, mais à travers ces visages je devinais un certain sens direct de la vie qui prenait une singulière saveur quand je pensais aux autres, ma mère et ces femmes en noir qui sortaient de l'église, avec tous leurs beaux sentiments passés au tamis. Ouvrières, blanchisseuses, maquerelles sauraient goûter la joie si elle leur était donnée autrement que dans un loisir parcimonieux empoisonné par l'angoisse du lendemain. Vous autres, vous êtes là, toute réticence et observance, épinglant la mort de tous les côtés, redoutant la vie, souhaitant la maladie. Vous êtes là, honte et mutisme, avec des journées remplies de tous les devoirs : devoirs « des parents envers leurs enfants », des « supérieurs envers leurs inférieurs » du pécheur envers son créateur. Vous êtes là, quiètes et douillettes, mornes et sévères, tuant la joie et vivant de cette bonté filtrée qui ignore l'humanité.

Qu'elle était donc simple et douce, Christiane, la fille de notre femme de ménage, celle qui s'est jetée par la fenêtre parce que sa mère avait pris du charbon dans une cave. Car c'est ainsi que ça s'est passé et pas autrement : guettée pendant toute une semaine par sa patronne qui plaçait, déplaçait et comptait ses boulets, Mme Beuchet avait été enfin « prise la main dans le sac » et emmenée au commissariat. La petite, inquiète de ne pas la voir venir à l'heure habituelle, partit à sa recherche et fut accueillie par ces mots : « Votre mère, c'est une voleuse et je la ferai mettre en prison. » Christiane avait attendu toute la nuit dans sa chambre et puis, à six heures du matin, ne voyant venir personne, s'était jetée du septième étage. Je demandai des explications sur ce drame, mais on ne « devait » pas en parler. On changerait de femme de ménage, c'est tout. J'insistais et ma mère qui blâmait vivement la patronne « trop sévère » me démontrait que cependant on ne peut « tolérer le vol chez soi et que du reste c'est un péché mortel ». Je restais épouvantée, concluant une fois de plus que le péché *mortel* fait *mourir*.

J'avais connu Christiane un dimanche; sa mère, chargée de me conduire à la messe, l'avait amenée. Blonde, douze ans, toute en noir, elle portait enroulée autour du cou une longue fourrure blanche qui retombait en deux pans jusqu'à ses minces chevilles. Cette fourrure m'ayant étonnée, j'avais posé des questions à la maison.

— C'est très vulgaire et pas convenable du tout de porter des choses aussi voyantes et puis il ne faut pas parler à Christiane.

Et moi, singeant les grandes personnes toujours sûres de leur fait, et toujours omnipotentes, j'avais honte d'être dans la rue avec Christiane et je ne lui adressais pas la parole. Sur le drame, j'appris seulement et plus tard que c'était « la laitière qui l'avait trouvée la première ». J'imagine cette laitière avec ses bouteilles et puis par terre... Je revoyais ce long boa en frisure blanche comme en portent les bébés et quelque chose se nouait en moi, mêlé d'une véritable haine pour des mots qui pouvaient tuer. Mme Beuchet ne vint plus à la maison.

— Pourquoi?

— Parce que nous ne devons pas nous mêler à des histoires pareilles.

Oui, ces mains rêches et potelées font bien les choses, elles savent maintenir l'ordre dans une maison. Elles savent inscrire les menus, tenir un trousseau de clefs, déshabiller « modestement » les enfants, se joindre pour la prière du soir, enfouir la tête dans de fausses extases, gifler de leurs os durs, écrire d'une ronde superbe sur mon cahier de catéchisme : « Résolution ».

Ces Résolutions fatales où il était toujours question de ne pas me mettre en colère crevaient comme les bulles de savon, bulles irisées qui avec le lait d'amidon m'occupaient des heures entières dans la lingerie.

J'aimais beaucoup la jeune femme de chambre. Un jour, elle me parla de ses espoirs de mariage et de maternité :

— Quand j'aurai un bébé je l'habillerai tout en blanc.

— Tu ne pourras pas puisque tu es pauvre.

Son visage s'empourpra.

— Je ne suis pas pauvre, je travaille et mon fiancé est employé au métro.

Ce mot *travail* n'arrangeait rien du tout dans ma tête, au contraire, et je continuais à persuader cette jeune fille que son enfant ne pourrait être bien vêtu. Elle me jeta par phrases hachées que le travail ne rendait pas forcément laid et sale, que les travailleurs, ceux qui ont un métier, ne sont pas des mendiants des rues et puis « un employé, ce n'est pas un ouvrier non plus, et vous, vous êtes une enfant très méchante ». Sa colère me désespéra, je réfléchissais à tout cela avec la logique que comportait mon éducation. D'abord, les employés du métro étaient de ceux auxquels ma mère adressait la parole avec une certaine voix, auxquels on ne serre pas la main, et auxquels on ne dit pas « Bonjour Monsieur » mais un bonjour tout court suivi d'un silence gradué, ensuite, la femme de chambre, ce n'est pas comme ma mère... et puis tout à coup il s'établissait toute une hiérarchie trop savante pour moi. Les pauvres des rues, les ouvriers, les employés, qu'est-ce que tout cela voulait dire? Henriette essaya de me l'expliquer par le degré de saleté que comportaient ces différents états. Je compris d'autant mieux que nous habitions à côté d'une usine et que bien souvent je distrayais mon ennui, assise sur le rebord d'une fenêtre, à regarder un jeune découpeur qui travaillait le cuivre à la scie circulaire. Nous échangions des sourires et des petits signes de tête. Un jour il se coupa le pouce : j'appris immédiatement l'accident. La fenêtre devint défendue car je regardais trop et ce spectacle me jetait dans une inquiétude terrible. Henriette m'expliqua que ce jeune homme, lui, était ouvrier. Je ne voulus pas la croire : « Comment pouvait-il être ouvrier puisque je l'aimais bien? »

HISTOIRE D'UNE PETITE FILLE

Voilà donc à quoi aboutissaient le catéchisme rigoureux de ma mère — devoirs des supérieurs envers leurs inférieurs — et ces fameux airs de bonté qui étouffent tous les germes de sympathie humaine large et spontanée. L'enfant répugne à tous les « devoirs » tracés au cordeau et prend facilement le contre-pied ou bien il singe habilement les grandes personnes avec de petits airs de mépris. A huit ans, je n'étais déjà plus un être humain.

Il y eut la campagne.

J'appris à connaître les fleurs d'ombre et les fleurs d'eau, héliotropes et millepertuis, nénuphars et toutes sortes de roseaux. Je sus qu'il y avait des oiseaux du soir et de la nuit, chauves-souris, hiboux, chouettes, chats-huants tombés du nid et noyés dans un seau hantèrent mes rêves. Un saule pleureur refermait sur moi ses feuilles lisses, une grotte m'accueillait dans sa fraîcheur humide avec un jeune chat aveugle caché dans ma robe et glissant sur ma poitrine. J'allais disparaître et m'évanouir entre le mur et le lierre. Là, je devenais araignée, faucheux, millepattes, hérisson, tout ce qu'on veut et peut-être même bête à bon Dieu.

Je découvris les champs de blé, de maïs, de trèfle incarnat, les champs en jachère pleins de coquelicots et de bleuets, les champs bordés de saules et de peupliers. Derrière le potager la plaine apparaissait étincelante au soleil, bruissante de grillons, de gros bourdons et de sales mouches sur l'engrais. J'allais en plein midi, la tête insuffisamment couverte, le cou trop serré par un lien de batiste rigide, les jambes nues picotées de foin. J'allais, avec un nouveau goût sur mes lèvres chaudes et une bonne odeur de lavande et de peau brunissante, connaître le vertige et l'enchantement.

Dominant tout cela, mon père, de ses yeux clairs, heureux et si bleus, me montrait la nature. Par lui je connus les libellules, les martins-pêcheurs et les roitelets, les éphémères et les vers luisants, les canards sauvages, les poules d'eau et tous les poissons. Par lui je connus les arbres et les saisons, la mousse et la résine, le fleuve, la forêt et le feu.

....

Perles, boîtes magiques où tremblent les couleurs, doigts d'enfants crispés au couvercle, perles de verre, perles d'émail, colliers d'ivoire et de corail, firmament des petites filles. Perles blanches, perles noires (où était-ce?) anges rouillés, mots délavés... Mes couronnes des prés, on les retrouve sur les visages des héros; les fleurs de la serre et les fleurs du pommier, au cimetière : bric-à-brac funéraire.

Là encore les mains rêches et potelées font bien les choses. Au rite du ménage, elles surajoutent celui de la mort avec des photos, des étendards, des drapeaux de tous les côtés. Ces mains-là taillent avec volupté un crêpe de bonne qualité et ferment leur porte à double tour : le deuil sera total, absolu, éternel. « Chère Madame, vous avez bu le calice jusqu'à la lie. » Et les mains éplorées, touchantes, répondent sur un papier à large ourlet noir : « Bénis soient Dieu et la Patrie. » Désormais nous allions vivre de nos rentes et de grands sentiments dans un climat de tristesses stagnantes et putrides.

... L'un d'eux revint exhaler son dernier souffle à la maison, *dans ma chambre*. Ma sœur voulut que je le voie. Cette fois je sanglotais moi aussi, honteuse que la peur fît jaillir mes larmes devant tous, moi qui d'habitude ne pouvais pleurer que dans le noir. Je montai l'escalier qui me menait à lui et tout le poids de mon corps me tirait en arrière, sur la jambe la plus basse comme si mes genoux ne pouvaient articuler : de tout mon être je refusais de voir le mort et puis, sa vue me calma étrangement.

Est-ce que je savais où j'en étais de tous ces chagrins? Je ne savais plus rien. Dans un cortège, au moment solennel, je pensais que le crêpe mouillé sentait drôle au soleil, ou bien, j'avais une peur atroce d'éclater de rire, de sourire sans m'en apercevoir, sans pouvoir m'arrêter; je serrais les dents tant que je pouvais et si un ami vrai de mon père venait à passer, quelques larmes me soulageaient et puis, tout reprenait : cette fois, ça y est, j'éclate de rire, au secours! Alors je m'imposais de me figurer comment étaient maintenant les visages des cadavres mais leurs noms me venaient en chanson et sur un air très gai qui se terminait ainsi :

Ils sont morts, morts, morts
André et Rémi
Ils sont morts, morts, morts
Papa, André et Rémi
Ils sont morts, morts, morts
Papa, André, Lucien et Rémi

C'est à l'un de ces moments où je m'en voulais de n'être pas au niveau de chagrin démonstratif des grandes personnes qu'il se passa quelque chose d'atroce. Au cours du transfert d'un cercueil de la voiture à la fosse il s'échappa de la boîte une nappe d'eau si abondante que cela ne finissait pas, une eau pestilentielle inondant les porteurs qui cherchaient à se dégager sans rompre avec le cérémonial habituel. L'un d'eux, excédé, poussa une exclamation des plus vulgaires alors que tous les assistants se regardaient et reculaient terrifiés. Ma tête devint très lourde. Il me sembla que la fosse deviendrait assez large pour nous engloutir tous dans la terre chaude et que nous n'aurions plus à nous tenir ainsi apeurés, accolés aux autres tombes, dans l'espace restreint dévolu aux vivants, dans ces petites allées de cailloux blancs ou l'on se tient à cloche-pied, où l'on est mal à l'aise, où l'on a si froid, où tout fait si mal. Je ne ressentais même plus de hâte que cela finisse. J'avais seulement la tête lourde, si lourde...

Mon cerveau d'enfant sombrerait-il dans le flot ininterrompu des catastrophes où ma mère trouvait désormais sa vie?

Annonces tragiques, visites de condoléances, voyages funèbres, messes d'anniversaires, défilé des amis de la famille, articles de journaux, prises de voiles et commandes à « La Religieuse », c'était pain béni pour tout un lot de vieilles filles pieuses et inoccupées qui venaient flairer le deuil dans notre maison, se repaître d'héroïsme à l'ombre de notre famille et raconter d'autres drames, d'autres cas tragiques dont aucun, paraît-il, n'atteignait en beauté ce qui chez nous s'était passé. Et après, comme des parvenues frayant avec la noblesse, elles s'en allaient colporter nos gloires nouvelles et d'autres deuils. Un jour comme tous ceux-là, mais pis encore, je crus bon d'aller en classe. Qu'y avait-il de changé? est-ce que cela ne faisait pas des mois et des mois que nous pleurions? Pourquoi ne pas sortir? mais je fus rappelée à l'ordre, honteuse de mon acte, un « manque de cœur ». Et je restai là, auprès de ma mère dont les sanglots redoublaient à chaque visite. Je remarquais malgré moi, qu'elle n'essuyait pas ses larmes et ne se mouchait pas, le résultat était odieux et je pensais que c'était pour avoir « le visage baigné de larmes » comme dans les livres, je m'en voulais. Une de mes tantes, au contraire, se tamponnait les narines et les paupières par petits coups attentifs à un fard sommaire, cela aussi me semblait drôle. De mon coin j'observais le spectacle de la douleur. De temps en temps, on parlait des enfants et ma mère m'appelait auprès d'elle, le spectacle me semblait tourner à la comédie car les dames me faisaient des petites mines apitoyées et il y avait dans tout cela quelque chose de surchargé qui ne m'allait pas. J'avais honte de mes yeux secs et puis un remords atroce de ne pas souffrir assez car, dans la prostration générale, il m'arrivait à moi, de suivre des yeux le vol d'une mouche et son trajet sur la vitre et de m'amuser bien si elle se frottait les pattes ou les ailes, il m'arrivait aussi d'avoir bon appétit et de désirer me distraire. L'enfant incarne la vie, le mouvement, il est tout en métamorphoses et renouvellements subits... mais on ne me faisait pas grâce d'une messe basse dans la crypte.

Et pourtant il y eut un rayon de soleil. C'était un bébé blond, une fille de deux ans à laquelle je m'attachai subitement plus qu'à aucun être au monde. Je tressais des fleurs sur sa tête et son sourire m'enchantait. Un beau jour, elle ne vint plus au jardin. Je voulus la voir : « impossible, elle est malade ». Ses cris aigus venaient jusqu'à moi dans la nuit. Je surpris par hasard une phrase de grande personne : « Ça va très mal, le pus sort par les yeux et les oreilles. » Ces mots-là dansèrent dans ma tête. On m'empêcha d'entrer mais j'aperçus la petite morte toute blanche couverte de roses. Encore une fois le cercueil traversa la maison et on partit pour l'église. Je tenais l'un des rubans qui s'échappaient aux quatre coins d'un édifice en bois sculpté noir porté à bras d'hommes. A l'église j'ai veillé toute seule près du cercueil pendant le « déjeuner de famille » attendant l'heure du cimetière. J'étais à l'extrême limite de la peine et de l'horreur. Sous cet amoncellement de roses, je croyais sentir une odeur. L'âme de la petite morte s'en irait-elle au ciel dans ce rayon lumineux en brisant les vitraux de la chapelle? Mais non, j'étais à côté d'elle veillant sur le prie-Dieu...

Il y eut la descente de la petite boîte dans la fosse. Alors, mais alors seulement je compris la mort... celle-là et toutes les autres.

La torpeur de ces longues journées devait petit à petit m'enliser. Moi aussi je fus « en danger ».

— Est-ce que je vais mourir? — où est cette sœur très tendre qui se penche et répond :

— Non, nous n'avons plus peur pour toi.

Ainsi, on avait eu peur. C'est bien ce que je pensais. Et au cours d'invraisemblables rechutes j'attendis, comme ça, très simplement, car vraiment mes chances étaient égales du côté des morts ou de l'autre. Un jour, on glissa sous mon oreiller une médaille de Lourdes. Je sursautai et la jetai au visage de ma sœur en disant que je n'avais pas besoin de ça. Le prêtre vint avec la communion, je suppliai qu'on me laissât tranquille mais non, il fallait en passer par où ils voulaient tous et encore subir ces complications, ces airs extraordinaires, ces linges et ces objets. Je m'efforçai à la méditation mais quoique croyante encore j'étais « absente » et le livre retombait sur les draps. Pendant ces nuits d'étouffements, je regardais la photographie des morts. Enfin j'allai mieux. Un infirmier mutilé des deux mains et devenu simple gardien venait chaque jour me porter au soleil. Il passait ses bras sous mon corps douloureux, me faisait rouler sur ses moignons et m'installait dans les avant-bras repliés. J'avais horreur de cet homme et de cet instant et préférais ne pas quitter mon lit. On me transporta désormais sur un brancard. Moi aussi je faisais « victime de guerre ».

Les mains rêches étaient toutes gonflées. Pendant une année entière elles avaient tordu les compresses d'eau bouillante, rempli des poches de glace, rechargé les feux. Ces mains toutes crevassées d'où le sang s'échappait avaient « pour moi » renoncé au large anneau d'or.

On me dit que mon filleul, un gars du Nord, chasseur alpin affublé de moi comme marraine par l'intermédiaire d'une bonne sœur, avait été tué. C'est lui qui *au début* de la guerre m'envoyait des photographies de chapelles aux armées avec des Jeanne d'Arc toutes enrubannées et puis des bagues, des douilles d'obus. Je répondais sur un papier à petits drapeaux (format pour enfants). Quand il vint en permission, je l'attendis comme une joie, une distraction mais il y eut une gêne terrible.

— « Nous pensions que vous raconteriez de belles histoires à votre petite marraine » : mais il était là, muet. On m'avait dit de poser des questions, je demandai « comment c'était les attaques? » Au dessert, il refusa le gâteau, un gâteau à étages de crème et de confiture, je fus consternée, on insista, alors il se fourra l'index dans le fond de la bouche : il avait mal aux dents et le sucre ne lui valait rien. Avec des « comment donc » et force dénégations nous mîmes un morceau dans son assiette, il en avala une bouchée puis le laissa. Décidément, rien ne romprait la glace et il n'y aurait pas d'histoires de batailles. Ma mère était vexée comme le jour où elle reçut un ami de mon frère qui laissé seul un moment au salon fut retrouvé sanglotant dans les coussins. Il avait dit, paraît-il :

— « C'est affreux, affreux. »

— « Du courage! avait répondu ma mère qui en nous racontant cela, ajoutait : « un vrai soldat ne pleure pas ». Un mois après il était tué.

La disparition de mon filleul me laissa indifférente : rien n'avait plus prise sur moi, je ne savais plus écrire ni marcher et préférais ne pas parler. J'avais treize ans et une apparence de squelette d'enfant. Abrutie, très docile aux injonctions de ma mère, j'étais devenue son nouveau culte, son héroïne, guérie grâce à ses soins d'une maladie dont on ne relève pas. « Ne t'ai-je pas donné la vie une seconde fois? »

Bientôt, par un *ave maria* libérateur le sacrilège pénétra dans ma vie qu'il emprisonna. « Je vous salue! Marie, merde, Dieu. »

Personne ne venait nous voir sauf « Monsieur l'Abbé » le seul, le vrai, le grand ami de la famille. Il avait l'habitude d'attirer ma sœur dans les coins, de lui presser la poitrine en disant « sois bien en paix » et de lui toucher le derrière en rentrant sa jupe entre les deux fesses puis la retirant. Je trouvais cela bizarre, déplaisant. Ma sœur se laissait faire ne trouvant là, apparemment, ni plaisir ni dégoût et appelant ce prêtre « Monsieur l'abbé chéri ». Elle était un être candide et très sain. Un jour, j'allai chez « Monsieur l'abbé » et trouvai une demi-douzaine de jeunes filles assises en rond par terre et raccommodant soutanes, bas et caleçons. « Puisque tu ne sais pas coudre, tu vas découdre » — et j'eus aussi ma part du festin. C'était un grand honneur pour toutes ces filles envoûtées par ce Raspoutine à la manque.

Il venait à la campagne dire les messes d'anniversaires. Le matin, il passait dans notre chambre, faisait la prière agenouillé au pied du lit de ma sœur et glissait sa main dans les draps. Une fois il entra, elle était à demi nue. Je restais interloquée. Cette question d'abbé me causait une gêne intolérable, un dégoût dont je n'osais parler à personne. Que pouvais-je dire? quels mots employer? j'avais de grandes inquiétudes sexuelles qu'aucun dictionnaire ne satisfaisait, j'ignorais même « comment on fait les enfants » mais je n'identifiais pas mes inquiétudes avec les manœuvres du prêtre. Ce fut lui qui un jour me prenant sur ses genoux se chargea de m'expliquer le mariage en termes médicaux puis il accusa mon frère de connaître des femmes, me vanta mon « intelligence » ce qui me flattait et accusa ma mère de me rendre malheureuse ce qui était vrai et lui valut de me voir revenir. En sortant de chez lui, je croisai un couple : jeune homme et jeune fille bras dessus, bras dessous, gais, rieurs; cette vision fut un choc terrible pour moi « jamais je ne serai comme eux ». Je remontai la rue en pliant le dos, en rentrant les épaules : j'aurais tout donné pour que cette explication n'eût pas lieu, pour que ce prêtre n'existât pas avec ses manœuvres louches et son odeur. Je ne disais toujours rien mais peu à peu les choses prirent un autre aspect : je m'accusais à lui de mauvaises pensées sans oser dire que lui-même les provoquait par son attitude avec ma sœur surtout quand elle restait dans sa chambre jusqu'à deux heures du matin et revenait, le peignoir tout défait, auprès de moi qui n'avais cessé de grelotter de peur. Un jour, après le catéchisme, « Monsieur l'abbé » se cacha derrière une porte, m'attrapa par le bras et dit : « il ne faut pas qu'on nous voie » puis il appliqua ses lèvres contre les miennes et s'enfuit en courant. Je me frottai la bouche avec dégoût. Il me reçut chez lui sans allumer la lampe, je voyais seulement la lueur sinistre d'un feu de boulets dans la cheminée. Il me prit sur ses genoux releva mes jupes et passa sa main sur mes cuisses sous prétexte « d'arracher ces tout petits boutons qu'on a sur la peau » puis il me dit « avec ta sœur je fais comme ça » et il entr'ouvrit mes jambes, posa sa main contre mon sexe, je bougeai vivement et il retira sa main, tout en sueur, il continua à peloter longuement mon corps et à me serrer très fort dans ses bras; puis se calma. J'avais une hâte folle de sortir de là, j'étouffais. Désormais j'étudiai cet homme et tous ses gestes avec une répugnance totale et me refusai à faire le guet quand il embrassait ma sœur derrière les portes.

J'étais traquée de tous les côtés.

A qui parler? comment parler?

Mon frère, avec ses airs gourmands et faciles, ne m'inspirait pas confiance. Il ne prenait rien au sérieux et se tirait de l'emprise familiale par un cynisme joyeux et superficiel. Après des jours et des nuits d'absence il revenait, sans vouloir remarquer les airs tragiques que ma mère nous imposait à cause de lui. A table, je remarquais ses lèvres gonflées et sa drôle de tête. J'étais toujours à son sujet entre l'attirance et le dégoût. Il lisait Anatole France, c'était son Dieu. Monsieur l'abbé venait souvent dîner. Il était d'une gourmandise répugnante et avait pour habitude de ramasser du bout de ses doigts d'un geste sec et nerveux les plus fines miettes tombées sur la nappe. Ces repas! silence entrecoupé seulement du *bénédicité* puis des moindres manquements de la bonne à l'ordonnance du service; un jour on entendit un bruit sec et métallique : mon rond de serviette se brisait dans mon poing serré. Ma sœur fit remarquer d'un ton acerbe que c'était « charmant » et bien révélateur. On ergota : « c'est du vieil argent usé »; elle s'exclama : « C'est tout de même du métal, il faut croire qu'elle a le poing serré! »

A qui parler? ma sœur aînée ne s'occupait que d'elle-même, de son amour inconscient pour l'abbé, de ses démêlés avec notre mère. Mon autre sœur suivait le mouvement et tous me traitaient comme une enfant. Ma mauvaise santé excluait toute possibilité d'amitié : à la grande satisfaction de ma mère, je ne sortais pas de la maison. Ce qu'elle ignorait c'est que je vivais dans une sorte de rêve intérieur que moi seule connaissais bien! A cette époque aussi, je voyais la nuit venir avec une sombre terreur chaque jour accrue. Je savais que durant des heures j'allais lutter et qu'après avoir résisté à la tentation puis m'y être livrée sans frein [ ] à une débauche d'imagination.

Un après-midi d'été mon frère voulut m'emmener chez des amis « un milieu impossible entendions-nous dire à la maison, où les femmes cherchent à plaire, ce qui est criminel, et où les jeunes filles prononcent ce mot flirt qui est abominable ». Il y eut du tirage, mon frère insista et moi je me préparai à ce contact avec « le monde » comme à une expédition extraordinaire. J'arrivai là, muette, « supérieure », incapable de dire bonjour, m'efforçant maladroitement de copier les autres, j'écarquillais les yeux : tous ces gens me paraissaient jouer la comédie, faire joujou à la vie. Je surprenais tout un décalage des mots, certains très expressifs employés en riant me faisaient grincer des dents, d'autres me semblaient mal placés, trop riches de contenu pour être si pauvres de son. Mon frère était horripilé de mon attitude, je sentais que je le décevais dans son désir sincère de « me distraire un peu ». Quand nous revînmes cahotés dans la nuit par une mauvaise route, il était frais et dispos après une journée de sport, moi, très sombre : je revenais d'un spectacle ridicule où je ne pouvais jouer aucun rôle, j'avais hâte de retrouver mes livres.

Nous arrivâmes à la maison de famille juste avant l'orage : la terrasse était battue d'un vent étrange, les fauteuils de paille se déplaçaient seuls, une chaise très légère descendait l'escalier, portes et fenêtres claquaient de tous les côtés. Nous appelâmes dans le vide. Personne?

Une voisine cachée derrière un pilier semblait épier le fond du jardin. Je la questionnai : où était ma mère? Elle répondit : « Je ne sais pas ce qui se passe mais votre sœur a couru à la rivière. » Jacques partit de ses pas souples (on aurait dit qu'il se trouvait toujours sur un court de tennis alors que les autres marchaient toutes dans la maison comme sur le tapis qui mène à la Sainte-Table). Ma mère revint, puis mon frère en disant : « Je lui ai fichu une bonne gifle », une ombre se glissa derrière les buissons : Catherine remontait à sa chambre en nous jetant un regard de haine.

Ma mère était à son affaire, il y avait une scène. Ce qui s'était passé? Elle avait eu une simple conversation avec Catherine et celle-ci s'était cogné la tête contre les murs en se bouchant les oreilles puis elle avait voulu se jeter à l'eau. Ma mère l'avait rejointe au lavoir où heureusement Jacques était arrivé.

— « Qu'est-ce que j'ai fait pour avoir des enfants pareils? ... la vie est trop compliquée pour moi... » et ma mère traversait les pièces d'un air égaré, se tenant les tempes; ses bandeaux toujours lisses, gras et impeccables étaient soulevés par le vent et la colère. Mon frère, immobile, lèvres serrées, décida d'enfermer Catherine à clef, de surveiller la fenêtre à laquelle on adapta un fil de fer. Restée seul avec Jacques, je ne pus, cette fois, retenir un sanglot : « Eh bien! si c'est ça la vie... » — « Mais non, dit-il appuyant sur le *non*, agacé de se sentir gagné par l'atmosphère de drame et puis, ne commence pas à m'emmerder toi aussi. » Il avait faim, on se mit à table. J'ignorais l'objet de ce que l'on appelait « une simple conversation » mais je les détestais tous, mère, frère, sœurs, de me sentir constamment complice de l'un contre les autres et de ne trouver en aucun d'eux une réponse à moi-même. Ce soir-là j'étais farouchement pour ma sœur et je voulus forcer sa porte : avec elle au moins, on pouvait se jeter dans les bras l'une de l'autre et pleurer ensemble sans rien se dire. Ces sanglots communs se terminaient toujours par une évocation très simple de souvenirs sur notre père. Nous nous efforcions mécaniquement de prononcer son nom comme s'il était encore là, tellement nous avions horreur du ton de ma mère qui semblait vraiment le faire mourir une seconde fois.

Il m'arrivait d'avoir pitié de ma mère contre mon frère et de le déclarer bien haut mais si elle me volait mes livres je ressentais immédiatement un soulagement terrible quand mon frère, pour ses raisons à lui, la faisait souffrir. Je défendais Catherine contre Jacques car elle aussi ressentait profondément tout ce qui me faisait mal à la maison et n'en riait pas, mais j'étais pour lui, sa gaieté et ses rires quand Catherine m'apparaissait comme l'ombre du prêtre. J'aimais ma sœur et l'admirais à cause de cet esprit de contradiction qui chez elle s'affirmait à tout propos. Ainsi, au cours d'une alerte de Zeppelin, alors que tout le monde était à la cave, elle insista pour aller sur le toit ce qui nous valut une petite scène bien réglée malgré « la gravité des circonstances ». Mais elle y monta et moi, de cinq ans plus jeune, partagée entre la prudence maternelle et l'exaltation de ma sœur je suivis quand même cette dernière ne voulant pas avouer que l'escalier de fer étroit, raide et tout en colimaçon comme celui de la Tour Eiffel me donnait déjà le vertige. Nous arrivâmes sur un toit « plus haut que tout Paris » et où les phares se croisaient au-dessus de nos têtes. J'aimais Catherine d'être chaque jour, à tout propos, en toutes occasions dressée contre ma mère mais je me sentais affreusement loin de tous, capable de démêler ce que chacun d'eux voulait, incapable d'exprimer ma propre réalité à personne au monde.

Bientôt je perdis la foi, refusai d'aller à la messe et de faire mes Pâques. Mon frère, me sentant l'objet de la réprobation générale, me dit un jour : « tu verras, nous nous amuserons bien tous les deux ». Je restai réticente, voulant « être gentille » et dissimuler que ces mots et ce ton me faisaient mal. « Mais enfin, qu'est-ce que tu veux? »

Questionnée par mon frère : « Quelles étaient mes impressions sur Monsieur l'abbé? » je parlai un jour comme cela me venait : enfin on prononçait des mots, mon frère m'aidait et j'étais soulagée d'un poids de mille kilogs. Je dus parler à ma mère, elle était assise à son bureau devant ses livres de comptes et la photographie de mon père.

« Tu oses accuser Monsieur l'abbé... c'est très clair, toi qui ne vas plus à l'église et Jacques qui mène une vie dissolue, vous vous êtes entendus pour dire des horreurs » — et une scène commença comme je n'en vis jamais. Cette fois, je répondrais, je dirais tout et, en effet, je ne cédai sur aucun point. Ma mère passait de l'apoplexie à la pâleur mortelle, cela m'était égal, et puisqu'elle m'accusait encore d'être « ignoble » en répétant que les prêtres sont sacrés, je n'aurais aucune pitié d'elle. Enfin, elle supplia que nous passions à un autre ton « quand je pense à ce que j'ai fait pour toi et à la manière dont tu me parles, tu as un cœur de pierre ». Appuyée sur une commode, je répondis : « Non, de marbre, c'est plus froid ». Alors l'atmosphère devint électrique : ma mère revendiquait ses droits à ma tendresse, elle qui m'avait « donné la vie et tant soignée ». J'eus un rire étrange et répliquai qu'elle n'avait aucune reconnaissance à attendre de moi, elle aurait aussi bien pu me laisser mourir, « j'aurais mieux aimé ne pas être née ». Elle se renversa sur son fauteuil, hurla que je ne savais plus ce que je disais et s'effondra. Je sortis, sans pitié, sans larme. Pour une fois que je parlais, j'avais tout dit et la malédiction finale avait vidé mon corps de muscles, de sang et d'os. J'éprouvais un soulagement qui me soulevait de terre, une allégresse mate, sans résonance possible.

Ah vraiment! elle n'avait voulu autour de moi que coassements de corbeaux, ululements de chouettes, chuchotements mensongers, gestes furtifs à l'heure des chauves-souris? Eh bien! pour une fois, tout devenait clair et transparent comme ce plein-midi d'été. J'allai au jardin; des papillons blancs volaient au-dessus de la berge, une nuée de moucherons me vint au visage, tout étonnée de m'apercevoir de ces choses si simples, je restai longtemps au bord de l'eau et là j'acquis la certitude que la vie se plierait à mon rêve et que je ne faillirais pas : je souffrirai mais je vivrai.

A dater de ce jour, apparemment calme, imperturbable, je commençai à jeter de grands cris sur des papiers. Ces lignes résument mon inertie : « Serai-je jamais capable d'imprimer un trait de volonté *dans le réel!* Dès que je ne suis plus seule je ne suis plus moi, comment faire? Aurai-je toujours cette immense faculté de souffrir des choses sans les *changer.* »

HISTOIRE D'UNE PETITE FILLE

J'avais repris mes études mais par une sorte de fatalité, il m'était impossible de supporter professeurs et élèves. En classe comme en récréation, j'avais des sanglots subits dont rien ne pouvait faire prévoir la soudaineté. Je trouvais mes compagnes stupides. Elles m'écoutaient, horrifiées, déclamer les imprécations de Camille. Je faisais de la « Rythmique » et puis je trouvai cela mièvre et ridicule. Je m'en allais dans un gymnase où, montant aux agrès après mille efforts, je me figurais être une athlète saine et vigoureuse. J'incarnais tour à tour un personnage de Montherlant ou de d'Annunzio. Je décidais de « me rendre indépendante par un diplôme » et me remettais aux études sans aucune possibilité de fixer mon attention, d'achever quelque chose et de ne pas sortir subitement sans raison au moment même où je devais travailler. En amitié, j'agissais sous l'impulsion d'engouements puis de phobies. Avec des précautions de criminelle j'entrai un jour dans un magasin de luxe où j'achetai de la poudre et du parfum.

Une chose était stable, sûre et sans retour : mon irréligion. Ma mère voulut que je voie un autre prêtre. Je déclarai ne pas me refuser à la discussion quoique ne me sentant pas armée intellectuellement en face d'un homme sans doute très instruit. Je pensais, malgré moi, « cela sera peut-être intéressant » mais en même temps j'étais reprise de panique timide. Comment entrer? dire bonjour? commencer les explications? Avant de partir je me mis à coudre sur un chapeau de paille vernie de noir, très couvent, une effarante plume verte dressée toute droite. Il me semblait que, au cas où je serais par trop paralysée, l'idée de cet objet parfaitement ridicule m'amuserait et me rassurerait au point de me rendre mes esprits. J'arrivai dans un parloir froid, humide, une sorte de sous-sol avec des chaises tout le long d'un mur blanc. Le curé entra, il paraissait hésitant, j'étais nette. Je croyais avoir quelque chose à dire mais il ne m'en laissa pas le temps : « Mon enfant, Dieu a permis qu'il y eût un traître parmi les apôtres, eh bien il peut se trouver un traître parmi ses ministres, soyez miséricordieuse »; venait toute une tirade contre « Monsieur l'abbé », quelque chose ressemblant à une querelle de boutique ou à une lutte d'influences dont ma mère avait été l'objet. J'interrompis. La « trahison » en question n'était pas tout dans mon éloignement de la religion, j'étais capable de juger les choses *de plus haut* et je voulais seulement vivre désormais selon ma conscience, puisque je ne croyais plus.

Il ne me laissa pas continuer : « Comment? mais mon enfant vous reviendrez à Dieu voyons, vous verrez, j'en suis sûr ma chère petite, la confiance ne se donne pas... évidemment... mais vous me reverrez, allons, ma petite, c'est bien sûr n'est-ce pas?

— « Je ne le crois pas. » Je me levai et déjà ironique : « Au revoir Monsieur le Curé. »

J'étais dans la rue par une journée de fin avril et je retrouvais la lumière chaude avec une intense satisfaction. Une glace de devanture me renvoya mon image : le manteau gris poussière ne me serrait pas au corps, les bas de fil noir étaient mal tirés, la plume de travers. J'éclatai d'un rire franc et solitaire en pleine rue de Vaugirard, puis j'achetai des jonquilles et rentrai dans ma chambre où mon premier soin fut de découdre la plume. Je fus contente de retrouver mon frère et d'être très gaie avec lui. Le curé avait été si piteux que je trouvais délicieux de blaguer un peu, cela dépassait les limites jusqu'alors connues de mon caractère qui était plutôt de ressentir « un profond respect de toutes les opinions sincères ». Respect qui me valait en retour celui des autres, à la maison.

Au fond j'étais déçue. Ainsi, ce sont *eux* les « directeurs de conscience!... » Décidément ils se ressemblent tous avec leurs yeux peureux et leurs mains chafouines et j'écrivis sur mon cahier : « La religion? un paravent commode contre la vie, la mort, la souffrance. Tout est décidé d'avance comme une rente, un système d'assurance. Je vivrai désormais selon *ma* conscience oui — mais je chercherai... je lirai... en tout cas pas besoin d'être plus savante pour s'apercevoir qu'il y a trop d'hypocrisie de tous les côtés. Décidément je les déteste *tous*. Je me sens affreusement et magnifiquement seule. »

J'avais dix-sept ans [1].

Je me plongeais dans la musique puis m'en détachais subitement, notant sur mon cahier : « pas plus valable que la drogue pour les drogués »; je me rendais très bien compte qu'à passer des semaines entières de Bach à Debussy, de Schumann à Ravel, de Rameau à Manuel de Falla, de Mozart à Stravinski, je ne faisais que changer de drogue et que rien n'était *vrai* dans ma vie. Il en était de même des lectures. « Viendra-t-il ce temps de la *réalité?* » Il faudrait une réalité à mon image, mais quelle est mon image? Je me retrouve en tant de contradictions et il faudrait que ma vie « monte » comme une fugue de Bach : un motif central qui s'amplifie, s'enrichit sans cesse, rencontre, s'assimile, rejette et puis demeure à la fois intact et changé. Bach était ma seule « morale », Stravinski toute ma fièvre. En peinture je n'aimais que les Primitifs ou le Douanier Rousseau, Utrillo, quelques Picasso. Mais aimer la peinture,

---

1. [A partir d'ici la copie dactylographiée revue, qui servit de base à ce texte, ne présente plus le même caractère achevé que ce qui précède.]

cela ne signifiait pas voir un tableau et puis passer à autre chose c'était pour moi une vraie source de vie mais là aussi je tenais à conclure avec une sorte d'ironie méprisante pour ce à quoi je tenais et ce par quoi je tenais : « Pas plus valable que la drogue des drogués. »

A part cela, l'existence était peuplée d'être dérisoires. Les survivants, les cousins, venaient chez ma mère. Un « amateur d'art » regrettait Reims assurant toutefois qu'il n'hésiterait pas, lui, à bombarder Florence si les Italiens étaient des Boches et que cette guerre avait été quand même « la plus belle époque de sa vie, celle où l'on se se sent vivre ». « Il était de ceux qu'on voit du métro, sous l'abat-jour vert à franges perlées, sous le lustre en bois doré ou dans leur « intérieur joliment décoré, très modern syle ». Ils sont là, faisant ou défaisant leur ménage, femme ou maîtresse époussetant, combinant, calculant. Ils sont là, tapis au cœur de leur foyer, portés par le train-train quotidien et la tarte à la crème du dimanche. Trop occupés de leur vertu, leur assurance, les quatre murs de leur vie et l'opinion de leur concierge, ils n'ont jamais vu un regard humain, ils s'arrêtent à l'apparence, le costume, la « condition sociale ». Qu'une cloison vienne à crever : un scandale dans la famille, ils n'en sont nullement émus : leur curiosité, leur malignité seule est en éveil : « je l'avais bien dit » et ils marquent un point et se rencognent et se renfrognent chez eux. Là, ils bâtissent une cloison qui les enserre plus encore, seulement parfois leur regard est torve parce que leur pensée a plus d'audace que leurs actes. Mais la vie est fixée une fois pour toutes, les étapes en sont marquées, ils peuvent se carrer dans leur « jolie situation » ce sont des gens très bien.

Il y a longtemps qu'eux et leurs pareils ont perdu le sens de cette vie-là qui pousse les êtres au large en risquant tout avec. Ils sont là les termites, les ménages sans que leur imagination s'élève jamais à un pouce au-dessus du devoir quotidien, des obligations quotidiennes et des distractions dominicales. Alors, une guerre, quelle aventure! La patrie vous offre une cible où déverser l'aigre bile des sédentaires, la patrie vous offre un ennemi à haïr, à mépriser, un être auquel vous êtes incontestablement supérieur (nous avons le bon droit pour nous). La patrie c'est à la fois un blason pour ces parvenus à la gloire et c'est aussi le sentiment de sécurité car, trop mesquins pour comprendre l'universel, ils seront généreux dans les limites de leurs frontières comme sont bonnes leurs femmes dans les limites de *leurs bonnes œuvres*. Demain, ils donneront les fils avec le même entrain car cette progéniture douceâtre a perdu elle aussi le sens de l'humain et la guerre, vrai, est une occasion sans pareille de se dépasser soi-même. Ils ont besoin de tanks et de cadavres pour se sentir vivants, magnanimes et transcendants. La vie grise et terne devient rouge sang et ils échangeront demain encore le veston élimé au bureau contre une armure de croisés à galons de sous-officiers.

Oui, pourquoi ne serait-ce pas le plus beau temps de ces vies bercées de légendes où les grands-parents vous montrent du doigt la voie triomphale, le chemin du devoir et celui de la vertu avec au fond, dans la perspective lointaine, on ne sait quelle Victoire mutilée, on ne sait quelle Liberté tronquée et l'enfant-homme poursuit cette route droite toute tracée car il voit « Danger » de tous les autres côtés.

NOTES
rédigées par Bataille et Leiris pour « *l'Histoire d'une petite fille* »

Page 54.

La brièveté de cette « Histoire » est naturelle à quelqu'un d'accoutumé à ne guère s'embarrasser de ce qui ne lui paraît pas être essentiel. Dans ces pages sont relatés les faits apparemment les plus déterminants quant à la personnalité exceptionnelle ici perceptible déjà, mais qu'affirme plus tard cette « petite fille » parisienne pour qui la guerre de 1914-1918 fut l'occasion de nombreux deuils auxquels la famille de bourgeois riches et bien pensants d'où elle était issue tenait à se conformer strictement.

De l'aspect même de ses brouillons il ressort qu'il s'agit ici plus que d'une tâche à proprement parler « littéraire », d'une tentative pour coûte que coûte objectiver quelques-uns de ces nœuds profonds qui se forment dans un être à la fois abrupt et sensible, le serrant presque à l'étouffer, de sorte que c'est pour lui une nécessité vitale que de les projeter au dehors à seule fin de s'en délivrer. On pourra suivre ici, dans ces premiers linéaments cette recherche âpre et enivrée de la « vraie vie » (selon l'expression par Laure empruntée à Rimbaud) exigence sans merci qui la fit se rebeller très tôt contre la foi catholique et ne cessa, jusqu'à son dernier souffre, de l'embellir et de la ravager.

P. 54.

Des yeux d'enfant percent la nuit.

Sur le premier feuillet du manuscrit autographe, on lit le titre : « Nuits ».

P. 55.

C'est un jardin bien parisien.

Le jardin dont Laure parle ici est celui de Sainte-Anne, proche de la maison qu'habitaient ses parents.

LAURE

P. 56.

J'entrevis tous ces regards.

Entre autres corrections manuscrites, l'original de la copie dactylographiée porte « j'entrevis » au lieu de « Laure entrevit ». Celle que nous nommons Laure a songé, semble-t-il, à se représenter sous ce nom dans un récit romancé distinct de *l'Histoire d'une petite fille*. Dans les poèmes et textes qu'on va lire plus loin figurent plusieurs textes qui se rapportent à ce projet de récit.

P. 56.

Je n'habitais pas la vie... jusqu'à : *un parfait accessoire de décor.*

Plusieurs versions de ce texte, parfois sous forme de poèmes, se trouvent dans les manuscrits de Laure. L'une d'elles a été reproduite en tête de recueil *Le Sacré.*

P. 56.

J'ai longtemps erré...

Le personnage de « Verax » associé à celui de « Laure » apparaît dans un texte érotique qu'on trouvera dans *le Sacré.* Il semble que ce texte érotique doive être rattaché au cycle du récit romancé.

P. 57.

L'inévitable cortège...

Après l'évocation de la ville et de ses féeries-décors d'une partie de sa vie ultérieure et thème qu'elle a traité à diverses reprises avec quelques variantes, — après un bref rappel d'un souvenir de plage, Laure décrit une procession sur le passage de laquelle elle se trouva par hasard, alors qu'elle était encore enfant ou presque enfant.

P. 63.

....

Il ne s'agit pas ici d'une coupure pratiquée par les éditeurs. La copie dactylographiée qui a servi de base à notre texte porte effectivement une ligne de points.

P. 64.

L'un d'eux revint...

Laure fait ici allusion au décès d'un de ses oncles, qui s'installa dans la maison de ses parents pour y mourir. Durant la guerre de 1914-1918, Laure perdit successivement son père, qu'elle aimait beaucoup, et plusieurs de ses oncles, tous morts aux armées. Un texte reproduit dans le recueil

HISTOIRE D'UNE PETITE FILLE

Le Sacré (p. 83) exprime ce que Laure éprouva lorsque son père partit pour le front :

Un souvenir qui me semble résumer complètement ma notion du sacré.

Cela relève de la foi pour laquelle on se sent prêt à mourir. Cela a trait au départ de mon père pour le front — départ particulièrement tragique par le fait de circonstances étranges (à expliquer) et qui provoqua en moi un état d'exaltation totale, fait de pressentiment certain, de sacrifice consenti d'avance et devant le visage même du sacrifié. Cela, à onze ans, mêlé aux chants d'une foule en délire — chants auxquels je mêle ma voix qui par moments s'éteint brusquement, bouleversement physique total.

Incapacité de reprendre la vie physique pendant plusieurs jours.

Je hurle *la Marseillaise* et *le Chant du Départ* durant des journées entières.

Une compagne de cours rencontrée dans le métro, revêtue d'habits de grand deuil, parce qu'ayant perdu son père, me fait honte.

P. 66.

Et pourtant, il y eut un rayon de soleil.

Laure parle ici de l'enfant, morte en bas âge, d'une personne employée par sa famille.

P. 66.

La torpeur de ces longues journées...

La maladie dont il est question ici semble avoir été la première atteinte du mal auquel Laure devait succomber en novembre 1938.

P. 68.

Personne ne venait nous voir sauf « Monsieur l'abbé ».

« Monsieur l'abbé » était l'animateur d'un groupement catholique dont Laure fit partie durant un temps, avec son frère et sa sœur aînée.

P. 69.

A cette époque..., jusqu'à : *à une débauche d'imagination.*

Quelques mots illisibles de ce paragraphe — addition manuscrite à la copie dactylographiée — ont été remplacés ici par des crochets [ ].

P. 72.

A dater de ce jour..., jusqu'à : *un trait de volonté dans le réel.*

Le double de la copie dactylographiée présente la variante suivante :

A dater de ce jour, apparemment calme, imperturbable, je commençai à jeter des cris sur le papier : « J'ai eu pour berceau un cercueil, et puis pour langes un linceul. J'ai eu de l'amour une vision de prêtre lubrique ou de rigolades cyniques... je ne sais pas où je vais mais peu importe puisque je sais où je suis : contre tous, aussi loin de ma sœur que de mon frère mais nous sommes quatre et il y a quatre points cardinaux, je suis à l'est, pourquoi? parce que le soleil se lève seulement et puis je vois si bien ma sœur toute froide au nord, mon frère « évaporé » au midi et l'autre finissant avant d'avoir jamais commencé... Quelle idiotie mais puisque je suis banale il faut l'être avec cœur. Serai-je jamais capable d'imprimer un trait de volonté dans le réel? [...]

Dans l'exemplaire original de la copie dactylographiée, le feuillet correspondant à ce passage manque et l'on trouve à sa place une moitié de feuillet manuscrit, représentant vraisemblablement la leçon définitive, celle que nous avons reproduite.

P. 74.

Au fond j'étais déçue..., jusqu'à : *J'avais dix-sept ans.*

Ce passage ne figure pas dans le double de la copie dactylographiée. Dans l'exemplaire original, le feuillet 30, manquant, est remplacé par un feuillet manuscrit commençant par « plume » et finissant par « J'avais dix-sept ans ». Vient ensuite le feuillet 31, commençant par : « A part cela, l'existence était peuplée d'êtres dérisoires. »

P. 75.

A part cela, l'existence était peuplée d'êtres dérisoires.

Sur deux feuillets du manuscrit (brouillons de ce passage relatif aux « survivants »), il semble qu'on puisse reconnaître la trace de la signification que Laure attachait à la musique à l'époque où elle écrivait ces lignes (qui, dans le double de la copie dactylographiée, suivent immédiatement le paragraphe : « Je me plongeais dans la musique... » absent de l'exemplaire original). Ces deux feuillets portent en effet, en leur coin supérieur gauche, l'un la mention « Ré », l'autre la mention « Ut », écrites en gros caractères et soulignées.

P. 76.

Oui, pourquoi ne serait-ce pas le plus beau temps...

Après ce passage, légèrement différent, dans le feuillet correspondant du manuscrit, cette phrase au crayon :

Peu savent qu'en se détournant tout à fait ils retrouveront le sel de la vie.

LE SACRÉ

Le Sacré

... Je n'habitais pas la vie mais la mort.
Aussi loin que je me souvienne
les cadavres se dressaient tout droit devant moi :
« Tu as beau te détourner, te cacher, renier...
Tu es bien de la famille et tu seras des nôtres ce soir. »
Ils discouraient, tendres et sardoniques,
ou bien,
à l'image de ce Christ, l'éternel humilié, l'insane bourreau [1],
ils me tendaient les bras.
De l'Occident à l'Orient
de pays en pays
de ville en ville
je marchais entre les tombes.
Bientôt le sol me manqua.
Qu'il fût herbu ou pavé,
je flottais,
suspendue entre ciel et terre,
entre plafond et plancher.
Mes yeux, douloureux et renversés,
présentaient au monde leurs lobes fibreux,
mes mains, crochets de mutilés,
transportaient un héritage insensé.

---

1. Laure qui a déjà utilisé cette expression dans l'*Histoire d'une petite fille* l'emploie à nouveau dans une note et précise alors : « A notre tour c'est pour le bourreau parce que l'être se croit humilié, a besoin d'être humilié. Le haïr, le bafouer et se substituer à lui. Vivre sa vie. Le chemin de croix, l'histoire du crachat exalte le Christ ».

LAURE

Je chevauchais les nuages
avec des airs de folle échevelée
ou de mendiante d'amitié.
Me sentant quelque peu monstre,
je ne reconnaissais plus les humains
que pourtant j'aimais bien.
On me vit atterrir
au ciel de Diorama
où glacée jusqu'aux os
je me pétrifiai lentement
jusqu'à devenir
un parfait accessoire de décor.

Quelle couleur a pour moi la notion même du sacré?

Le sacré est ce moment infiniment rare où la « part éternelle » que chaque être porte en soi entre dans la vie, se trouve emportée dans le mouvement universel, intégrée dans ce mouvement, réalisée.

C'est ce que j'ai ressenti comme mis en balance avec la mort, scellé par la mort.

Cette permanence de la menace de mort est l'absolu enivrant qu'emporte la vie, la soulève hors d'elle-même, projette au dehors le fond de moi-même comme une éruption de volcan, une chute de météore.

Les « démarches » les plus décisives de ma vie ont toujours été accomplies dans un état de transe qui seul me permettait d'agir envers et contre toute entrave (lucidité, faiblesse physique, etc. etc.).

C'est ce pour quoi j'aurais donné ma vie.

Si un être ne peut pas ou plus éprouver ce sentiment, sa vie est comme privée de sens, privée de *sacré*.

Les qualificatifs auxquels vous attribuez un sens sacré comme « prestigieux », « insolite », « dangereux », « défendu », m'apparaissent terriblement chargés de sens et de séduction par eux-mêmes, séduction qui suffit à leur conférer cet envoûtement dans lequel on se sent pris, hors du quotidien, ce déplacement, ce sentiment que quelque chose se passe.

Mais, pour moi, ce n'est pas là le sacré.

Quand vous appelez « sacré » le fait de défendre un ami contre des impostures ou plutôt le fait de prendre parti avec éclat et violence pour ce que l'on aime, je ne suis pas d'accord avec vous. Ce moment où la parole est aussi intense que le sentiment éprouvé, c'est ce que j'appelle plus simplement : les seuls moments valables de « la vie avec les autres ».

(Je me hâte de le dire, il n'y a plus *jamais* aucun moment valable dans « ma vie avec les autres », mais c'est une parenthèse superflue qui m'entraînerait trop loin).

Autrefois, je n'admettais que ces « moments valables » et je me renfermais dans un mutisme total quand je n'avais pas la possibilité d'exprimer ce qui m'importait totalement ou tout au moins ce qui comportait un sens lourd de conséquences, chargé d'expressions. Je ne supportais pas plus la banalité chez les autres que chez moi-même (les propos « pour ne rien dire »).

C'était une attitude peu humaine!

Je la retrouve dans ce fait :

Se réjouir extrêmement de voir des amis... Après... dépression profonde parce qu'on s'aperçoit que rien n'a été échangé de vrai, que l'on a été à côté de soi-même par la force des choses ou par lâcheté triste.

La corrida relève du Sacré parce qu'il y a menace de mort et mort réelle, mais ressentie, éprouvée par d'autres, avec d'autres.

Imaginez une corrida pour vous tout seul.

(à expliquer longuement)

Tout ce qui relève de la raison d'être est sacré pour moi, raison d'être encore, raison de vie, de mort.

Ce qui prive l'existence de toute possibilité de ressentir le Sacré : maintien des formes, maintien de circonstances extérieures qui ne correspondent pas ou plus à la *vérité* de l'être.

Certains préféreront toujours que le sol manque sous leurs pieds — à tous risques : mort ou folie — mais que la vie demeure.

Le contraire.

Ou l'on arrive :

pitoyable *comédie*,

infantilisme sénile,

zézaiements,

bégaiements, fausse puérilité, régression, impuissance et à un degré plus bas encore :

Cynisme, vulgarité, scepticisme, perversion totale de l'être moral.

Altération, comme l'eau de la source la plus pure s'altère dans les marais.

LE SACRÉ

Contre ceux qui font de la vie ce marais, jamais assez de cruauté, d'intransigeance : s'en éloigner comme de la peste.

« Toute émotion poétique est sacrée »?

D'accord avec vous en raison (par exemple et pour abréger) du suicide de Nerval. Oui, mais la destruction de Rimbaud?

Le moment sacré, état de grâce infiniment rare.

Il y a des états « pré-sacrés » auxquels manque seulement un élément pour compléter le sacré.

Pré-sacré dans mon enfance,

par exemple, à huit-neuf ans.

Dans un jardin, sur une pelouse, je suis étendue. La pelouse présente à un certain endroit une surélévation marquée de forme conique. Je m'installe de manière que ma nuque se trouve exactement au sommet, ainsi ma tête est « renversée » et je peux mieux « voir le ciel ».

La première fois, ma sœur est près de moi — celle à laquelle je pose les grandes questions, celle en qui j'ai confiance — je lui dis : « ... mais derrière ce ciel, il y en a un autre? ».

Elle rit et me dit qu'il y en a beaucoup d'autres. Je ris aussi et dis que « bien sûr puisqu'il y a le septième ciel ». Elle devient sérieuse et m'explique que nous sommes environnés de ciel, que la terre tourne, que le ciel n'a pas de fin.

Elle part.

Je demeure un très long temps là, immobile, songeant à l'infini, essayant de me représenter physiquement l'infini. Une angoisse terrible me saisit, mais je ne bouge pas et j'arrive bientôt à « sentir » la terre qui tourne. Ma tête demeurée dans cette position « tournait effectivement et violemment ».

Chaque soir, au moment où les bruits s'apaisaient, je revenais là pour trouver cette sensation de terre qui tourne et me sentir perdue en elle, emportée dans ce vertige.

Du même ordre :

Dans le cabinet de toilette de ma mère, deux grandes glaces se faisaient face.

Je me plaçais de manière à interposer seulement ma tête entre les deux glaces et je voyais des têtes *innombrables*.

J'essayais de compter.

C'était impossible.

Cela m'irritait et je ne me lassais pas d'essayer avec une fatigue extraordinaire et une grande angoisse.

Il m'arrivait d'autres fois d'interposer des objets et de les bouger.

C'était véritablement un jeu magique.

Je pense simplement que, de même qu'au jardin, ce premier contact avec l'idée d'infini (avec lequel *joue* un enfant d'un jeu au milieu duquel il ne voudrait pas être surpris *pour rien au monde*) a quelque chose de sacré, en ce sens que le jeu est accompagné d'angoisse, ne se produit qu'à certaines heures, au moment où l'on sait « qu'il n'y a personne », et prend l'allure d'une sorte de méditation vivante. État resurgi comme souvenir dans certains moments suraigus de ma vie. La permanence de cette sensation fait bien penser à ce heurt d'une part éternelle de soi-même avec l'univers, mais il y manque : 1) la notion de mort, cependant présente par sensation physique; 2) le partage « avec d'autres ».

Un souvenir qui me semble résumer complètement ma notion du Sacré.

Cela relève de la foi pour laquelle on se sent prêt à mourir. Cela a trait au départ de mon père pour le front — départ particulièrement tragique par le fait de circonstances étranges (à expliquer) et qui provoqua en moi un état d'exaltation totale, fait de pressentiment certain, de sacrifice consenti d'avance et devant le visage même du sacrifié. Cela, à onze ans, mêlé aux chants d'une foule en délire — chants auxquels je mêle ma voix qui par moments s'éteint brusquement, bouleversement physique total.

Incapacité de reprendre la vie physique pendant plusieurs jours.

Je hurle la Marseillaise et le Chant du Départ durant des journées entières.

Une compagne de cours rencontrée dans le métro, revêtue d'habits de grand deuil, parce qu'ayant perdu son père, me fait honte.

Je rejoins la notion des sociologues, le Sacré mêlé au Social pour que cela soit *sacré*.

Pour que cela *soit*, il faut à mon sens que cela soit ressenti par les autres, en communion avec d'autres.

LE SACRÉ

Imaginez une corrida pour vous tout seul.

J'ai besoin du public.

L'œuvre poétique est sacrée en ce qu'elle est création d'un événement topique, « communication » ressentie comme *la nudité.* — Elle est viol de soi-même, dénudation, communication à d'autres de ce qui est raison de vivre, or cette raison de vivre se « déplace »[1].

Ce qui m'affirme assez fortement pour nier les autres.

---

1. Ce fragment est communiqué par Laure à Bataille au commencement de son agonie. C'est par lui qu'il découvre ses manuscrits, ceux dont il fera « Le Sacré » (J.P.F.).

Poèmes

antérieurs à l'été de 1936

De la fenêtre présente et invisible
je voyais tous mes amis
se partageant ma vie
en lambeaux
ils rongeaient jusqu'aux os
et ne voulant pas perdre un si beau morceau
se disputaient la carcasse

PRÊTRES

Prêtres, toutes sortes de prêtres et faux prêtres
Écoutez-moi :
J'ai dit « non » à la piété
et ma piété (au visage d'Ange)
ma piété, votre auréole toute édentée
a ricané

Elle s'est brisée en mille morceaux
Maintenant seulement vient le temps de la sincérité
Celui où nous nous regardons en frères.

« Tu prends le dernier bateau
Celui qui n'aborde nulle part au monde »

Alors j'ai chargé ma vie sur mes épaules
et suis partie le dos plus solide
Cette fois-là

Combien de fois déjà
m'avez-vous vue
embarquée pour la mort?

Au-delà d'un seuil transgressé
la lune
à cheval
Sur des nuages en bélier
me regardait
Comme une victoire ailée

8

Je me suis retrouvée
toute enfermée
comme en un cercle
auquel j'échappe
par cet autre
qui m'y ramène

Gestes hiératiques, grimaces ignobles allaient se mêler, se confondre, s'exclure, s'affirmer doublement... pour s'anéantir. Et ce « jeu » -là dura longtemps.

J'ai cru monter au ciel (sans rire) au moment même où la vie refermait sur moi son couvercle de plomb.

J'ai joué de toutes les contradictions inhérentes à ma nature en vivant « pour être vrai » tout ce qu'on porte en soi « jusqu'au bout ».

Je me suis dispersée aux quatre vents avec la certitude orgueilleuse de me retrouver toujours au zénith et puis je suis tombée vide, perdue, mutilée des quatre membres.

Je m'en allais sur des routes élevées, sur des chemins tout escarpés, sur des rochers survolés d'aigles...

Le 8 infernal revint me prendre au lasso

LE SACRÉ

Je rampe le long de ses contours
je vogue dans ses méandres
je saute hors du cercle
et retombe dans l'autre
je reste étranglée au milieu
mon visage est là
figé   anguille   dauphin   ver de terre

Et qui donc, voyant ce signe fatal
songerait à m'y découvrir
voudrait m'en délivrer?

« Un prisonnier s'évade en sautant le mur à l'endroit même où il devait être exécuté. »

(Les journaux)

8 MAI

LAURE

Archange ou putain
je veux bien
Tous les rôles
me sont prêtés
La vie jamais reconnue

La simple vie
que je cherche encore
        Elle gît
tout au fond de moi
        leur péché a tué
            toute pureté

LE SACRÉ

La vie répond — ce n'est pas *vain*
on peut agir
contre — pour
La vie exige
le mouvement
La vie c'est le cours du sang
le sang ne s'arrête pas de courir dans les veines
je ne peux pas m'arrêter de vivre
d'aimer les êtres humains
comme j'aime les plantes
de voir dans les regards une réponse ou un appel
de sonder les regards comme un scaphandre.
Mais rester là
entre la vie et la mort
à disséquer des idées
épiloguer sur le désespoir
Non
ou tout de suite : le revolver

il y a des regards comme le fond de la mer
et je reste là
quelquefois je marche et les regards se croisent
tout en algues et détritus
d'autres fois chaque être est une réponse ou un appel

LE CORBEAU [1]

C'était dans la forêt
le silence et le secret
d'une étoile à multiples rayons.
Loin, à l'orée du bois
dans cette allée
que des arbres bas
couvrent en arceau
un enfant passa
perdu
effrayé, émerveillé de me voir
comme je l'apercevais lui-même
tout enchâssé dans une sphère à flocons de neige.

Les tourbillons nous rapprochaient
comme pour se jouer de lui et de moi.
Un soleil violet, hors d'usage
et des lueurs d'orage
nous glaçaient d'épouvante.
Les fées et les ogres se disputant décidément
notre commune angoisse
voulurent que la foudre déchirât
non loin de là
un grand arbre
qui s'ouvrit

1. Daté de janvier 1936.

comme un ventre.
Je bramai.
L'enfant, jambes nues zébrées de froid et capuchon
bien réel (à tordre)
rouvrit les yeux.
A ma vue, il s'enfuit.

Renonçant à le poursuivre
ramassant dans l'ornière un étrange destin
somme toute fort logique
je rebroussai mon chemin
« comme si de rien n'était »
mais je sentais à mon épaule
ce frôlement lourd et discret
de l'oiseau aux ailes noires
et le considérant avec douceur
j'eusse voulu que partout il m'accompagnât et
toujours me précédât
comme un chevalier son héraut.

De plus en plus perdue
heurtant les pierres
glissant sur les feuilles mortes
m'enlisant dans la vase d'un étang
j'arrivai à une maison abandonnée
un puits de mousse et vert de gris
un seuil défoncé
j'entrai.

Le papier à fleurs et moisi
ondulait par vagues
vers un plancher pourri
une cheminée béante
exhibait les traces encore intactes d'un feu éteint
cendres, tibias calcinés de frênes et de bouleaux.
Je poussais des portes sans gonds
dont la chute me terrifiait
j'ouvrais des fenêtres sans carreaux
comme si l'air me manquait.

LAURE

Enfin, je montai un escalier dérisoire.
Les murs, couverts de graffitis étranges, inconnus.
    jamais vus
mettaient ma vie à nu
avec mon nom en toutes lettres mêlé à des crimes :
« et de quel droit?
du droit des pauvres ».

Dans ce grenier souillé
l'oiseau me rejoignit
de son cri
pour fouailler les vivants
de son bec
pour dépecer les morts
l'ombre noire projetée sur moi
semblait élire une proie

La nuit m'a trouvée
étranglée au fond du bois
Elle m'a enveloppée d'un halo de lune
et bercée dans la brume
une brume blanche, mouvante et givrée :
« Je connais ton étoile
va et suis-la
Cet être sans nom
renié tour à tour
par la nuit et le jour
ne peut rien contre toi
et ne te ressemble pas
crois-moi
Lorsque demain à l'aube
ta tête sera jetée
au panier des guillotinés
souviens-toi
Assassin
que toi seul
as bu à mon sein
« tout le lait de la tendresse humaine ».

LE SACRÉ

NOTES

A n'en pas douter ce dernier poème marque les liens de Laure avec « Acéphale » *cette Société secrète que Bataille avait créée ou bien, comme Leiris se l'est demandé devant moi, dont Laure lui avait donné l'idée. Le couple vivait alors à Saint-Germain et cette forêt pourrait être celle du même nom. Dans cette note, trouvée dans les papiers de Laure il est cependant question d'une autre forêt :*

1. « N'entrer dans la partie de la forêt d'Yveline qui a porté le nom de fore Cruye que dans des conditions qui excluent toute possibilité de discordance avec le caractère de sanctuaire que cette région aura pour vous.

2. Ne pénétrer dans une réserve limitée qui sera déterminée ultérieurement que lors des rencontres d'Acéphale.

3. Ne jamais prononcer un seul mot, fût-ce un mot d'allusion au sujet des rencontres, ceci sous aucun prétexte et à qui que ce soit à l'exception des cas qui seront définis à mesure que la nécessité absolue en apparaîtra évidente et seulement après la définition.

4. Ce qui sera exprimé par chacun de nous sur les rencontres le sera dans les textes destinés au Journal intérieur d'Acéphale mais ces textes formeront une partie réservée de ce Journal qui ne pourra être communiqué qu'à ceux qui ont accepté de se conformer aux prescriptions.

5. Observer toutes les prescriptions négatives particulières à chaque rencontre (ne pas parler, ne pas se joindre à d'autres, ne pas s'écarter d'un chemin ou quitter un lieu pendant un temps donné, ne pas décacheter l'enveloppe avant l'heure dite). Les prescriptions positives qui peuvent survenir ne seront l'objet d'aucun engagement général.

6. Ces prescriptions pourront être modifiées par la suite et rendues moins lourdes sans qu'il y ait lieu de changer quoi que ce soit dans l'engagement.

7. Elles sont levées dans la mesure de la nécessité par ceux qui ont ou auront plus tard la charge d'organiser les rencontres.

En ce qui concerne la région réservée dans la forêt il faut que chacun de nous aille en reconnaître sur les lieux les limites. Acp. ira tout d'abord avec l'un d'entre nous ou deux au maximum. Ce qui sera poursuivi de l'un à l'autre et renouvelé jusqu'au moment où personne ne pourra plus ignorer ces limites.

Le soufre est une matière qui provient de l'intérieur de la terre et n'en sort que par la bouche des volcans. Cela a évidemment un sens en rapport avec le caractère chtonien de la réalité mythique que nous poursuivons. Cela a aussi un sens que les racines d'un arbre s'enfoncent pofondément dans la terre.

En ce qui concerne *Acéphale*, voir le Tome II des Œuvres Complètes de Georges Bataille, page 271 et suivantes, où ce texte se trouve reproduit. Il admet ainsi deux versions, de deux écritures.

Dessin d'André Masson pour ACÈPHALE retrouvé dans les papiers de Laure.

Textes sur l'Espagne

INCENDIE D'ÉGLISE

... J'étais hors de moi-même et cependant lucide, étrangement calme, capable de faire la chaîne pour empêcher les pompiers d'avancer ou d'attiser le feu qui brûlait un tas de soutanes, de voir des scènes assez terrifiantes mais de rester bien droite sur mes jambes. La foule, c'était à la fois une cour de classe en récréation, une assemblée de femmes hystériques ou des groupes parfaitement conscients de faire ce qu'ils voulaient faire et devaient faire. Il y avait autant de rires vengeurs et très sains (venus de ce certain fond de bon sens populaire) que de cris de haine farouche. Des femmes se précipitaient pour voir des victimes dont elles ne pouvaient pas supporter la vue (ou tout au moins certaines d'entre elles). Ce qui me fait du bien, c'est que j'étais vraiment *avec* eux et pas spectatrice et que par une minute il n'y a eu de méfiance en eux ni de crainte ni de méfiance de ma part. Tout le monde s'interpellait ou s'attrapait par le bras pour se persuader, se convaincre les uns les autres. Je comprenais mal mais assez quand mon bras était saisi par une main d'homme ou de femme pour, à défaut de paroles coordonnées, répondre à ma manière.

. . . .

L'Espagne... C'est comme le vent qui vous souffle au visage : on ne choisit pas.

C'est à chaque pas sainte Thérèse et les tricoteuses. Le délire mystique et le sacrilège. Je crois que la vraie vie est absente au sens où j'entendrais la vraie vie si je croyais en conscience qu'elle peut exister quelque part au monde... sauf en des êtres inexistants. Ce qui réconforte et soulage et guérit, c'est le coude à coude et l'espoir profond qui naît de ces contacts. Ce qui pourrait déprimer : c'est le fossé creusé entre la capacité révolutionnaire de la foule prête à tout risquer et capable d'organiser elle-même ses « excès » et l'incapacité et la veulerie des chefs et des intellectuels qui traitent tout cela de tristes « excès » du « lumpenprolétariat »...

LAURE

Bords des villes
terrains vagues
prairies baignées de ciel

Tous les fleuves et tous les vins
roulent dans ma tête
Manzanarès et Mockva
où était-ce?

La terre s'entrouvre.
Ils sont tous là
ceux qui par miracle
partageaient avec joie
et la haine et la joie.

Un fleuve de sang a submergé ces sourires d'enfants.
La mitraille a fait taire ces cantiques d'adolescents.
Foi espérance charité
« en enfer sont allées ».

Par delà défaites atroces
victoires renversées
libertés mutilées
la guerre hurle à mort

Ils sont tous là
au fond du gouffre
riant de leurs frères

LE SACRÉ

les vivants
ces apôtres de malheur
qui savent seulement pleurer dans la poussière
gémir au bord des tombes.

Les mâchoires de squelettes
craquent et s'étirent
d'un seul grand rire sardonique
quand cette lamentation des ombres bien en chair
parvient jusqu'à eux.

« Etres informes, hybrides
serait-ce là votre malheur
qu'il y ait de la place pour tout le monde au soleil
et que l'on puisse survivre à ce qui seul apparaissait
  digne d'être vécu?

Vous serez toujours hors du jeu :
vous composez avec vous-mêmes
vous n'irez jamais vous livrer, éblouis
prunelles irradiées, bouches en feu, ventres brûlants
au carnage bienfaisant.

Vous avez trop à faire dans les cimetières de l'histoire
vous avez trop à penser
dans votre pauvre tête lourde
trop à dire avec vos lèvres amères
d'où s'échappent toutes les incohérences.

Vous avez aussi
trop de trésors à gaspiller
dans vos mains éternellement vides.
Etres informes... hybrides
vous ne connaissez pas encore
que l'instant seul veut être vécu
vous préférez prolonger les miracles
que vous ne devez qu'à nous-mêmes.
Ce qui vous reste d'existence
s'écoule comme le sable entre les doigts
et vous laissez faire
immobiles
ou bien vous accélérez votre ruine

au rythme saccadé de mannequins mécaniques
ou bien vous insistez lourdement
de toute votre raison clairvoyante
de toute votre sagesse pertinente.

Oui vos larmes prêtent à rire.
Si vous ne savez d'ores et déjà
« faire passer votre charrue et votre soc sur les os
des morts »
c'est que bientôt
notre *enfer* couvrira l'univers :
feu du ciel
éclats de terre
lave bouillante
gemmes précieuses
vous frapperont en plein cœur
dans un chaos sonore, absurde et brillant.

LE SACRÉ

CORRIDA

à Michel Leiris.

Chers amis,

N'oubliez pas votre promesse de compte rendu de corrida. Croyez-vous que cela puisse souffrir le même retard que les comptes rendus bibliographiques?

Le taureau a-t-il craché *tout* le sang de ses poumons comme à *ma* première corrida? L'odeur de sang montait jusqu'aux gradins les plus élevés, jusqu'aux places les plus éloignées de l'arène où j'étais assise entre un marchand de bestiaux qui b... comme un cerf et une jeune fille noyée de pleurs et que sa sœur a dû emmener (une Espagnole cependant). Cela a été très long. A ne pas comprendre comment le taureau était encore debout... Comme s'il vomissait tout simplement. Il est resté ainsi jusqu'à osciller sur ses quatre pattes dans un balancement très doux... puis les pattes de devant ont fléchi, il est tombé à genoux dans la mare (il a fait sa prière) et enfin il est tombé sur le côté. Cette blessure est paraît-il très maladroite, très immonde et le public l'a prouvé ou a cru le prouver en sifflant d'une seule bouche. A ce moment le temps a tourné, un ciel de plomb a recouvert cette fosse à serpents et je suis sortie de justesse par le dernier rayon de soleil avant l'orage.

Oui, vraiment, ce jour-là, il eût mieux valu mettre le feu aux arènes. Peut-être était-ce très « magnifique » l'autre dimanche?

. . . .

Fragments et plans de textes érotiques

LAURE

Ils se croisent un soir au coin d'une rue et, tous deux se retournant pour voir l'autre « au moins de dos », se retrouvent face à face.

Un coup d'œil échangé : l'homme commandait qu'elle vînt à lui, elle implorait d'accourir.

Quand elle fut là, sans qu'il eût bougé, il lui dit : « Je te reconnais fille, sœur, mère et chienne en volupté; fais ce geste que tu sais avant que je ne l'attende. » Mais elle le gifla et s'enfuit.

Alors un rire la poursuivit qui se suspendit à son cou comme un grelot et la ramena... à la laisse.

Lui n'avait pas bougé, mais son sexe maintenant brillait dans la nuit et il le maintenait et l'agitait de droite à gauche, de gauche à droite, d'abord nonchalamment. Elle s'approcha : alors, lui, de sa main libre, la gifla en l'envoyant rouler sur le pavé de la chaussée. Comme elle se relevait, il lui cracha au visage en lui commandant de rester où elle était. « Ça te va si bien cet encadrement de boue et de crottin, continue, roule-toi bien. » Il était au-dessus d'elle, tout droit, très haut, son sexe brillait dans un rais de lumière; alors elle le désira, elle le voulut et lui, d'une voix basse et frénétique, lui dit : « Chienne, trois fois chienne, tu oses vouloir »; il l'enjamba et lui ordonna de se rouler encore entre ses jambes écartées qui conduisaient prudemment cette roulure vers une bouche d'égoût toute encombrée d'ordures. Elle, les bras le long du corps, roulait sur elle-même : ventre, côté et dos et puis dans l'autre sens en proie au délire et à la vision de ce sexe agité et triomphant qui commandait le rythme. Enfin, elle vint buter contre le trottoir dans un glouglou d'eau de ruisseau. Les cheveux pleins de déjections, les yeux fous, la bouche salie, toute jaune aux commissures des lèvres mais avide encore et deux mains qui s'élevaient, se tendaient, blanches, diaphanes, vers le sexe. Elle était toute prière, toute offrande. Il cracha dans cette bouche entr'ouverte et mordit les doigts si fins qu'il n'en fit qu'une bouchée de tendres cartilages. Et comme il s'éloignait à reculons, afin qu'elle ne perdît pas de vue le sexe monstrueux, elle se traîna devant lui sur ses moignons et sur ses genoux. Il monta quelques marches et franchit, toujours à reculons, une immense porte romane où elle s'engagea à son tour comme une chienne boiteuse. Il s'enfonça dans un sombre bâtiment en forme de couloir, elle traînait sur un tapis pourpre son corps béant de plaies sanglantes et d'ordures. Montant quelques degrés encore, au plus profond de l'obscurité, il lui commanda de s'agenouiller devant une grille basse qui les séparait. Disposant sur les poignets un linge blanc, il y plaça sa queue.

Quand elle eut communié et une fois le foutre avalé, les doigts repoussèrent (avec des ongles vernis « angélus ») et le corps blessé revint à la pleine santé.

Le grand orgue, de son propre mouvement, célébra ce miracle, et l'homme et la femme, et Verax et Laure s'en allèrent très tranquillement chier dans les bénitiers et pisser dans le ciboire, puis ils se lavèrent le derrière avec la nappe de communion trempée d'eau bénite avant de retourner à leurs affaires, à leur vie dont chaque heure était une joie et une haine.

Elle monta le lendemain sur l'autel pour montrer son cul à tous les fidèles et le prêtre, à l'élévation, écarta les cuisses entre lesquelles pénétra l'hostie, puis il lécha ce cul divin jusqu'à ce que l'enfant de chœur, s'agenouillant devant lui, vînt à grands coups d'encensoir libérer la queue d'entre les dentelles et les dorures et avaler le Saint-Foutre qui lui jaillit à la figure. Cependant Laure, le cul nanti d'un sacré suppositoire, libéra son ventre et sa vie avec des cris sauvages et des convulsions ébranlant jusque dans ses fondements le maître-autel qui s'effondra sous elle.

Et l'on vit enfin le Christ d'argent vaciller dans la merde*.

---

* Il y a une autre version de la fin de ce poème :

Lui, à reculons, et elle se traînant vers sa vision s'engouffrant dans un taxi abandonné.

Deux jours après, tout le quartier craignant un mystère, un malheur ou un crime un balayeur appelle un prêtre, qui ouvre la portière et des flots de foutre lui jaillissent à la figure. Quand la voiture fut vidée de sperme on trouva entre deux planches disjointes, deux poissons, un scalarari et un genpy crevés.

LAURE

Une voix stridente hurle et domine :
  Ici on tue des enfants.
Des bruits de fenêtre, de trousseaux de clefs, tout un silence artificiel.
L'affirmation se retourne contre vous : tout va à l'encontre du but.

LE SACRÉ

Que la vie vécue primitive donne aux êtres la possibilité de l'extase.
— décision du crime : « Ses yeux étaient comme des étoiles, on se serait cru à l'église ».
— Le crime accompli : la vengeance et l'amour, sang et sperme.
— « nous sommes au sommet de la montagne », « la montagne nous écrase ».
— rapidité d'un « roman policier », les sentiments et l'analyse psychologique.
— êtres humains, *en chair et en os.*

— continuer
oui : il le faut pour moi et les autres,
pour éclaircir le malentendu
dire tout,
arrêt subit et reprise
sous une autre forme
d'un journal rétrospectif.

LIBERTINAGE
étapes de « Laure »

L'accouchement dans la grange, dans le foin.
Elle a mis bas.
Mise à bas du monstre.
La Demeure
description minutieuse des femmes :
fards
toilettes
corps
dîner chez la comtesse
Ses amies convoquent aussi leurs valets.
Dîner : description
— Entrée sensationnelle des maquereaux.
— Visite de la chambre des enfants-martyrs.
crochets de boucher
descriptions minutieuses
positions membres
chaînes
cordages
A vendre pleurs de femmes
A vendre serments sur les têtes d'enfant
A vendre la folie et la passion
Les déracinés s'envolent
dénuées de réalité
voix de ventriloques
faces de clowns

Retour dans le petit univers en sucre candie ou en pot au feu
l'assise de la vie matérielle
Le rire triomphe

LE SACRÉ

Se terrer Ah ça non
de quel bois nous nous chauffons
de quelle queue nous nous SERVONS

Aux chiottes
Aux chiottes les sommets
l'idéalisme, les gens qui s'en vont sur une haute montagne et *sont écrasés* par cette montagne
Aux chiottes
Aux chiottes
les grands sentiments
les passions pesantes
que tout chavire
que nos mères soient maquerelles
que nos femmes soient putains
nos filles violées

— Enfin est-ce tolérable?

— Tolérable? La tempête et le calme plat, la pluie et le soleil, tolérable? Comme la vie... la vie telle qu'elle *est* et non pas *autre* qu'elle n'est.

— Moi? Mais, ma chère amie, je suis prêt à manger sur mon pouce, mais pour quelque chose de cohérent, d'organisé, voyons je vous dis prêt — archiprêt.

— Vous savez : je les aime grandes.

LAURE

J'ai toujours tout préféré à ces confidences hâtives et suspectes, à ces bavardages de femmes hystériques, à ces racontars excitants et déprimés :

— Ah toi? Mais ce n'est pas possible.

— Et pourquoi non?

— Et pourquoi oui?

— S'il te plaît?

— Il ne me plaît pas.

— Quelle inconscience!

— Ça par exemple!

— Messieurs dames — Chers amis, je vais démasquer la vertu, la distinction, la bienséance, la mesure, le charme, la franchise. La Franchise — (elle montre son cul) —

— Ah ça!

Franchise, tu es une fente et un trou, gouffre, tu n'es pas un sommet.

Remarquez bien que toute l'assemblée rit comme un seul homme, rit à gorge déployée, rit à ventre déboutonné, remarquez bien que cette même assemblée a le cœur sur la main... du cœur au ventre et... du cœur à l'ouvrage.

— Trop facile, mon cher, combien trop facile!

— Hélas!

— Quel malaise chez vous!

— Ouvrons la fenêtre, voulez-vous? on étouffe ici. Quel malaise!

Ne pas le dire — faites entrer un fou — frais, sain
intelligence quand même.

Poèmes et textes
postérieurs à l'été 1936

La lente componction des faibles
Ils vivent de la vie des cadavres
Mettre sur ma porte
« Toi qui entres ici
abandonne tout espoir
de n'être pas
ce que tu es »
ou bien « Ici on vit nu »
          ou nus
          ou nue

L'existence humaine est sans prix
sans plus ni moins de prix que tout ce qui existe
végétal, minéral, animal
tout ce qui brille, hurle, brame, gémi
barrissement d'éléphant
mugissement de vache.
L'âne brait, le serpent siffle.
Il n'y a pas de liens si puissants qu'ils n'arrachent
un être à la mort. La mort triomphe.
Le rire — L'insolence heureuse : « Faites passer
votre charrue sur les os des morts [1] ».

1. Ce proverbe de William Blake se situe dans l'ensemble qu'il a intitulé « Le mariage du Ciel et de l'Enfer ». Le texte en est littéralement « Drive your cart and your flow over the bones of the dead ».

LAURE

Cela doit être bien irritant ce ver rongeur, sournois qui scie les heures
une chienne aux abois hurle à la lune
l'ange gardien
sourit bêtement
Petit Jésus je vous donne mon cœur
La grange toute effritée
Ses poutres calcinées
les murs rapiécés
lentement s'affaissent
et s'effondrent...
Sous les yeux ahuris
des passants
la petite fille
est là
qui se branle
dans le foin

Vivre? Plus de sens plus de critère.
Il faut bien introduire une valeur.
(Soi) s'imposer? Il *faut* être *Machiavel.*
Au nom de *quelles* valeurs?
Il faut rétablir *une* autorité.
Accuser avec mépris
(un mépris définitif, qui claque comme une porte)
le faible.

et si les malheurs

ou l'extrême malheur

arrive c'est qu'il me sera nécessaire

pour me réaliser

pour *aller* plus *loin*

toujours plus *loin*

et ils parlent de CRIME !

La plus grande force

accomplir un crime

avec la certitude de le nier

devant tout le monde

Fragments d'un cahier écrit en 1937*

Éviter les contacts avec tout être en lequel on ne sent aucune résonance possible à l'égard de ce qui vous touche au plus profond et envers lequel on a des obligations de « gentillesse », de politesse. Puisque lesdites obligations m'engagent fortement dès que je me trouve en présence de tels êtres et qu'elles m'engagent par une néfaste habitude de patience et de bonne volonté, qui en fait devient volonté d'abaissement (parfois abject). Imaginez que par gentillesse un musicien d'orchestre prenne le ton du voisin qui joue faux.

Fuir — mais littéralement fuir — ceux avec lesquels on ne peut échanger que des remarques absurdes sur d'autres qui leur ressemblent et que l'on a vus la veille échangeant les mêmes remarques, ou potins aussi vains, sur l'interlocuteur du jour même.

Il y a certaines gens qui finissent par fréquenter et même par qualifier d'*amis* ceux qu'ils dénigrent constamment.

Je hais la « bonté » et la « gentillesse » qui ne m'ont jamais conduite qu'à *l'abaissement.*

Garder le silence comme autrefois. Cela vaut mieux.

Mépris de ceux dont la conversation se ramène à tout ce que j'ai haï et fui : à un certain esprit de vulgarité et de mesquinerie. *Le côté vaudeville*, ils finissent par s'y sentir à l'aise.

Crispation devant certains rires et sourires qui savent éclore sur ce terrain-là.

Quelquefois un rire me suffit pour prendre non en aversion mais en méfiance un être humain.

Le moment où la méfiance polie est pire que l'aversion parce

* On retrouvera indubitablement dans les notes qui suivent les traces d'une rupture.

que plus réservée mais je ne sais pas m'en tenir là et tout en moi crie, hurle l'*aversion.*

Le manque de réserve, de pudeur morale me choque à tout instant depuis que du fait de certaines réactions nerveuses (physiques), je ne sais plus retenir ni cacher.

Les êtres qui élargissent l'horizon, ceux qui le rétrécissent.

Combien j'aime mieux une vraie putain.

Ne t'enlise pas là où *l'essentiel* est perdu, là où tout devient vulgaire, bas et mesquin. Par ma propre faute, par la volonté d'abaissement. Sentiment d'abjection. Le « vaincu d'avance ». Le « tu es poussière et tu retourneras en poussière » donc ressemble dès maintenant à la poussière. Dans ces moments-là, l'impossibilité d'être physiquement *nette* et fraîche. La honte ou fausse honte.

Facilité : accuser les autres d'être superficiels = brillants = vivants.

Retour aux êtres simples aux réactions enfantines, retour difficile.

. . . .

La solitude ronge comme un chancre
Briser ce cercle
Arracher ce baillon

Tristesse et Amertume
rongent, rongent, rongent
le cœur comme les rats

Honte à toi
sans doute?
Mais pas sûrement
un *si curieux* décalage
des mots

Qui braver?
  Le quotidien
  le gris le terne

. . . .

Il est temps d'affirmer que la religion du crime nous empoisonne tout autant que celle de la vertu.

LAURE

Nous haïssons tout autant l'innocence qui se pare des vertus du crime que le crime aux allures innocentes.

. . . .

Si j'ai souffert, c'est par MALADIE.
Un être sain ne peut souffrir.
Le *bonheur* est accessible à tout être fier de soi.

. . . .

Voici venir le Temps du Mépris, mais prends garde que ce soit un mépris sans haine, sans hostilité même, un mépris très simple, très calme, très sûr de soi et sans retour à allures sardoniques ou hystériques, sans fausse gaieté, sans amère tristesse.

Rien n'est perdu
puisque je vis
Tous les fleuves
seront remontés
Tous les courants
seront remontés
la mer et les vagues

But : détruire l'esprit chrétien et ses équivalences, comme instinct de mort, identification avec la mort, sacrifice, poussière, édulcoration.

Goût de la répulsion, à être répugnant, ressembler à la poussière.

Êtres attrayants.

Ce que*** m'a appris.

J'ai rompu avec l'esprit chrétien et ses équivalences.

Le sens d'une vie,
découvert par Nietzsche.
Nietzsche retrouvé et non pas ânonné.

La plus grande libération possible
Au delà de tout vice
vertu

Le canon sonne les heures, parce que chaque heure est inséparable, irrémissible, irremplaçable, chaque heure apporte ses victimes. Le temps fauche les têtes dans les champs. Aucun acte n'est gratuit. Le temps n'est pas ce vieillard barbu et baveux, c'est un homme en pleine force, il fauche les têtes.

(Sienne, août 1937)

LE SACRÉ

Fragment d'une lettre non envoyée

Savez-vous qu'une troupe de théâtre « donne » *Une Saison en enfer.*

Inénarrables ces gens de théâtre — ou bien ils croient — par déformation professionnelle — pouvoir rabaisser l'existence au niveau de leurs sales vaudevilles parisiens; ou bien ils ont de ces prétentions, vous voyez cela : la Saison en Enfer! Revenez vite, il y a beaucoup de saines colères à partager. Par moments la vie devient fougueuse, intrépide comme un cheval emballé. Il ne pense pas aux réticences le cheval emballé, pas plus que le navigateur (celui qui navigue) sur un frêle esquif *(sic)* emporté par les courants fous des torrents pendant les inondations tragiques, (celles dont on se souvient pendant plusieurs générations); le navigateur *sait* qu'il approche de l'écluse débordée, du grand saut liquide, du tourbillon qui va l'engloutir, le pulvériser, mais il semble se hâter de plus en plus vite vers ce but inéluctable. Il n'a pas le temps de brûler ses papiers, mais il peut *crier, hurler* dans le vent, puisque autant en emporte le vent.

(octobre 1937)

Tout ce qui dépend seulement de l'intégrité totale.

Rien qui se puisse « rattraper ».

Rien de l'enfant qui casse une vitre « puisqu'elle sera remplacée le lendemain ».

On peut crever de froid à cause d'une vitre cassée et *non remplacée*. Certains passent le temps à remplacer les vitres crevées.

La vie : finie.

Quand elle devient « habitude » — besoin de se « continuer » — d'être « assurée ».

La permanence :
tendance à l'immobilité
= fatigue

Rien qui ne relève d'un cri de joie (compréhension), de fierté.

Supprimer les jérémiades et tout ce qui ne relève pas de l'agressivité heureuse des quatorze ans.

Rien qui ne soit un cri de joie ou de fierté. Brûler tout ce qui ne relève pas de *cela*.

Suivre *ta* voie, la tienne, celle d'aucun « autre » être humain. *

Connais-tu *une* destinée semblable à la tienne ? NON.

Moi seule ai vu et vois comme on peut voir : absolument et de si loin.

* Ce fragment, introduit ici par Bataille, a été prélevé par lui dans le *Carnet rouge* daté de 1938.

Fragment d'une lettre non envoyée

Aujourd'hui. — Seuls me plaisent les iconoclastes délirants mais joyeux.

L'emmerdement d'être fixé — oui voilà : terriblement envie de vous dire merde comme on se jette au cou de ceux que l'on aime.

L'emmerdement des airs pesants pour les choses profondes.

Pas de malentendus : ces grands prêtres me plaisent pour leur folie.

Absence de littérature. Écoutez :

« ... il est mon camarade de jeu. Il n'y a ni rime ni raison dans l'Univers. L'enjoué! larmes et rires, tous les rôles de la pièce. Ah, le divertissement du monde! Écoles d'enfants lâchés, qui louer? Qui blâmer? Il n'a pas de raison. Il n'a pas de cerveau. Il nous dupe avec ce peu de cerveau et ce peu de raison. Mais cette fois, il ne m'attrapera plus. *J'ai le mot du jeu.* Au-delà de la raison et de la science et de toutes les paroles, il y a l'amour.

Remplis la coupe et nous serons fous. »

Les iconoclastes, oui, mais pas les êtres en simili, pas les minauderies, pas la mièvrerie, le faux-semblant. Comprenez-vous seulement tout cela?

(juin ou juillet 1938)

LAURE

Moi aussi je suis bien dressée... de telle heure à telle heure.

Nous sommes tous des singes très savants.

Rire — rire — rire.

Le mot du jeu.

Attention : vont-ils s'apercevoir que *noir* veut dire *blanc*, mais non, non, jamais.

C'est simple : impossibilité d'échanges vrais — plus jamais.

Quel soulagement : je ne suis jamais là où les autres croient me trouver et pouvoir me *saisir*.

L'existence : alcaline et douceâtre.

Assez — assez — assez.

Vous devriez vous « méfier » un peu plus — faire sonner mes mots comme on vérifie sa monnaie : la monnaie de votre pièce.

La voix « normale », infantile, couvant l'ironie féroce. Mais vous êtes si bien dressés que vous ne le sentez pas. Qui pourrait supposer que l'on aille si loin dans la dissimulation qui ne dissimule que soi-même et non des actes, des faits, des buts intéressés, calculés.

(juin ou juillet 1938)

Dernier poème

je l'ai vue

Je l'ai vue — cette fois je l'ai vue
où? à la limite de l'aube
et de la nuit

l'aube du jardin
la nuit de la chambre

avec un sourire qui craque
une patience d'ange
elle m'attend
Et je le sais bien

Puis d'une voix lointaine
elle m'a dit
Ah mais non
Tu ne deviendras pas folle
Entends-tu, tu ne te conduiras pas comme cela,
Tu feras ceci et cela. Elle parlait parlait sans que je comprenne plus rien
Je la suivais malgré moi
Dans un froufrou de soie une robe à traîne avec beaucoup de volants qui rebondissaient sur chaque marche.
elle a disparu
brillante bruissante
par un escalier étroit
et délabré

En haut
c'était le rayon d'hommes, des milliers de vêtements

LAURE

Une pièce toujours fermée, surchauffée
Seule présente vivante :
        elle
elle parcourait les espaces vides entre les mannequins
portant tous son masque

LE SACRÉ

NOTES[1]
rédigées par Bataille et Leiris

Il y a peu de mois est morte celle qui s'est désignée elle-même sous le nom de Laure. Morte, âgée de trente-cinq ans, d'un mal qui, sans la diminuer en rien, la suivait depuis l'enfance.

Insurgée de bonne heure contre une éducation bourgeoise et catholique, elle avait, après un séjour prolongé en Russie, trouvé dans un dévouement entier au communisme d'opposition une issue au besoin de donner une signification à sa vie. Les faits l'ayant amenée à rejeter, comme dénuée de valeur, l'activité politique, il lui fallut se relever, selon son expression, « de ce grand tremblement de terre qu'est la perte d'une foi ». Sans cesser de connaître des moments de détresse — comme de bonheur ou de caprice — elle parvint à retrouver « un état de conscience plus total que jamais », ambition la plus haute que pût réaliser quelqu'un pour qui *l'intégrité de l'être* a sans doute occupé, dans l'échelle des valeurs, le rang privilégié.

A travers toutes vicissitudes, la passion que Laure apportait à la recherche de sa vérité ne se démentit pas. Le proverbe de William Blake : « Passez votre charrue et votre soc sur les os des morts » est la dernière phrase qu'elle écrivit, peu de jours avant sa fin, pour indiquer le livre qu'elle voulait relire. Alors que perdue en elle-même elle se disait « au fond des mondes », les mots de « corrida fleurie » sont ceux qu'elle employa pour désigner son agonie.

Du message que représente un ensemble de manuscrits et de notes qu'a laissés Laure après avoir fait brûler ce qu'elle tenait à détruire (sans avoir eu le temps, toutefois, de mettre en forme, ainsi qu'elle en avait témoigné le désir, des écrits dont jamais elle ne se jugea satisfaite) les textes réunis ici ne forment qu'une faible partie. De certains de ces écrits, comme de l'en-

---

1. Ces notes ont été rédigées par Georges Bataille et Michel Leiris pour l'édition hors commerce du *Sacré*.

semble des papiers, ses amis les plus proches connaissaient l'existence, mais à aucun d'entre eux elle n'avait estimé devoir les communiquer. Bien qu'une telle réserve puisse sembler suffisamment motivée par le caractère même de la plupart de ces textes et par la rigueur implacable dont Laure usait autant vis-à-vis d'elle-même que vis-à-vis des autres, encore convient-il d'y voir la marque du sens exceptionnellement grave — à proprement parler *sacré* — qu'elle attachait au fait même de la « communication ».

Des notes sur le « sacré » demeurées inachevées — notes dont elle avait ouvertement parlé — ont constitué la base à partir de laquelle a été composé ce recueil provisoire, qui sera suivi d'une publication d'ensemble. A ce texte touchant à ce qui semble bien avoir été de tout temps, de quelque façon qu'elle l'ait formulé, une de ses préoccupations vitales, on a joint un certain nombre de poèmes et d'autres écrits qui ont paru se rattacher par des liens divers à la question cruciale du sacré, telle qu'elle se posait pour Laure.

Est-il besoin d'ajouter qu'on ne saurait réduire à quelque image définie que ce soit l'une des existences les plus véhémentes, les plus traversées de conflits qui aient été vécues? Avide de tendresse et avide de désastres, oscillant entre l'audace extrême et la plus affreuse angoisse, aussi inconcevable à la mesure des êtres réels qu'un être de légende, elle se déchirait aux ronces dont elle s'entourait jusqu'à n'être qu'une plaie, sans jamais se laisser enfermer par rien ni par personne.

P. 81.

LE SACRÉ

La représentation du « sacré » exprimée dans ce texte témoigne d'une expérience vécue : elle ne s'oppose pas à la notion que les sociologues tirent de l'étude de sociétés moins développées que les nôtres — mais elle en est manifestement distincte. Il s'agit de ce que le mot évoque — à tort ou à raison — dans la conscience. A tort signifierait dans ce cas sans rapport avec l'expérience commune qui a fondé l'existence du sacré.

Il semble en fait que cette représentation conduise à une définition qui n'avait jamais été exprimée (ni par Laure ni par d'autres), mais qui peut être déduite à partir du texte lui-même.

Cette définition lierait le sacré à des moments où l'isolement de la vie dans la sphère individuelle est tout à coup brisé, moments de communication non seulement des hommes entre eux mais des hommes avec l'univers dans lequel ils sont ordinairement comme étrangers : communication devrait s'entendre ici dans le sens d'une fusion, d'une perte de soi-même dont l'intégrité ne s'accomplit que par la mort et dont la fusion érotique est une image. Une telle conception diffère de celle de l'école sociologique française qui ne considère que la communication des hommes entre eux;

elle tend à identifier ce que l'expérience mystique appréhende et ce que les rites et les mythes de la communauté mettent en jeu.

Le texte publié dans ce recueil a été rédigé, au cours de l'été de 1938, pendant les derniers mois de Laure. Mais l'importance du sacré dans l'ensemble de sa vie depuis l'enfance est fortement marquée par le passage suivant de l'*Histoire d'une petite fille* (autobiographie de l'enfance, qui figurera dans le recueil d'ensemble) :

« ... Seule la chambre de débarras demeurait immuable avec son air confiné et sa lumière de vitrail.

« Je m'y réfugiais et là, à cheval sur une malle de moleskine ou accroupie sur un petit banc, je me racontais sans fin des histoires et surtout celles du temps d'avant ma naissance, ce temps où « j'habitais le ciel ». Ou bien je contemplais avec ferveur un doux Jésus blanc et un Joseph blond, images bleues, roses, argentées, dorées, étoilées, empaquetées dans la soie, nouées de faveurs; ou bien je lavais ma poupée et partais à la recherche de mon propre corps que l'on m'ordonnait d'ignorer avant même que j'y eusse jamais songé. Curiosité de l'enfant vers son ventre, au moment même où il sait que Dieu « voit » partout et le suit dans ce grenier. Curiosité et puis terreur. La vie eut tôt fait de pivoter entre ces deux pôles : l'un sacré, vénéré, adoré, qu'il faut exhiber, les mines à l'église, l'enlisement après la communion dans une torpeur sacrée, l'autre innommable, sale, honteux, qu'il faut cacher, mais tous deux combien mystérieux, combien plus beaux, plus intenses, que la vie morne et inchangée. Ainsi, allait-elle osciller entre l'infâme et le sublime au cours d'une existence d'où la vraie vie fut toujours absente. Gestes hiératiques, grimaces ignobles allaient se mêler, se confondre, s'exclure, s'affirmer doublement puis s'anéantir. »

Les deux pôles que représente ainsi Laure ne sont pas exactement l'un le sacré, l'autre son contraire, car l'un et l'autre sont sacrés; ils sont deux pôles contradictoires à l'intérieur du monde sacré, « sacré » signifiant à la fois digne d'horreur ou de dégoût et digne d'adoration.

La même ambiguïté se fait jour sous une autre forme dans les quelques lignes suivantes qui ont sans doute été notées à l'intention de l'*Histoire d'une petite fille*, mais n'y figurent pas :

« Laure avait retrouvé Dieu. Ce n'était pas un être humain, elle en fit un héros, un saint. Dans ses bras, alors, elle voulut qu'il lui fît mal. Elle inventa d'être battue, rouée de coups, d'être blessée, d'être victime, d'être bafouée, honnie, méprisée et puis de nouveau adorée et sanctifiée. » (Cf. p. 161).

Le poème intitulé « 8 » (p. 92) reprend le même thème de l'opposition, d'ailleurs construit à partir de la phrase leit-motiv : « Gestes hiératiques, grimaces ignobles... »

Non seulement l'attirance extrême du sacré sous ses deux formes, abject et vénérable, mais l'extrême angoisse qu'il provoque apparaissent dans ces textes contradictoires. L'existence de Laure ne cessa jamais d'être agitée entre ces deux pôles, infâme et sublime, et en même temps entre l'infâme, le sublime et ce qu'elle appelait « la vraie vie », le bonheur simple auquel elle ne cessa pas d'aspirer. Qu'elle soit parvenue après de longs détours et surtout quand sa vie commença d'approcher de sa fin à une conception du sacré qui, s'opposant en cela à celle de son enfance, prit pour elle une valeur enivrante ne signifie pas qu'elle ait trouvé même un seul jour de repos.

Un feuillet du manuscrit intitulé *Le Sacré* porte ces quelques mots : « Les différents thèmes de Conrad. La faute. Les remords. Le rachat. » Le mot *Conrad* a été biffé.

P. 85.

« *Quelle couleur a pour moi la notion même du sacré?* »

Citation du *Sacré dans la vie quotidienne* de Michel Leiris (N.R.F., juillet 1938). Paru dans l'ensemble intitulé « Pour un Collège de Sociologie », qui s'ouvrait sur un texte de Bataille, « L'apprenti sorcier ». (Celui de Leiris a été repris dans le numéro 7 de *Change* où ont paru pour la première fois les poèmes de Laure) J-P. F.

P. 85.

Cette permanence de la menace de mort est l'absolu enivrant...

Dans une lettre de juillet 1934, Laure écrivait déjà :

« L'idée de la mort quand on la suit jusqu'au bout... jusqu'à la putréfaction m'a toujours délivrée et ce jour-là plus que jamais. Je détaillais les diverses formes « d'accident mortel » et toutes me paraissaient enviables et délicieuses. Je redevenais calme et même gaie. »

Et dans une lettre (non envoyée) d'août 1936 :

88

« Eh bien et si c'est la mort?

« Vais-je manquer du courage d'aimer la mort? (*) ».

J'ai peur que quelque chose soit *cassé* en moi : les reins brisés, être faible à ce point-là.

Est-ce que les obsessions ne remplacent pas la crainte de Dieu? Est-ce que ce n'est pas intolérable d'en être là?

Je veux parler « d'aimer la mort » parce que cela seul signifie aimer la vie *sans restriction*, l'aimer jusque-là, la mort y compris. Ne pas être plus

---

* « Comme je deviens vieille fille, à manquer du courage d'aimer la mort » (Arthur Rimbaud, *Une saison en enfer*, « Mauvais sang »).

terrifiée par la mort que par la vie. A cette condition, je me sens redevenir... noble.

P. 85.

... projette au-dehors le fond de moi-même...

Dans une première version, moins élaborée, du même texte, Laure avait écrit : « projette au-dehors la plus grande profondeur de l'être ».

P. 85.

Quand vous appelez sacré le fait de défendre un ami...

Allusion à une conversation que Laure avait eue avec Michel Leiris, à qui l'ensemble de ces notes sur le sacré étaient destinées, sans que toutefois elles lui aient été communiquées.

P. 87.

Il y a des états « prés-sacrés » auxquels manquent seulement un élément.

Le texte suivant achève de souligner l'importance de ces deux expériences pour Laure :

« Cette petite fille qui s'évanouissait pendant la retraite au salut, quel prestige elle avait à mes yeux. Comme je l'enviais : évanouissement, faiblesse maladive, c'était l'extrême degré de piété.

Les premières communiantes entrevues derrière l'un des vitraux.

La glace et
La pelouse... le septième ciel
La terre mouillée ai-je jamais été plus loin?
Les fleurs écrasées, juteuses
Le massif...
Mes habitudes
Incinération
Tout à l'égoût »

Peu avant d'avoir rédigé ces notes sur le sacré, Laure avait tenté une expérience de méditation en se servant du schéma suivant emprunté à l'ouvrage de G. C. Lounsbery (*La méditation bouddhique*, p. 66), ouvrage dont elle détestait d'ailleurs l'esprit : « Couché sur le dos en plein air, regarder le ciel, l'espace, les nuages — L'espace est illimité — L'espace est toute chose — L'espace est en nous — Penser à l'espace entre les étoiles, entre les cellules de son corps — partout — remplir son esprit de l'idée de l'espace. Faire disparaître : les nuages — la terre — le ciel, pour s'identifier avec l'espace. Ne rester conscient que de l'espace. » C'est apparemment le seul exercice de cet ordre que Laure ait pratiqué.

P. 88.

Un souvenir qui me semble résumer complètement ma notion du sacré.

Un passage de l'*Histoire d'une petite fille* est à rapprocher de ce souvenir :

« On attendait le défilé. J'ai vu les étendards et les drapeaux des petits garçons débiles et des vieillards cagneux (la badine à la main); j'ai vu les oriflammes et les oripeaux des prêtres en sueur (l'aisselle verte et puante); j'ai vu les scapulaires et les chapelets crasseux des jeunes filles, les enfants de Marie tremblantes : « Mon père, j'ai eu de mauvaises pensées. » Tous braillaient l'haleine pourrie : nous sommes lespoua a a re de la France. Les vieilles hochinant de leurs cheveux gras, découvraient d'entre leurs moustaches des râteliers tout pleins d'hostie rance.

Te voilà sous les espèces du drapeau, sainteté insane! Pourquoi ne pas sourire désabusée ou éclater de rire amusée... mais non, je reste là, à cracher le sang de mes ancêtres qui te ressemble. »

Les morts successives de son père et de ses oncles tués pendant la guerre ont été pour Laure des événements déchirants et décisifs.

Un brouillon très informe du même texte commence ainsi : « Je ne me sens pas le droit de ne pas terminer par un souvenir d'enfance entre bien d'autres et qui me semble résumer pour moi la notion de sacré. »

P. 89.

« *Communication* » *ressentie comme la nudité...*

Cette phrase donne toute sa signification à l'ensemble des textes joints aux notes sur le sacré.

P. 102.

Incendie d'église.

Le bruit ayant couru que l'on avait donné intentionnellement des bonbons empoisonnés à des enfants, une émeute se produisit, le 3 mai 1936, dans le quartier populaire de Quatro Caminos à Madrid, au cours de laquelle la foule mit le feu à une église.

P. 104.

Bords des villes...

Ce poème a été écrit après un voyage, en octobre 1936, en Catalogne et à Barcelone.

P. 106.

« *faire passer votre charrue et votre soc sur les os des morts* ».

C'est l'un des *Proverbes de l'enfer* de William Blake, que Laure venait de lire, pour la première fois, en Espagne, dans la traduction de Grolleau *(Le mariage du ciel et de l'enfer)*.

LE SACRÉ

P. 107.

Corrida.

Fragment d'une lettre non envoyée écrite en septembre 1937. C'est vraisemblablement à Barcelone, en 1935, que Laure vit pour la première fois une corrida, spectacle qu'elle aimait avec passion.

P. 108.

LAURE.

Ce texte doit avoir été écrit au cours d'un séjour à Madrid, en mai 1936. Les fragments qui suivent doivent être postérieurs.

P. 111.

Reprise sous une autre forme d'un journal rétrospectif.

Le fragment suivant est vraisemblablement le seul subsistant du journal *détruit* (différent de l'autobiographie de l'enfance qu'est l'*Histoire d'une petite fille*) auquel il est fait allusion :

« Je me jetais sur un lit comme on se jette à la mer. La sensualité était comme séparée de mon être réel, j'avais inventé un enfer, un climat où tout était aussi loin que possible de ce que j'avais pu prévoir pour mon propre compte. Plus personne au monde ne pouvait me joindre, me chercher, me trouver. Le lendemain, cet homme me disait : « Tu t'inquiètes beaucoup trop, ma chère, ton rôle à toi, c'est celui d'un produit de la société décomposée... un produit de choix, sais-tu bien. Vis cela jusqu'au bout, tu serviras l'avenir. En hâtant la désagrégation de la société... Tu restes le schéma qui t'es cher, tu sers tes idées en quelque sorte et puis, avec tes vices — il n'y a pas tant de femmes qui aiment à être battues comme cela — tu pourrais gagner beaucoup d'argent, sais-tu? » Une nuit je me suis enfuie. C'était trop, trop parfait dans le genre. A deux heures du matin, j'errais dans Berlin, les Halles, le quartier juif et puis à l'aube, un banc du Tiergarten. Là deux hommes s'approchèrent pour me demander l'heure. Je les dévisageai longuement avant de répondre que je n'avais pas de montre. Ils s'approchèrent avec d'étranges regards puis l'un d'eux fit signe à son compagnon en regardant de côté. Je tournai aussi la tête : il y avait un schupo à cent mètres de nous; leur intention avait été sans doute de m'arracher mon sac ou quelque chose de ce genre. Combien c'était égal et comme j'aurais aimé leur parler. Car en somme, on est là, en plein désarroi, on marche dans les rues portée par les remous de foule comme une épave sur les flots, on pense au suicide, mais on a un sac à main et on remarque la déchirure d'un bas. Quelques minutes... ils s'en allèrent et peu après ce fut le schupo qui vint m'interroger. Qu'est-ce que je faisais là? Je prends l'air. N'avais-je pas de domicile? Si. Où? Je donnai mon adresse, mon quartier très « bourgeois cossus ». Cela le cloua sur place. Il continue : Qu'est-ce que je faisais là? Je prends l'air. Mes papiers? Faut-il un passeport pour prendre l'air? Puis je me rendormis. »

Laure avait fait un séjour de plusieurs mois à Berlin aux environs de 1928.

P. 121.

Il est temps d'affirmer que la religion du crime nous empoisonne tout autant que celle de la vertu.

La même protestation se rencontre ailleurs. On la trouve une fois sous cette forme :

« La Religion du Mal nécessitant un Bien. Le Mal (crime) qui se donne les apparences, qui se pare des vertus de la vertu ».

La même idée est de nouveau exprimée dans une lettre non envoyée écrite en octobre 1937, suivie cette fois de quelques phrases qui semblent indiquer toute l'acuité que ce problème avait pour Laure :

« Qu'y a-t-il de plus comique ou de plus odieux : le crime qui se pare des vertus de l'innocence ou l'innocence qui se pare des vertus du crime?

Pourquoi en allant jusqu'au bout de ma pensée ai-je toujours l'impression de trahir ce que j'aime le plus au monde et de me trahir moi-même sans que cette trahison soit « évitable ». Si vous sentiez toute l'angoisse vécue et à vivre dont ce *pourquoi* est chargé, vous essaieriez de répondre, mais il n'y a pas de réponse possible. C'est en soi que l'on porte l'opposition la plus dangereuse. »

P. 124.

Tout ce qui dépend seulement de l'intégrité totale.

Ce texte et ceux qui suivent sont de peu antérieurs, ou postérieurs, au 13 mars 1938, date à laquelle la maladie de Laure entra dans une phase décisive.

D'un sanatorium où elle resta deux mois, elle écrit à des amis :

« ... Sachez-le : j'ai horreur de l'apitoiement et — *même actuellement* — je ne me sens nullement pitoyable et *même actuellement* il m'est impossible d'envier aucun être au monde.

J'envie peut-être une chose, un *état*, c'est la santé. — Cela oui — Et encore! Mon mal est si profondément lié à ma vie qu'il ne peut être séparé de tout ce que j'ai vécu. Alors? Peut-être est-ce encore une de ces malchances qui se muent en chance : vous comprendrez plus tard ce que je veux dire par là... »

P. 125.

« ... il est mon camarade de jeu... »

LE SACRÉ

Le texte cité est de Ramakrishna : il figure dans la *Vie de Ramakrishma* de Romain Rolland; « il » désigne Dieu.

P. 127.

DERNIER POÈME

Ce poème a été écrit par Laure peu de temps avant sa mort.

Dans un ouvrage sur Thérèse d'Avila que possédait Laure, la page 199 a été cornée, manifestement en raison de l'intérêt qu'avait pour elle ce passage extrait des *Opuscules* du carme Jeronimo Gracian : « Du vivant de la Mère Thérèse, jamais sa pensée, non plus que la mienne n'a été que ces livres fussent imprimés et mis à la portée de tous ceux qui désirent les lires. Nous aurions voulu voir ces livres rester dans nos couvents et en manuscrits afin qu'ils ne fussent lus que par des personnes sages et instruites en matière d'oraison. J'ai des sympathies pour la règle pythagoricienne qui ordonnait de cacher les choses profondes et sacrées... »

Une préoccupation du même ordre — à laquelle se liait visiblement son angoisse — a souvent été exprimée par Laure, parlant en général. Avant de mourir, elle a marqué formellement le désir que son témoignage ne reste pas incommuniqué, affirmant qu'il ne faut pas s'isoler, rien n'ayant de sens que ce qui existe pour d'autres êtres. Mais la misère inhérente à tout ce qui est littérature lui faisait horreur : car elle avait le plus grand souci qui puisse se concevoir de ne pas livrer ce qui lui apparaissait déchirant à ceux qui ne peuvent pas être déchirés.

FRAGMENTS NOUVEAUX

FRAGMENTS *

Que m'importe où je suis
si je sais où je vais
puis-je savoir où je vais
sans connaître où je suis
je peux le savoir
dans la mesure où je me situe
Aujourd'hui
c'est l'heure trouble
dans les rues grises et désertes
l'heure où les chauffeurs d'autobus
excédés de journées
enfilent des avenues
qui s'écartent toutes nues comme
des jambes de femme
chacun est rentré chez soi
pour oublier
dans les soins du ménage
qu'il ferait bon vivre
sous le soleil.
A chaque départ
je prenais le train
Là même où les acrobates
font le saut périlleux :
sous les voûtes vitrées
des grandes gares [1]

---

* Les textes et les poèmes placés sous ce titre ont été retrouvés par moi dans les manuscrits de Laure. Certains passages se retrouveront d'un texte à l'autre, mais ces doublons sont significatifs.

1. Je suis enclin à voir ici le souvenir, chez Laure, d'une lecture de *Zarathoustra*. On se souvient en effet de ce que, dans le prologue, Nietzsche dit d'un certain danseur de corde.

LAURE

ESMERALDA

Esmeralda
Esmeralda
une voix de femme m'appelle
hop hop
on entend au loin des écuyères
des équilibristes
au moment dangereux
un sourd galop
de cheval
une piste
un grand cheval Noir ...
Esmeralda galope nue
sur un cheval fou
Esmelralda et son corps blanc
de neige et sa longue large
chevelure rousse
qui tombe et s'emmêle à
la crinière
à la queue
de lourd crin noir
Esmeralda se couche
se cabre
se renverse
longue chevelure et crinière
longue chevelure et queue
plus longue que l'épaisse
queue de crin
d'un claquement de fouet

Esmeralda est debout sur
le cheval
rutilante de nudité
fraîcheur
cette blancheur un peu trop blanche
de rousse
et ses seins lourds
à la corolle très large si fondue
dans la blancheur
blancheur un peu blessée
à peine rose et centrée
d'un si tendre et si fin bouton
« Esmeralda » joue
elle part
d'une chambre toute tendue
capitonnée voilée de tissus vert tendre
elle est parfumée
elle sort du bain
elle joue parce que
c'est l'heure pour elle
de jouer   de s'exercer
de plus en plus savamment aux exercices
dans le petit cirque attenant à sa chambre
Esmeralda est promise au plaisir
née pour le plaisir
et sa tendre étoile
sous laquelle elle est née
Tendus sont les hommes
Esmeralda saute du cheval
et ne remonte plus à sa chambre — elle suit
le cheval et rentre à l'écurie
tendu tendu
Esmeralda
rentre dans son box à côté
de
son box en tous points semblable
à l'autre
La journée comme de grands claquements de fouets
se font entendre auxquels répond le hennissement du cheval
un cri
Esmeralda — Lève-toi
la chaîne à la mangeoire

et regarde l'homme
assis sur un petit trépied *
l'or
les genoux tu écartes nue mains sur
la cuisse
l'autre tient le fouet Debout
Esmeralda — tu seras sage aujourd'hui
— comme toujours
— Non pas « comme tous les jours »
folle que tu es
  plus que tous les jours
— Esmeralda a compris ses prunelles
prennent feu : il y aura fête
il aura des amis aujourd'hui —
— passe à côté
prendre des petits airs
— succès
  in — succès
  des êtres
— échelles des
  confiances
  des valeurs
— la méditation
  sur le ciel
— ouvrir le rideau
— le souvenir d'enfance
  sur la pelouse
  par la méditation
  à la création
— rejet de « l'extérieur »
— concentration
  inhibition
— gestation
  création

* Ici s'arrête la version déchiffrée par Bataille et Leiris, et recopiée de la main de Bataille. Le texte complet se trouve dans le *carnet rouge* daté de 1938.

FRAGMENTS

[D'où viens-tu?]

D'où viens-tu avec ton cœur
déchiré aux ronces du chemin
Les mains caleuses de casseur de pierre
et ta tête gonflée comme une
outre piquée?

Nous sommes ceux qui crient dans le désert
qui hurlent à la lune.

Je le sens bien maintenant : « Mon devoir m'est remis. » Mais lequel exactement?

C'est parfois si lourd et si dur que je voudrais courir dans la campagne.

Nager dans la rivière
oublier tout ce qui fut, oublier l'enfance sordide et timorée.
Le vendredi Saint, le mercredi des cendres.
l'enfance toute endeuillée à odeur de crêpe et de naphtaline
L'adolescence hâve et tourmentée.
Les mains d'anémiée.
Oublier le Sublime et l'infâme
Les gestes hiératiques
Les grimaces démoniaques.
Oublier
Tout élan falsifié
Tout espoir étouffé
Ce goût de cendres
Oublier qu'à vouloir tout
on ne peut rien

LAURE

Vivre enfin
« Ni tourmentante
Ni tourmentée »
Remonter le cours des fleuves
Retrouver les sources des montagnes
les femmes les vrais hommes travailleurs
qui enfantent
moissonnant
M'étendre dans les prairies
Quitter ce climat
Ses dunes, ses landes sablonneuses, cette grisaille et
ses déserts artificiels,
Ce désespoir dont on fait vertu,
Ce désespoir qui se boit
se sirote à la terrasse des cafés
s'édite... et ne demanderait qu'à nourrir très bien son homme
Vivre enfin
Sans s'accuser
ni se justifier
Victime
ou coupable
Comment dire?
Un tremblement de terre m'a dévastée

On t'a mordu l'âme
Enfant!
Et ces cris et ces plaintes
Et cette faiblesse native
Oui —
Et s'ils ont vu mes larmes
Que ma tête s'enfonce
jusqu'à toucher
le bois
et la terre

FRAGMENTS

perles
mains
l'annonce
sœur
la mort
poids
sur les
marches
arrières
discussion
pour le
voile
héroïne
enterrement
laïques
religieux
incinération
nos os le
phosphate
le champ
d'épandage
le fumier
l'engrais
Allons les
noyer sous
les fleurs et
les couronnes
tout à
l'égout
pour les cadavres
un être était
qui n'est plus
prestige
c'est la seule
valeur certaine
celle-là ne nous
manquera pas
ses bras
noueux
cri de
vie
valeurs

et
mouvement

Qui es-tu
visage aigu
lame
à reflets durs
fend l'air
entame
mon rêve
que je sois assise
te faisant face
ou couchée
tête renversée
tu m'apparais
échappant à la pesanteur
inscrivant dans l'air
toute une géométrie précise
aussi précise
que cet angle volontaire
où s'inscrit le sourire forcé
de lèvres amères
aux plis railleurs
Précision des gestes
limite
de l'espace harmonieux
clair
où tu vis
Le moment
où tout retombe
dans l'absurde
si absurde
que mieux vaut
parler
pour ne rien dire
grimacer
et
sourire

FRAGMENTS

Va toujours plus loin
Au-delà encore
Ne réclame rien
de ce qui touche
à... *ta faiblesse native*

Au secours
J'ai cru monter au ciel
Comme une Sainte
Sans rire
et la vie referme sur moi son couvercle de plomb
Certains jours il m'aidait : « Chère et pauvre âme perdue »
D'autres il me voulait...
Comme un gant dans la main
et nous roulions sans fin
C'était vaste et profond
comme la mer
trouble et fangeux

LE CENTAURE

L'homme entier n'est qu'une maladie. Assemblage inconcevable de deux puissances différentes et incompatibles, Centaure monstrueux, il sent qu'il est le résultat de quelque forfait inconnu, de quelque mélange détestable qui a vicié l'homme jusque dans son essence la plus intime.

Toute intelligence est par sa nature même le résultat ternaire et unique, d'une *perception* qui appréhende, d'une *raison* qui affirme et d'une *volonté* qui agit. Les deux premières puissances ne sont qu'affaiblies dans l'homme mais la troisième est brisée et semblable au serpent du Tasse, *elle se traîne après soi*, toute honteuse de sa douloureuse impuissance.

C'est dans cette troisième puissance que l'homme se sent blessé à mort. Il ne sait ce qu'il veut; il veut ce qu'il ne veut pas; il ne veut pas ce qu'il veut, il *voudrait vouloir*. Il voit dans lui quelque chose qui n'est pas lui et qui est plus fort que lui. Le Sage résiste et s'écrie : *qui me délivrera?*

Pas de bassesse au moins pas *cela*. Savoir tous deux *où* nous allons et ce qui se passe.

> Les jours où l'on se supporte, les jours où l'on ne se supporte pas. Être assez pervers assez libertin pour que *rien ne compte.*

L'homme s'en va sur une route et c'est *ce qui importe* et non le tendre « cher cœur », l'heure de tendresse. Et puis j'ai reconnu qu'être fort c'est être SEUL que pouvoir c'est oser

Avoir les reins solides.

FRAGMENTS

La solitude = le tonique, l'excitant, le *vouloir* lire et non pas l'abaissement, l'abjection.

Vouloir dans le néant n'est rien
Vouloir? avec de grands cris d'impuissants

Le vouloir m'importe peu, l'agir le RÉALISÉ seul doit *compter* pour moi.
Et puis tu te traînes comme une enfant lamentable
qui appelle son père ou sa mère.

Le travail? La plus haute expression d'un être humain.

Continuer avoir confiance n'est-ce pas *l'essentiel*
Stigmatiser
Tout ce qui est impuissance et ruine
Stigmatiser
tout ce qui est mécanismanie
petite comédie
petit jeu
En marquer toutes les étapes
Y a-t-il mesquinerie, vulgarité, du libertinage?
Stigmatiser tout ce qui RECULE
étrécit
diminue

Le moment de la grande *dérision*
est venu — une dérision telle qu'elle *vide* toutes
choses, empoisonne, gangrène.
Par ce bizarre détournement on retombe dans l'ornière —
Si un être humain veut *exister* il ne peut que se réserver *dans le mensonge* — Le mensonge même transparent... cousu de fil blanc lui est utile. Là, il se croit à l'abri, supérieur, transcendant... Il est presque désarmé par l'ironie. Les mirifiques secrets les plus vertes traditions.

J'ai beaucoup eu
su
vu
connu

LAURE

(L')aventure de n'importe quel être humain ne vaut pas les affres d'un bateau en perdition.

Je suis le sel de la terre. Je ne laisserai pas l'eau douceâtre affluer jusqu'à moi.

Dès qu'une restriction mentale se présentera
à mon esprit, j'arrêterai le geste, je suspendrai
l'acte. Plutôt marcher sur la corde raide
que sur le plancher disjoint et
bosselé dont on connaît trop bien les fissures

HISTOIRE DE DONALD

*(Donald comme le 2e des 3 petits cochons
des crémiers du coin)*

— Pour t'affirmer libre tu as besoin d'imaginer des chaînes qui seraient moi. Ainsi il y a quelque chose à briser, un ordre de choses établies à *transgresser*. Moi fillette, me conduisant avec toi comme ma mère avec moi. Je dois entraver tes plaisirs afin qu'ils se trouvent décuplés.

— N'oublie pas que moi aussi j'ai quelques prétentions et autant de droit que toi à me réclamer de Sade. J'ai encore le choix du rôle, le loisir de l'interpréter selon mon inspiration.

— Et tu prétends te réclamer de Sade! Cela ne me mènera jamais à sentir la sacristie, les histoires de famille et de ménage. Tu te réclames en effet des curés catholiques. Au lieu d'un libertinage qui pourrait être une sorte de mouvement puissant et heureux *même sans le Crime* tu veux qu'il y ait un fond amer *entre* nous. Tu me présentes une apparence de gosse qui sort du confessionnal et va y retourner.

— Une apparence de prêtre à cochonneries.

— Tu agis comme le Crémier du Coin qui lui aussi se rend dans un bordel « sans le dire » et en faisant jurer le secret.

— Ta pleine liberté et la mienne peuvent être réservées avec plus de fierté et sans même excepter l'*éclat de rire*.

LAURE

JOURNAL ET NOTES SANS DATE

Quelque chose de cassé pas seulement avec mon frère mais avec tous — et, en même temps, tous très « gentils » — une simple question de distance. Je suis « au point » le plus loin.

Cette conviction qu'aucun être humain ne peut en *aider* un autre. Chacun doit suivre son étoile.

L'impression qu'il est le seul auquel je puisse m'adresser et le dernier auquel je devrais m'adresser.

Impossible de supporter les gens avec lesquels je n'ai rien de commun — les contacts « à travers S. me hérissent de toute ma peau. Impossible de supporter la solitude quand elle est stérile.

Fini le temps des auréoles et de l'entr'aide. Plus que jamais le temps de la tendresse. Alors s'apercevoir que cette tendresse même n'est qu'un étouffement insoluble — une délivrance et une prison tout à la fois et certainement pour lui aussi.

Pourquoi a-t-il fallu ce voyage en Espagne pour comprendre et surtout pour *être autre* — car il y a beau temps que j'ai compris mais la tendresse me minait.

La force de s'arracher

et pour quoi

vers quoi

Qu'y a-t-il d'autre que les rapports affectifs? L'amitié? l'amour?

— glisser dans le tout à l'égout de la vulgarité où tout s'emmêle
— se décider envers et contre tout : le quotidien

FRAGMENTS

(au crayon sur une enveloppe grise)

Le mépris total auquel on arrive, un mépris si parfait parce que seul compte c'est de faire rentrer certains rires dans certaines gorges

C'est la nuit
la vie est là
toute en désordre
tout est pillé, saccagé, détruit,
sali, gâché,
méconnu

Surtout, surtout ne pas accepter de présence qui tue, annihile ta force. N'accepte pas ce qui t'amoindrit.

Laisse là ce qui pèse et ravale
Fuis les maisons où la vulgarité t'entraîne à dépasser la *vulgarité*
où il n'y a qu'animosité fiel et Comédie
Aucune sympathie vraie
La COMEDIE est si bien jouée
Qu'est-ce que cela a de commun avec toi?
Sombre et maladroite
faire un plan
le détacher
recopier

homme et femme, surhomme?
Toutes les possibilités
il rentre dans sa coquille
Il fait le gros dos
mimétique et polymorphe
on en voit partout
aller de l'un à l'autre
du lion au chenil
et tout cela dans le langage
d'un perroquet lisant l'écriture

l'esprit servil
s'asservit
et asservit l'homme
les êtres
brimés à chaque instant

Le saut dans le vide — le tenter
  et on revient à la vie infantile
  celle qui n'a pas mué
disparité constante — veulerie
tartuferie.

C'est en soi-même qu'on porte l'oppositionnaire le plus dangereux. Celui qui force à dépasser ce qui a été, ce qui est. Celui qui nie le « lendemain », le « futur ». Celui qui ne peut coexister avec le « sentiment de sécurité », avec « l'assurance contre la vie », avec « la paix chez soi ».

Celui qui pousse au large les êtres humains comme le vent, enfle la voile, celui qui les détache du rocher auquel ils s'agrippaient, de la branche à laquelle ils se raccrochaient hier encore.

La Seine? Il ne me semblait pas qu'on pût s'y noyer mais seulement s'y asphyxier.

Cette façon de jouer sur du velours
de me rattraper de tous les côtés
un orgueil invincible
et puis... l'abjection
ou une confiance absurde de petite fille au Confessionnal

— *Traits de lumière*

— regard du pêcheur ridé bossu vers le petit gosse
— Étreinte du porteur de journaux et de son amie
  dans la foule et l'encombrement, la hâte.

L'un d'eux prit place
dans cette troupe de jeunes poètes accrédités
Ils portent leur cœur
en bandoulière
parlent de leurs maîtresses
et du Printemps
du bon vin...

FRAGMENTS

Il est grand temps pour moi
de laisser de côté tous ceux-là
calculent
trafiquent
qui { arrivent
réussissent
complotent
il n'est que temps
de laisser de côté
tout ce qui m'enlève le calme

ce calme devant la destinée

Les liens humains
t'affaiblissent
te tiennent.
Cette grande habitude :
se faire plaindre
apitoyer
gémir
Le chantage à la faiblesse

Il faut tout de même
que tout s'éclaire
un jour
s'explique
expliquer
leur *expliquer*

Culte des morts

Chez les catholiques
le culte le plus mensonger
encens, pénombre
aria de Franck, Haendel, Beethoven
agenouillements détentes
se voiler la face
cérémonie de crémation
Le silence entrecoupé de bruits de tisonnier dans le four
Silence froid, attitude
Quatre hommes portant un brancard pour un petit coffret.

LAURE

Perdre le sens direct de la vue

tout allant par rites évocations symboles
Souvenir? même plus direct mais figé
Compassé d'être trop souvent rappelé
fleurs d'immortelles sans odeur
ni artificielles ni naturelles
agenouillements et marmottages
recueillements
s'apitoyer leur seule ivresse

un caractère fort doit sortir de l'abattement par lui-même et non par destructions, vivisection

faire diversion }
se distraire } ?

Non —
Suivre le mal jusqu'à la racine
demeurer en face de la plaie
la regarder — y mettre les doigts.

La vigueur d'une nature s'affirme dans la possibilité de *temporiser*
Prendre acte d'une situation donnée et puis agir « à longue portée »
Calmement
pas par à-coups
ou réactions « hystériques »

Où est l'accord profond entre soi-même et *tous les* instants de la vie?
Fausseté des rapports soi-disant « animaux »
Accord entre soi-même et le moindre des actes ou paroles
Être non conforme
Spontanément... naturellement
force naturelle comme une force de la nature

La Corde sensible
maternelle = hypocrisie
Jusqu'au bout et constamment?
réponse : la mort.
Échapper dans la négation de soi : volonté d'abaissement.
Psychologie des petits faits quotidiens qui engloutissent une existence.

FRAGMENTS

Il y a des vêtements de femmes qui vous montent à la tête des parfums qu'on ne peut pas ne pas préférer à l'odeur de sueur

Ce qui me sépare?
La fièvre
la vie en révolte
la vie s'affirmant comme un cri d'alarme prolongé, permanent insupportable (comme) le hurlement sinistre de certaines sirènes de bateau au moment du départ, insupportable au sens que l'on ne peut tolérer sans étranglement physique.

828. Le caractère fatal de cette journée
La forêt.
88. Les deux 8 des skis
Le Mont Pourri

Ils craignent
Peu savent qu'à se détourner ils retrouveraient le sel de la vie
A se détourner il craindrait de se voir transformer
en statue de sel.
Peu savent qu'à se détourner de droit chemin ils retrouveraient le goût.

— Je crois qu'un homme peut trouver enfin la possession de son âme, comme l'enseignent les Bouddhistes, mais sans cesser d'aimer ou même de haïr.

On aime, on hait; mais quelque part au-delà de l'amour et de la haine, on *comprend*, on *possède* son âme en patience et en paix...

— Oui, dit Aaron lentement, tant que vous restez là à en parler. Mais quand vous n'avez plus l'occasion d'en parler, quand il vous faut vivre, vous ne possédez plus votre âme, la patience est en paix mais le premier démon venu vous possède et fait de vous ce qu'il veut tandis que vous vous effilochez vous-même jusqu'au dernier fil comme un chiffon usé.

LAURE

Il le sait il le voit —

J'ai des cris de haine et des rires de folle —

Je m'éveille brusquement *avec ce rire* — ou bien je sais... je veux le mal irréparable ou bien je doute de tout — de moi-même.

Il me dit « ne sois pas lâche si tu l'es, je ne peux plus vivre, ne fuis pas, tu ne dois pas *fuir* » et ce mot prend un sens si affreux que je reste... reste là éperdue pas tout à fait folle pas tout à fait perdue, puisque je le vois revenir mentant sans *savoir* mentir et vrai de toute sa vie qui crie.

Il veut que je *partage* cette vie-là. Il me répète : je suis là parce que je t'aime. « Si tu fuis, tu me trahis. »

A force de tout comprendre, ne risque-t-il pas de tomber dans l'indifférence; et cette universelle identification, assimilation ne confine-t-elle pas à une aliénation et à la perte enfin de sa substance propre.

FRAGMENTS

Renouveler le sens de l'érotisme mystique
des prostituées chinoises

Ce à quoi j'ai pensé
ET COMMENT l'oser
le réaliser

L'intrusion de Michel dans ce rêve
à cause du graffiti communiqué par lui
Laisse là ce qui pèse et *ravale*
ce qui te deviendra étranger
sache ne pas t'y *accoutumer*
ou t'efforcer d'y ressembler

Les arbres
Les plantes parasitaires gui
lierre
lianes

Homme comme un éclat de terre
un éclat de ce gouffre
gangue améthyste

Laure avait retrouvé Dieu. Ce n'était pas un être humain, elle en fit un héros, un saint, alors elle voulut qu'il lui fît mal, elle inventa d'être battue, rouée de coups, d'être blessée, d'être victime, d'être bafouée, et puis de nouveau adorée et sanctifiée.
Une école, éducation sensible — par les sens —

LAURE

Guerre A MORT A LA RELIGION
Tuez-les — ils renaîtront avec l'auréole du martyre — Ils croupissent dans les catacombes : ils misent sur la lâcheté —
alors arrivent
par bandes
par troupes
trempent le doigt dans le bénitier et signent
leur condamnation
leur lâcheté
couleur d'eau bénite
Chantage à la maladie

Le petit frissonnement à l'église — être comme il faut — cacher ses fugues de jeunesse
En faveur du SCANDALE

La contenance
le « panier »
Ce rire mauvais, méprisant
ridicule
La chapelle des 7 douleurs
Le prêtre [a] l'air de maquerelle équivoque
corridor glacé
lampe à huile rouge éclaire la Ste Véronique
et le visage d'un Christ
ferveur non envahie d'un trouble physique étrange
du mal à changer de position
Les jambes flageollantes

FRAGMENTS

De nouveau ma vie n'est plus dans mes mains
Cette fois c'est moi qui demande à être là : pieds et poings liés.
Je suis immobile et il va de l'avant.
J'ai l'impression que ma propre liberté est morte puisque ses gestes, ses démarches, le son de sa voix, pèsent sur moi si fortement que la vie étouffe dans mon cœur et s'arrête dans mon corps. Alors il ne voit plus en face de lui qu'un pâle reflet de chagrin.

Les bêtes du troupeau ont des mamelles de femmes qui allaitent. Au retour il y a la prairie qui sent bon et les poulains qui hennissent alors je pense dans le Règne Animal. Il faut devenir tout ce qui rugit, coasse, siffle, le hululement de la chouette, le barrissement de l'éléphant, le crissement des cigales. Or on a fait de nous des êtres qui redoutent leur propre voix, ne savent où porter leurs pas, veulent se cacher en des lieux sinistres pendant que les plantes se penchent vers le soleil.

J'ai rencontré un aveugle conduit par un cul-de-jatte il n'y a plus autour de moi que les éboulements et les échafaudages d'une ville mort-née.

Toute œuvre d'art
Une expression de sadique?
dans la mesure où s'affirmer
c'est lutter contre
peut-être
Le vrai travail dans la sérénité

Une sérénité détachée
Ça non plus n'est pas *possible.*

Vivre tout ce que l'on porte en soi?
s'annuler le meilleur et le pire
s'annulent.

Le travail consciencieux, les idées bien établies, raisonnablement classées, fixées, compulsées et mûries. La part de *distraction* et de jeu (paysages et costumes). Et pour le reste : faire comme l'autruche. Tout en moi va à l'encontre. L'expérience commune vécue ensemble mériterait autre chose que cette conspiration de silence, cette connivence secrète qui s'étale lourdement : il ne faut pas parler de sujets brûlants. Terriblement envie et besoin de déchirer ce voile de « discrétion », de crever ce panneau-réclame : « La paix chez soi » et d'être là essayant de voir bien clair, de se définir face à face. Cette farouche pudeur morale n'est-elle pas sordide et pusillanime après tout? Mais quel être vaut-il que l'on se définisse « face à face » et que me faut-il « exactement »?

Tout en moi s'insurge : la vie n'est pas encore une chambre mortuaire où l'on fait un silence artificiel en retenant même le bruit du sanglot qui vous tord la poitrine. Avez-vous peur des fantômes? J'aime mieux prendre l'idée à la gorge et la tenant ainsi la regarder dans les yeux jusqu'à ce qu'elle en meure ou crever moi-même de son souffle putride.

Est-il donc impossible de voir clair et de savoir faire la part ne serait-ce que des réflexes personnels [des attitudes] instinctives de haine et de mépris [Source] de malentendus mortels?

Ayant « fait cette part » et celle de son reflet dans ma pensée et dans mes mots [on peut y] voir clair. Eh bien, croyez-moi : tout devient pourtant fallacieux. Si vous dites « Oui », il y a autant de chances pour que l'interlocuteur comprenne « Non » *sans se tromper.* C'est alors qu'il faut que vous ayez l'orgueil de rétablir vous-même votre pensée pleine de lapsus et de coquilles.

Mais non, vous persistez à vous regarder dans un miroir tout embué et entre vos amis et vous il y a de la brume, un brouillard épais. Alors on va à tâtons dans les sentiers de la distraction, du sourire et même... de la vertu a priori! et on revient à la voix infantile, celle qui n'a pas mué.

Certains, ceux qui sentent les silences, ceux-là je les aime. Ils transpirent la clairvoyance. L'indiscrétion est leur sueur et leur teint.

Dans ma vie, en ce moment, tout le monde marche sur la pointe des pieds... La faute en est à tous ces prêtres et faux prêtres. Ils sont une telle quantité qu'il n'y a plus qu'eux de tous les côtés. Je peux les nommer.

C'est égal, ça serait bon de se retrouver avec des amis sur un terrain de vérité.

FRAGMENT DE LETTRE[1]

Imaginez-vous que dans le train j'ai passé la nuit avec une famille la plus française, la plus bourgeoise, la plus catholique des familles. Père, mère, une fille de quatorze ans, deux garçons de neuf et onze ans. Ça a commencé ainsi : il était question de peau de bique « la peau de bique de la guerre » et là-dessus le père de cet air intensément satisfait a dit « oui, j'ai ici tout mon équipement ou presque » et il s'est carré dans un coin en étendant ses bottes, des bottes de tranchées, en effet, et une culotte de velours côtelé qui pouvait bien en être. Il était radieux et souriait comme quelqu'un qui se retrouve enfin dans ses meubles. Chacun de ses muscles adhérait amoureusement à ses habits. Là-dessus il y a eu le « décalage » : les choses vous apparaissent comme entourées d'un halo. On les sent plus qu'on ne les voit et cependant on a les yeux ouverts et on est extrêmement lucide. J'ai cru voir, le voyais... quatre têtes de squelette sorties de dessous la banquette et qui se dressaient. Le sourire de cet homme avait déclenché le fameux sentiment d'étrangeté que j'éprouvais si constamment pendant ma « maladie ». Une seconde encore et les quatre crânes devenaient plus réels que la famille en question. Le fait d'essayer de cacher mes larmes a remis les choses en place. On a éteint la lampe. En face de moi dans l'angle de la portière, tandis que j'étais dans celui

1. Il s'agit ici d'un voyage que Laure effectua dans le but de se rendre dans un préventorium où elle demeura plusieurs mois l'année qui précéda sa mort. D'autre part dans l'une de ses « notes » parlant de « la *révision totale* » en quoi le fait d'écrire doit se résumer pour elle, Laure précise : « sous forme de lettre à S, si cela m'apparaît plus facile ». Sur le même feuillet elle ajoute « Écrire sur l'harmonie rompue ». En manière de dérision elle précise encore : « Se rattraper par « l'intéressant » qui *finalement* devient artificiel ».

de la fenêtre il y avait le père entourant de son bras la tête de la fillette. Ils s'embrassaient constamment, à petits coups, sur les lèvres, elle ne dormait pas et s'étirait sur la poitrine du père. Une fois qu'elle fut endormie, je vis comme son père la caressait doucement. Lors de mon enfance où ma mère faisait tout [j'étais] prisonnière, sans distraction, sans amis. Une sortie avec mon père avait une importance extraordinaire. Je devais avoir neuf ans. C'était une joie intense pour moi la plus petite de sortir seule avec mon père. C'était un dimanche, il était rasé de frais et sentait l'eau de Cologne. Il portait des gants beurre frais : je les vois encore. Je trouvais cela merveilleux et lui en faisais compliment. C'était un homme, une joie « folle ». Nous marchions dans la rue, je sais bien où. Il s'agit d'un souvenir que n'avait pu faire revenir au jour de longs mois de confiance psychanalytique. Ce souvenir d'enfance m'est revenu précis, net.

A mon arrivée ici on m'a donné des soins portant chacun en gros caractères et bien étalés le chiffre 8. Ça été un coup : vous savez le : « Je me retrouve toute enfermée... »

Un instant je n'ai pas su si j'allais le braver ou le nier. Et puis je suis allée au champ de skis dans l'atmosphère translucide de neige au lever du soleil. Et là j'ai découvert les sommets. Le plus haut comment s'appelle-t-il? C'est le Mont Pourri, paraît-il. Étrange n'est-ce pas.

Mais, vous savez, j'ai maintenant l'horreur de tout ce qui est sans espoir, condamné, stérile. Cripure[1] est condamné d'avance, même et surtout il est Cri pur. Tout cela je ne veux pas, je ne dois pas y attacher de l'importance mais, en un sens, je ne peux peut-être pas le dépasser si une bonne fois je n'y regarde pas de très près pour y voir bien clair.

---

1. Le livre de L. Guilloux, le « Sang noir », a beaucoup touché Laure. Sur les quelques feuillets épars qui devaient constituer le « Cahier » de son « Journal » (celui dont parle Bataille) elle a fait à son sujet plusieurs remarques : « Toute croyance m'est suspecte. Je pense que « toute croyance est une fêlure » quand elle n'est pas une hypocrisie... On peut concevoir cette fêlure dans la noblesse, mais aussi dans l'inverse... « dans une espèce d'improbité dit-il, avec une moue de dégoût et comme pressé de se débarrasser de cette pensée ». C'est un livre contre la haine et le mépris. Ce qui est positif (et expliqué par Étienne Lucien). C'est l'amour des autres hommes, des êtres humains.

— A-t-on mieux décortiqué le Bourgeois?

— Depuis longtemps il n'était plus comme les autres qu'un homme des fonds, garrotté. Peu probable qu'il ait jamais l'audace d'un acte de délivrance. Ici rien ne poussait au joyeux courage libérateur : tout poussait à un courage désespéré où la mort coïncidait avec la levée d'écrou.

Oui, c'est bien le titre « Sang noir ».

— Sur les prostituées : le rapport fraternel avec les femmes.

LAURE

Disons que c'est une page de Journal.

Il ne faut pas croire que je vis en me cachant la tête dans le sable ou dans ma vie, qu'il y a des fantômes à ne pas évoquer, etc. Non. Ces malentendus-là peuvent venir de cette excessive pudeur morale qui m'empêche de desserrer les dents sur ce qui me touche de plus près. *Mais pourquoi m'est-il si difficile de desserrer les dents sur ce qui me touche de plus près?*

On m'a caché la vie

Transvaser
Extravaguer
Caché la vie
Trituré
Souillée

L'air et le cœur calmés
Écroulements
Dans la bave et les larmes
Torrents de lave boueuse
Odeurs chimiques
Fleurs peintes ou desséchées
Terrasses de café
Jeux de glaces miroitantes
A travers tous ces faux miroirs
Convexes et concaves
cherchant le monde et la vie
Brume opaque
Vents hurlants
Délestée de l'angoisse
Lestée d'une paix étrange

Et vous les malins qui pensez de cette négation
« Quelle affirmation! »
Sachez-le il y a eu des fantômes
oui c'est vrai
du temps que je n'habitais pas la vie mais les confins de la mort
où mes pieds ne touchaient pas

le sol
vous me croyiez là étendue à vos côtés
en réalité je flottais
suspendue... entre le plafond et le plancher
avec cette propension à être toujours
AILLEURS
et maintenant la vie même
est cet ailleurs
me voici de plain pied
à nouveau

Ce n'est pas une ville mais une pieuvre,
toutes les rues parallèles et de biais
convergent vers un centre liquide et boursouflé.
Les tentacules de la bête
portent chacune une seule lignée de maisons à deux façades
l'une à petits carreaux, l'autre à lourds rideaux.
C'est là que l'on entendit de la bouche de Vérax
la bonne nouvelle de Notre-Dame-de-Cléry,
là que l'on vit le beau regard de Violette
injecté de l'encre la plus noire
là enfin que Justus et Bételgueuse
Vérax et La Chevelure
cherchant le monde et la vie
furent absorbés par le puissant courant de portes magnétisées.
L'obscurité par instant traversée de rayons invisibles
leur révèle l'espace à leur propre image
Seule transparence incandescente :
le squelette et la forme du cœur.
De sourds déclenchements animent tour à tour
des éclairs de souffre et d'acétylène
auréolent de mercure les corps automatiques.
Ils se voient mauves et puis verts...
L'heure des attractions étant passée
ils sont rejetés à la rue
par cette même machinerie compliquée.
Le visage tout épuré
ils regagnent des cîmes
où ils se croient nés
(l'homme-tronc s'en va penser dans son quartier)

LAURE

Au jour, le poulpe ensablé
ne laisse pas trace de ses étirements et de ses convulsions.
De la ville, il n'est plus question,
on peut mettre le cap sur cette plage ensoleillée.

Visages, naseaux et groins

Visages d'anges
et d'archanges
Bonne volonté
file file file
entre les doigts
comme une anguille

Perles d'argent
perles d'albâtre
corail

La feuille est lisse
        lisse lisse
on ne se rattrape pas
        sur le papier
Comme un noyé
        qui s'agrippe
        au rocher

Le papier
c'est de la pâte molle
        de la colle sèche
paysages
décors
mines de papiers mâchés
les mots éculés

FRAGMENTS

ARTISTES ANIMALIERS

— tu sais il y a une adaptation de l'homme à sa condition — ainsi, tiens, le « mimétisme ».
— Ah oui, tiens, tu as trouvé ça toi. Contente de ta formule, hein?

Je veux danser, danser

Air et jeu sur le piano
« C'est mon homme »
C'est la troublante volupté »
Air de Lulli « Bois épais redouble ton ombre »

LAURE

Ce cadavre au fil de l'eau
au fil des heures
La vie coule
comme un grand fleuve
Sauve ton âme
apôtre de malheur

Et tu penses encore
à ta vie de famille

Sens de la crudité
crudité possible

On en a bien trop parlé — pas vrai?

Combien dépassé
vite
Le temps me
presse
Ailleurs
tout reste à faire

FRAGMENTS

à André Masson

Ecce Homo — Nom sous lequel on désigne la représentation de J. C. portant la couronne d'épines et vêtu de pourpre tel que Pilate le montra aux juifs en disant « Ecce Homo »

fig. et fam. = homme dont le visage est pâle et amaigri : c'est un véritable Ecce Homo

Encycl. Iconographique figure de J.-C. couronné d'épines ayant à la main le sceptre de roseau. Titien à Madrid.

La plus grande force?
accomplir un crime avec la certitude de le nier devant tout le monde. Les quelques questions à poser.

Sylvain Maréchal
Discours préliminaire au dictionnaire des T VIII
« Il n'a fléchi le genou que devant l'auteur de ses jours »
XXIV
« Il a marché sur la terre la tête haute
et d'un pas ferme, l'égal de tous les autres êtres
et n'ayant de compte à rendre à personne
qu'à sa conscience ».
Sa vie est pleine comme la nature
Le déiste et tout autre sectaire qui
admet une religion pourrait être désigné sous
l'expression vulgaire : Ecce Homo

« Le sage seul a le droit d'être athée »
A relier à l'idée du marin de Conrad
Le sage = seul il saurait se tenir debout tout
seul. Son travail. Voir marin de Conrad
Le stoïque = supposer toujours qu'une part de soi-même est châtrée, pas plus valable
que la religion méprisée. Le stoïque
s'arrête il ne va plus de l'avant (mon
journal brûlé)

des mots qui s'entendent comme des
étrangers dans la rue et se
voient sans se
reconnaître
Avec tous
les ANARS
les anciens
amis aussi
on peut
mettre le feu à une
très longue chevelure.
La vie conçue sans
danger, joie que la vie
se ferme de tous les
côtés joie logique
Reprendre le parallèle
ecce homo
devant telle ou telle situation donnée
tel acte à accomplir
ou ne pas accomplir
tel comportement
telle interprétation

Solitude morale

---

la faiblesse du criminel s'il trouve plus
fort que lui

Ne pas *croire*
éprouver un intérêt poignant, les mots ont une
drôle de sonorité

---

les mots sans sonorité
passer comme des étrangers

Continuer même insensé ensuite cela viendra plus unifié et suivi

Le thème Christ... Machiavel... Dieu

Le Dieu — Bataille

BATAILLE

Remplacer Dieu

Le Dieu

Machiavel

par

Machiavel

se mettre à plusieurs
pour avoir la force du cynisme

FRAGMENTS

[Machiavel
 Dieu
Névrose]

L'Homme — Dieu vis à vis de la femme

La libération?

L'expression

Impossibilité de . . . .
deux existences qui se *ressemblent*

L'un { écrase
supprime
tue
asphyxie } l'autre

LAURE

BATAILLE

être

Dieu

être

Machiavel

se mettre à
plusieurs

TEXTES POLITIQUES

La même sirène hurle à la guerre et à l'esclavage.

Dans l'usine étouffante, trépidante, poussiéreuse, nauséabonde, je les ai vues, enchaînées comme au bagne. Peuvent-elles rêver de s'évader? Elles ont fini même d'y penser. Elles sont là, sans lumière comme sans vouloir. Six heures, vite à la maison, plions le dos sur le travail de ménagère. Et par ce mimétisme étrange de l'être à sa condition d'homme, de prolétaire, elles reviendront demain comme aujourd'hui couleur de crasse et de poussière. Sur le quai les débardeurs, couleur de brique et de charbon : curieux spectacle pour d'autres êtres humains dont l'inconscience, le dédain et la morgue sont assurés par le charme, la grâce et la beauté très cher payée et tout un « ensemble » assorti au pelage de leurs chiens. Inconscience et dédain? même pas. Il y a *deux* mondes (l'un n'entre pas dans l'autre sinon par images faussées) et rares sont ceux qui, dans l'un, ont vraiment conscience de la réalité journalière de l'autre. Il y a la vie. L'habitat des uns et des autres et les heures et ce qu'elles amènent dans chaque existence. Il y a des vies qui n'ont pas d'heures : l'aube des désespérés, l'attente des chômeurs... les hommes en trop, ceux-là, la fièvre les possède et leur donne à comprendre ce qui se passe et cet « intolérable » où leur propre vie est nouée, les prend à la gorge, exige une réponse.

Alors on s'étonne qu'il n'y ait pas plus souvent... journellement... des accidents; oui, des accès de colère comme ça, en plein Paris, rue Royale, aux Champs-Élysées. Mais non, la crainte du lendemain annule le jour-même. Ainsi, la moitié de la vie n'est qu'appréhension, angoisse ou bien loisir parcimonieux, attentif. Et puis il y a tous ceux tellement adaptés à la vie de bureau plus fiévreuse que celle de leur maison que loin de se révolter, ils prennent part aux intérêts du patron. Tout est question de FIÈVRE, on se prend à espérer que la colère reste tapie dans les quartiers ouviers, qu'elle s'y cantonne pour mieux s'armer, jaillir maîtrisée.

Et bientôt tout s'embrouille. C'est l'heure des rues grises désertes, où les chauffeurs d'autobus, excédés de la journée, haineux et rageurs, enfilent les avenues qui s'écartent toute nues comme des jambes de femmes. En trombe ils écrasent les pavés, ils en ont assez de transporter toute une volière ambulante qui piaille, jacasse, papote, s'esbrouffe, et se reluque. Je m'en vais avec leur idée qui pèse comme un ciel bas sur la vie.

Qu'est-ce qu'une conviction non prouvée? Une certitude qui ne passe pas dans les faits? Une solidarité verbale? Le doute s'est glissé comme un ver qui ronge le cœur. Être si loin de tous de chacun et de ce moi pourtant rivé à eux! C'est à ceux-là que ma pensée revient toujours et constamment. C'est tout aussi intolérable qu'un retour dans un Paris brumeux après 15 jours de vie au soleil. Tout ce que j'ai moi est volé. Quelque chose pèse, pèse. Le pavé est libre. Ils sont chez eux, les termites, pesants et parcimonieux, tapis au cœur de leur foyer sans feu. On les voit du métro sous l'abat-jour vert à frange perlée ou le lustre en bois doré. On les voit faire ou défaire leur ménage, mais toujours ruminant, supputant, combinant : femme ou maîtresse? Pourquoi cette restriction mentale. Pourquoi faut-il que vos actes ne soient pas *nous tout entier*. Nos affirmations se retournent contre nous. Tout va à l'encontre du but. La pensée entrave le geste et on reste là, coïncé. La pensée? Non : les faits, l'histoire, les hommes et leur langage à rebours. Alors on remue des idées comme on joue aux osselets? Mais on ne se rattrape pas sur le papier comme un noyé s'agrippe au rocher : la feuille est lisse, lisse, lisse et la bonne volonté file entre les doigts comme une anguille. Le papier c'est de la pâte molle, de la colle sèche avec des mots éculés. Adhésion, démission, c'est vite dit. Mais c'est toute la vie sans que vous puissiez même vous en sortir. Allez donc jusqu'au bout de la pensée et suivez-la dans toutes ses conséquences. Mais vous parlez bas comme dans la maison d'un mort. Peu m'importe où je suis si je sais où je vais. Peut-être que le moment viendra où il suffira de savoir contre quoi on est. Si j'étais ouvrière ou même midinette je ne penserais pas tant aux fins dernières de l'*action*. Je défendrais mon pain, mon lendemain contre les « inconscients » qui vivent une vie de conte de fée.

Je ne savais pas que « l'histoire se répète », que les chefs sont incapables, masqués par la faute de leur phraséologie criminelle : « nos glorieux martyrs ouvriers », tout en doutant qu'il y ait un but meilleur que le point de départ.

Et c'est parce qu'ils sont quand même des milliers à défendre sou à sou leur droit à être, des milliers à sauvegarder ce droit minime de fourmi, qu'il y a un mouvement qui est une défense et une haine, une peur et une alerte.

La valeur de la vie ne peut être que résistance et révolte exprimées avec toute l'énergie du désespoir. Et ce désespoir même est un grand amour de la vie, des vraies valeurs humaines et des grandes forces instinctives, de tout ce qui est là que nous vivons.

On ne peut juger de la valeur de rien sans que ce soit par rapport à la classe ouvrière ou aux efforts d'émancipation de cette classe. C'est cela qui « situe toute chose... c'est le grand pivot auquel on se réfère ». Cette classe nous savons bien combien à l'heure actuelle, elle est menacée. Nous savons aussi quels horizons limités elle ouvre à l'esprit et au cœur humain. Cette solidarité avec cette classe il nous faut la matérialiser la concrétiser dans une lutte quotidienne. A l'intérieur de nous-mêmes en effet, se retrouvent les mêmes embûches, les mêmes obstacles que ceux que cette classe affronte matériellement.

Ces êtres-là oscillent tour à tour entre leur fierté et leur misère. Croyant échapper au monde « pourri » ils se reforment un cosmos fait d'autres habitudes diverses et somme toute décalquées, contractées petit à petit; un univers où l'on s'entend grâce à des mots qui sont devenus des mots de passe.

Sommes-nous à jamais prisonniers du monde qui nous a faits? ou des prisonniers qui s'évadent successivement de toutes leurs prisons de verre? Tristes exercices. Les jours coulent ternes et blafards par cela même qu'on les sent nuls. Pactiser avec son propre ratage.

Points d'appui : l'amour. L'être aimé apparaît comme la seule planche de salut.

Disant tout cela nous savons que les prisonniers sont en réalité des êtres qui se voient toujours dans des miroirs convexes ou concaves et jamais ne se sont penchés sur l'eau claire d'un ruisseau. Il semble bien qu'il y ait quand même la nature.

Différents tons, différents motifs. La vie conçue comme une symphonie, comme une fugue. — La vivre.

Exprimer que quelque chose la porte : une preuve éclatante une confirmation.

Si Nietzsche a plus fait pour la libération de l'homme que Lénine?

L'homme riche ou pauvre construit sa propre grandeur dans son cœur, sa faculté de résistance à ce qui existe, de non-accommodement à la vie telle qu'elle est voulue : salie et gâchée par des millions d'êtres. Exister *contre* et non *avec*.

Cela ne supprime pas la joie mais l'exalte, ce n'est pas le désespoir mais un immense espoir.

NOTES
SUR LA RÉVOLUTION
ET
CARNET ROUGE

L'ensemble des fragments qui vont suivre ne figurait pas dans l'édition Pauvert de 1971.

CONSIDÉRATIONS

Pour s'apercevoir que le but assigné n'était qu'une étape
que l'appui cherché n'est qu'un tremplin d'où l'on
ne peut s'élancer vers l'action mais d'où la pensée interdisant l'action doit prendre un nouvel essor
la pensée a des restrictions interdites
« que c'est au prolétariat de prendre son sort dans ses mains »
l'action est arrêtée par la pensée
Saut l'action « que la victoire de tel prolétariat est une victoire pour les Français également » Portela

Les gestes : « héroïsme » inutile, se dépasse. retrouve plus d'idéalisme.

Les uns vont pour s'y perdre, les autres pour se trouver. Exaltation de l'individu. Ce n'est pas le rationnel Nivellement — Pensée marxiste en faveur de la communauté
régression

Nos possibilités. Nos perspectives.

La 2e et 3e Internationale.

Une époque où les mots avaient un sens derrière les mots le sens de la réalité « Aller au peuple ».

Socialisme utopique
scientifique —

LAURE

Mot d'ordre lu dans la Pravda

Il faut faire oublier   à notre jeunesse — elle ne doit pas connaître de tels exemples. De même qu'en psychologie individuelle si un être humain se trace une conduite il émane de lui quelque chose qui est *autre*, d'une autre qualité. Il ne peut pas se nier lui-même. Son organisme plus « complexe » plus « double » plus « tragique » qu'il ne le voudrait —

Sa ligne tracée est sinueuse de toute la courbe de ses doutes de ses scrupules de ses restrictions sans parler des lapsus faux gestes. De même la presse est le pouls d'un pays. La Pravda a lâché cet aveu énorme —

Sous tous ses aspects
sous toutes ses faces tout ce que peuvent comporter les mots d'adhésion et de démission

Quelle certitude c'était de ne pas tomber dans de vagues espoirs

L'homme se laisse aller à cette part de lui-même qui peut le détruire en tant qu'être social aussi sûrement que la faux couche le blé tant il est vrai que l'être *humain* ce serait le *social*

Vera Figuer dans ses mémoires nous dit à la fin : « Je ne luttais plus que « pour l'honneur ».

Combien de fois l'avons-nous entendu — Nous luttons parce qu'on ne peut pas *ne pas lutter*

Jeliabov * a douté — la question se pose :   est-il hors de tout soupçon?

a-t-il agi parce qu'ils ne pouvaient pas laisser mourir les autres sans lui?   le rationnel —
l'irrationnel.

Interprétation absolument erronée.

Ce que T. [Trotsky] présente comme un succès du secteur soc.[ialiste] sur le secteur privé n'en est pas un puisqu'il est obtenu « par la force » et non par la prédominance naturelle d'un système sur l'autre — prédominance de qualité de quantité — Si l'on ferme systématiquement les entreprises privées, cela prouve-t-il en faveur du secteur « collectivisé » — Cela ne prouve rien —

Trotsky appelait cela   socialisme d'État
Lénine   capitalisme d'État
quoi de *socialiste* dans cette économie mixte?

---

* Jeliabov : révolutionnaire russe des années « nihilistes ». En lettres cyrilliques sur le manuscrit.

NOTES SUR LA RÉVOLUTION

Au dixième anniversaire la production artisanale donc privée formait le 1/3 de la production générale — (énorme proportion — Russie Nue)

On ne peut pas être dictateur ou chef de Gouvernement sans avoir un complet mépris des hommes.

Un Laval : [a été suivi de ses électeurs dans les pires contradictions de sa propre ligne]

Ce récit de la collectivisation en Russie — On arrête un paysan, on prend tout chez lui, il ne dit rien.

Sa femme avec un enfant sur les bras, crie, hurle, on trouve du grain caché dans le fumier, il ne bronche pas. Enfin, on emmène la vache malgré les supplications de la femme — Alors le paysan se précipite sur l'enfant et lui casse la tête sur le mur. Les miliciens tuent le père, la mère se jeta sur eux ils la tuent également.

Ce récit dans sa logique extrême et sa simplicité horrible s'apparente à ceux racontés par Babel.

Comment faire semblant d'ignorer que cela a été ainsi — Le chef du Guépéou de l'Ukraine donne 8 millions de morts de la collectivisation.

B. suit profondément tout cela — que de tels faits soient
humains possibles
[Tseretelli pour une Rép. Fédérative de Géorgie
Jordania pour une République autonome. Comment J. parle du peuple — Ses espoirs dans « le peuple » — « La bourgeoisie » ne fera rien ou bien tout viendra du peuple.]

Sommes-nous condamnés à être des émigrants qui s'accommodent de leur nouvelle situation.

Le prolétariat fait les frais
paie les fautes des erreurs de tactique ou du manque absolu de tactique. Les chefs peuvent partir.

Les partis ouvriers se contentent de phraséologie. « Nos martyrs héroïques » expérience de la Commune
puis de La Commune de Vienne
coupure de journaux
discipline qui augure mieux
discipline d'une foule ouvrière qui lutte pour son pain du lendemain — la mécanique des jeunes bourgeois embrigadés.

Pas un aveu de tactique à reprendre. Toujours des phrases qui si elles ne jouaient sur la vie et la mort d'hommes héroïques ressortent des pires poncifs.

Oui, Jeanne, c'est moi qui vous écris. Étonnant n'est-ce pas? Ne froncez pas vos sourcils et ne faites pas un triple menton méfiant. Écoutez-moi très simplement. En dépit de toutes les « résistances » et de toutes les « méfiances » que je sens entre vous et moi et qui sont peut-être moins irréductibles que nous ne le croyons l'une et l'autre, je ne peux vraiment pas me retenir de venir causer avec vous de ce à quoi je pense si souvent : l'Espagne et les événements.

(Votre Maman vous a peut-être dit que l'annonce de l'élection de Quinet a été pour tous ici une joyeuse émotion. Tous mes vœux pour que ça marche.)

Quoi qu'en dise le pessimisme intégral, les défaites ne sont pas universelles et le monde entier n'est pas encore mûr pour la schlague. Quelles que soient les lourdes fautes qui pèsent sur un Largo C. *, on ne peut pas rayer de ses papiers, de son esprit le socialisme en Espagne. Pourquoi? à cause de la poussée d'en bas qui agit comme une force de la nature et cette force agit dans le sens de la révolte des opprimés. Je suis là, mais constamment par la pensée... en Espagne où il y a justement les êtres qui ne sont ni policés ni vernis par toute une fausse civilisation qui, ici, me fait horreur.

Ce n'est pas une impression passagère qui s'effacerait, il y a là-bas ce que j'aimais en Russie. Cette fraternité humaine très simple, très spontanée.

Je serai du reste, comme ici, très absorbée par un travail personnel.

A l'inverse de Boris, j'ai horreur, voyez-vous des malaises que crée l'inexprimé. Eh bien quelles que soient nos positions respectives l'une vis à vis de l'autre, je crois et je suis sûre que nous pouvons nous rencontrer sans prendre de ces attitudes belliqueuses qui veulent exprimer ce que taisent les paroles et sans tout un échafaudage de complications inutiles, mais en toute franchise, simplicité. Je n'admettrai jamais que l'on ne puisse aborder les opinions les plus contradictoires ou les attitudes absolument contraires en face des êtres et des choses.

Ainsi vous n'aimez pas le manque de « civilisation » du peuple espagnol, et moi, c'est exactement cela qui m'attire là-bas.

Quand on a une conviction ancrée en soi, on ne peut pas plus l'arrêter que le cours de son propre sang. Si l'on est désespéré il faut

* Largo Caballero, premier ministre de la République espagnole en 1936.

se supprimer, mais si on vit, il faut agir... comme on respire, sinon l'histoire n'avancerait jamais. A contempler le désespoir on perd le contact avec les réalités vigoureuses et on serait tenté de réaliser ce qu'on porte en soi de décomposé et de ressemblant au ( ) dont nous sommes les produits (de choix).

On ne peut pas se rattraper sur le Passé, les Archives, les Papiers. Boris est le premier à comprendre mes tendances érostratiques quand j'annonce en riant qu'il faudrait « brûler la bibliothèque ». Car en fait cela signifie seulement qu'il est amer et triste de perdre le contact avec la réalité des militants et des travailleurs vivants.

Je vous assure que cela « change » la vie de ne pas avoir constamment en pensée le « il n'y a rien à faire », ou bien « le but sera pire que le point de départ ». Je trouve que la valeur de la vie dans la société actuelle ne peut être que dans l'esprit de résistance et de révolte et dans l'expression active de cette résistance et de cette révolte.

Je peux aussi penser que tout le vocabulaire socialiste est à refaire, que depuis la révolution russe on se sert d'un langage plein d'antinomie et d'expressions illusoires mais ne peut-on imaginer une expérience autonome délivrée de notre pessimisme russo-soviétique. Les conditions de l'Espagne ne permettent-elles pas une telle position? Et puis il y a là-bas un trésor de ressources humaines, énergiques et spontanées.

Il faut bien constater et très haut que le pessimisme intégral n'a pas sa place en Espagne et que le monde entier n'est pas mûr pour la schlague. Il faut constater aussi que les gauches ici malgré toutes les médiocrités et politicailles de gens au-dessous de leur tâche, sont incontestablement debout contre les droites qui depuis l'attentat de Blum, la manifestation grandiose et le discours de Sarraut ne sont pas fiers du tout, semblent dégonflés et sont assez pris de peur.

Ce ne sont que des impressions du moment mais elles valent comme « signe ». On est bien obligé de se dire que sans ces gauches (détestés pour les mille et une raisons...) le fascisme passerait ici comme ailleurs?

Alors?

En finir avec la position de désespoir. Si je vis, j'espère — le reste est un jeu de l'esprit. Ce flot vital, ce sang qui circule dans mes veines, il ne s'arrête pas; la vie veut s'exprimer, agir; pour s'exprimer, pour aimer, il faut savoir haïr. Instincts de force et de défense repren-

nent leur droit — Il y a des moments où, pour vivre, pour espérer, il faut savoir TUER, apprendre à ( )
Les vieux papiers et l'histoire je m'en fous [tout cela peut] bien brûler.
Cette vie-là, on peut la supprimer
ou la souiller
Tous les droits
je les ai
je les prends

Toute une génération ne s'occupant que du passé sous prétexte de pureté — sous prétexte que le présent est infamie.

Au moment des élections alors que la façade du local de la était entièrement recouverte d'un panneau géant représentant Gil Robles, la foule venait, injuriait, crachait... et répétait : « Hou hou le grand méchant loup » sur l'air des « 3 petits cochons ». On peut dire, ici comme en Russie : quelle merveilleuse enfance.

Par hasard j'ai assisté à une manifestation communiste : retour d'exilés de Russie (!) (On ne sait plus ce que ça veut dire!) Pendant plus d'une heure les principales artères étaient couvertes de monde, ou plutôt d'une longue colonne mouvante interrompant toute la circulation. Un comité de femmes arborait un drapeau brodé comme une chasuble et porté par deux femmes enceintes.

Bien des femmes ont voté non pas pour la gauche mais pour tel ou tel cousin, neveu ou filleul emprisonné. Questionnées elles répondent : « non je n'ai pas voté pour la 129 A, j'ai voté pour Pablo (ou Tel autre nom de leur famille). Aussitôt après les élections elles se sont portées en masse à la prison [que l'on appelle ici *carcel del abanico* parce qu'en forme d'éventail] croyant à une ouverture immédiate, magique des portes.

J'attends vraiment beaucoup du N° sur Nietzsche — je veux dire : bien des éclaircissements — Ne ferais-je pas mieux de ne pas essayer de le suivre *dans sa pensée*
beaucoup plus une expression poétique — Sa pensée comme une force.
Aucun jeu à l'intérieur et je crois même : aucun système logique — beaucoup de paradoxes qui se détruisent se nient s'entretuent mais

une affirmation éclatante d'un être qui serait seul debout sur le monde —

Pour moi : ne jamais douter de mon propre mouvement : de ce qui est en moi attirance et répulsion quand le jugement intellectuel me fait défaut.

Terriblement besoin de lire tout Nietzsche et de m'en sortir seule : sans aide c'est-à-dire sans opinion préconçue ou entendue —

citations

« La critique de la religion est la condition première de toute critique. »

« L'homme qui, dans la réalité fantastique du ciel où il cherchait un surhomme, n'a trouvé que son propre reflet, ne sera plus tenté de ne trouver que sa propre apparence, le surhomme là où il cherche est forcé de chercher *sa réalité véritable.* »

« La religion est en réalité la conscience et le sentiment propre de l'homme qui, ou bien ne s'est pas encore trouvé, ou bien s'est déjà reperdu. »

« ... Cet État, cette Société produisent la religion, une conscience erronée du monde, parce qu'ils constituent eux-mêmes un monde faux. »

« La religion est la théorie générale de ce monde... sa logique sous une forme populaire, son point d'honneur spiritualiste...

« C'est la réalisation fantastique de l'essence humaine, parce que l'essence humaine n'a pas de réalité véritable. »

« Elle est l'esprit d'une époque sans esprit. »

Questions

L'homme : il entre par une petite porte basse, franchit quelques degrés et se trouve dans une salle. Il est libre de toute entrave

puis il ressort le visage lisse comme épuré, il ressort par une autre porte, une autre rue il s'en va à la réunion communiste — il va parler

lui qui vient d'acheter les femmes, de prendre part à la monstrueuse et vile [comédie] comme ça tout crûment avec un mépris parfait. [En est-il] venu aux idées par amour ou par haine? Comment des êtres respectueux des droits des hommes à être — respectueux des prolétaires peuvent-ils voir en une prostituée un instrument de leur plaisir? Ils ne voient pas la femme l'être humain venue d'où? opprimée par quoi ou par qui pour en être arrivée là?
Ils sont en face d'un instrument mécanique érotique amoureuse (Rimbaud?)

L'érotisme comme gouffre au désespoir mais absolument pas compatible avec la vie agissante, forte. Jouer aux pires jeux de désagrégation de l'homme.
Se retirer
Vivre en face de sa lutte intérieure.

Forme de suicide

Vivre tout = s'annuler

FRAGMENTS

« Mon cher Jean »

Tu as de la veine que je copie à ton intention ce texte de Rimbaud à *l'Exposition du symbolisme* (un tas de conneries, entre nous, puisque l'on voit Henri de Régnier en pieds et André Gide à cheval...) Mais il y a deux ou trois vitrines fragiles et précieuses — Je ne sais si toi aussi tu as lu « Les Héros » de Carlyle et si toi aussi tu « y as beaucoup pensé » mais enfin je t'envoie quand même ces quelques lignes : histoire de soigner le cafard le jour où ça te prendra aux tripes.

Moi je n'ai pas le cafard. J'ai trouvé une formule je ne sais pas si c'est de l'algèbre mais c'est plein de bons chiffres ronds, sympathiques et bon enfant.

J'ai été chez les Anar. d'ici — il y avait une conférence sur l'Espagne avec des gars qui revenaient de Madrid tout comme moi. On s'est merveilleusement bien entendu et ils m'ont appris bien des choses intéressantes que j'avais grande envie de te raconter. Je dois te dire que maintenant je suis anarchiste. Les autres me dégoûtent trop.

Je ne sais pas si tu as lu dans les journaux qu'il y a un gouvernement de front populaire ici aussi. Ça se présente sérieusement avec de louables intentions genre *(brain) trust* de Roosevelt et au mieux des grèves magnifiques et il y a encore des salauds qui gâchent tout et laisseront échapper l'occasion. Quand même la vie est meilleure quand elle bouleverse tous les pronostics et quand les êtres humains ressemblent à la marée.

Je pense que tu n'as rien su de tout cela parce que tu étais trop occupé au bordel, alors je te préviens.

LAURE

L'autre jour j'ai causé avec un vieux paysan qui ressemblait à ses arbres : une gueule magnifique, noueuse et moussue. Si je ne peux pas réaliser certain* projet précis je m'en irai dans ce village où il y a un bistrot et des gens très « avenants ».

Si tu es triste dans ton désert artificiel, je te conseille un Pernod et une bonne pipe chaude et lente.

Je me porte geaucoup mieux ici qu'en Castille et je prends très simplement et très amicalement de grandes décisions.

J'espère qu'il en est de même pour toi et que tu es en bonne santé et que tout va bien autour de toi! qu'il s'agisse de Paris, Berlin ou Madrid.

* C'est du sérieux.

Carnet rouge

Écrit sur un agenda rouge
de 1938, Laure probablement
alitée

Se faire rare   manquer un rendez-vous et s'arranger pour le revoir le surlendemain seulement en présence d'un de ses amis pour que les autres soient témoins — de son trouble
Ce qu'elle vivrait seule ne compterait pas
elle a besoin de le montrer et tout de suite même aux plus vulgaires surtout aux plus vulgaires

— Retrouver la vie dans son intégrité
dans sa totalité
— L'ennui qui tombe entre deux êtres
paysages
— Instance morale
insistance de « moi »
— fugue matador
— Penser sa vie c'est la DÉTRUIRE la rendre stérile
— Pourquoi deux êtres humains vivraient-ils ensemble?
parce qu'ils ont besoin l'un de l'autre de tout leur ventre
— argent
cadeau
sexualité

LAURE

Entrer dans un monde de *fiction* où tu joueras un rôle devant moi dans
lequel tu m'assignes un rôle une place délimitée
— vie d'ermite pendant que vient ce qui est échange et amical
tu le vivras à Paris ça non
— quelque chose
déborde
les écluses
craquent
douleur
plus de douleur
la Renaissance *de la vie*
— Plus rien
et cette passion ardente
et cette affreuse inquiétude
et lui
Non = rien
douleur
pas de douleur
immobilité
le silence tout ton corps
Silence Plus de douleur
de tout
en toi
Et puis un jour le MOUVEMENT
restreint
et puis
libre
Vie physique
le corps comme
la plante
la plante la
terre

Comme s'il s'implantait dans la terre
par le
mouvement
retrouvant
force de pesanteur
corps détaché de toutes les lois physiques
de toutes les impressions

cette eau
est-elle
bouillante ou
glacée
Que vous dirais-je?
plus de cris de douleurs
Versez l'eau bouillante et puis posez la
glace
je ne sens plus
rien rien
enfoncez vos épines dans la chair
— *où* est ma jambe?
Peut-être perchée dans les branches
de cet arbre — — là
où les pigeons
font l'amour

---

ton corps c'est
ta Loi
tout vient APRES
Rien n'est plus *heureux* que cette renaissance
dans ton corps
plus gr*av*e
plus im*portant*
ce qui t'importe

Vous n'imaginez pas quelle joie
et
assez
maligne
cela peut être pour moi
autrefois = tous les ponts sont
bien coupés = que peuvent-ils y comprendre
à ma vie ceux qui se donnent des airs de
tremper dans tous les complots
d'éventer les accents profonds
de rire gras comme au promenoir
des vaudevilles
rire gras et
rentré de

CORRESPONDANCE

J'ai placé ces lettres dans l'ordre chronologique que je pense avoir retrouvé sans en être certain. Les notes au bas de ces lettres sont de moi. *(note de J. Peignot*

Cette correspondance, dans son ensemble, ne figurait pas dans l'édition Pauvert de 1971, à l'exception des pages 215, 218, 223, 230, 234, 235, 242, 257, 259, 260.

Lettres à Suzanne

Lundi, août 1921

La maison est de nouveau silencieuse mais encore toute animée pour moi par votre présence et ces quelques jours si inattendus!... J'aurais aimé te parler longuement et la conversation de Cécile nous aurait épargné les débuts difficiles et maladroits des longues causeries... Maintenant il m'est difficile de t'écrire... j'ai besoin de tes réponses et cette lettre sera incomplète.

Mardi

Retour de Chateau Vaillant perdre des journées entières se laisser aller à une vie moyenne et basse, ne pas agir, se contenter des autres sans force, se laisser dominer par l'apathie, la banalité... la vulgarité des autres... vulgarité d'idées, néant d'intelligence, de beauté, de force d'amour — je ne le peux plus — et cependant je reste imprécise moi-même indécise.

C'est charmant de sourire comme une enfant, de dire qu'on a dix-huit ans, etc. mais je souffre trop de ce complet désaccord entre moi-même et mes actes; mes attitudes devant les autres qui me font mépriser par ceux que j'estime.

Alors l'activité ne m'apparaît plus comme convenue, normale, matérielle, dont parle Cécile, mais seulement née de l'enthousiasme, seulement éprouvée pour vivre ce qu'il y a de fort et de vrai en moi, pour conserver l'ardeur vraie de la solitude, lutter contre la vulgarité des journées démentant la fièvre de la nuit.

Oh non, l'effort de volonté qui existera alors, donnant toutes nos forces, pour recevoir tout de la vie au maximum de nos « possibilités » ne peut rien détruire en nous de notre « richesse de sentir ».

Mais où porter cet effort... l'angoisse que je sens ne peut s'exprimer mieux que par ce passage des « Nourritures » : « Vous ne savez pas, vous ne pouvez pas savoir la passion qui brûle ma jeunesse. J'enrage de la fuite des heures — La nécessité de l'option m'est toujours intolérable; choisir m'apparaît non tant élire, que repousser ce que je n'élis pas — Je ne fais jamais que « ceci » ou que « cela » si je fais « ceci » cela m'en devient aussitôt regrettable et je reste sans plus oser rien faire, éperdument et comme les bras toujours ouverts; de peur, si je les refermais pour la prise de n'avoir saisi « qu'une » chose — choisir c'est renoncer pour toujours pour jamais à tout le reste » — Oh chérie je voudrais que tu aimes tout ce que je t'ai dit... mais en tout cas cette lettre peut nous aider à parler plus lorsque nous nous reverrons... je veux te dire aussi d'autres choses que je ne peux pas t'écrire et qui sont plus près de toi —

Comment es-tu? Je ne veux pas que tu sois triste et fatiguée à cause de nous et malgré mon immense désir de vous revoir; si dimanche tu dois encore quitter ton frère ou trop te fatiguer n'hésite pas à le dire à maman.

Je voudrais écrire à Jacques aussi... lui dire combien j'ai été heureuse de ces quelques jours pendant lesquels il a vraiment réveillé la maison —

Dis mon affectueux souvenir aux Fleuret ils ont laissé je crois une impression très favorable. Comme je t'aime

Colette

XX *août 1921*
mardi

Enfin je peux t'écrire! J'étais extrêmement occupée et surtout préoccupée ces temps-ci et quand le soir je commençais ma lettre, bien vite désespérée de ne pas pouvoir te dire ce que je voulais je déchirais tout et m'endormais mal! Je relis indéfiniment et j'adore

---

toutes tes lettres empreintes d'intérêt de joie de vie et de tendresse. Quelle précieuse amitié doit être celle de Drieu la Rochelle! Je serais infiniment heureuse de le voir chez toi mais terriblement émue — J'ai hâte de lire ce que tu m'indiques. Je commence « Prétextes »[1] et quoique ne connaissant pas tout ce dont il est parlé plusieurs passages généraux m'intéressent extrêmement.

C'est de Dampierre que je t'écris, cette arrivée chez Catherine m'impressionne toujours; mais aujourd'hui particulièrement; elle est toute fatiguée et toujours couchée — Maintenant qu'il n'est plus question d'influence tout est mieux entre nous; il me semble que sans parler de la grande affection qui nous unit, nous nous intéressons mutuellement par nos idées différentes. C'est une sorte de sympathie (c'est un peu compliqué et très mal expliqué!)

Ce pays est vraiment beau je crois que je vais l'aimer —

Vous devez voir avec regrets finir ces vacances!

Peut-être serons-nous au baptême Blancheron — Quelle joie de vous retrouver il me semble n'avoir jamais été si impatiente de vous revoir il faut absolument que je te parle de mille choses — Merci de la photo que j'aime follement et qui ne me quitte plus —

Je vous embrasse avec *tout* mon cœur —

Colette

Je suis très honteuse de la terrible écriture et de la « tenue générale » de cette lettre — J'ai une plume affreuse.

août 1921

Suzanne chérie. Je vais à Paris demain retenir ma place; si je ne revenais pas et partais pour Marly? Je suis trop lâche à la fin — je n'ai pas été à la messe je n'en peux plus de toutes ces formalités et de toutes ces apparences qui sont retrécissantes — la journée d'hier a été terrible après une conversation nous avons pleuré respectivement dans nos chambres. Tout cela ne signifie rien.

Décidément maman s'est beaucoup trompée; je me sens dans un état extraordinaire prête à n'importe quoi — je ne diminuerai

1. D'André Gide.

pas cette révolte en moi « la révolte contre l'esclavage, le désir véhément de s'élever vers la joie, c'est la vie tout entière que je veux vivre et ne pas être seulement un cerveau » — je n'ai jamais tant vécu ces pensées de d'Annunzio.

J'ai peur que tu ne me comprennes pas, je n'en peux plus et j'ai hâte d'être au bord de la mer.

Je t'aime je pense constamment à vous et je ne sais ce que je ferais sans votre tendresse

Colette

Maintenant il faut partir avec les Durain chez Mr. Galois! je hais tous ces gens autant qu'il est possible — aujourd'hui ils m'ont l'air de pantins faits pour m'amuser

Dammarie, probablement 1922

Chérie je suis épouvantée de la quantité de « je » et de « moi » que va contenir cette lettre — il faut qu'elle soit la dernière de ce genre que je t'écris je hais et j'ai honte de ces « états d'âme » et de ces réticences compliquées.

Je n'ai aucune raison d'être plainte (vois ce que je fais de ma liberté quand je l'obtiens!)

Tout le mal vient de moi — j'ai trop vécu avec mes livres ne pouvant plus m'affranchir de l'exaltation où ils me transportaient, haïssant me remettre au niveau simple et souriant de ce qui m'entourait je suis arrivée à un long emprisonnement de moi-même détestant ce que je voyais — les jeunes filles que je pouvais connaître avec leur bonne petite vie fade et bien contente —

Et je lisais... « le Feu », « les Nourritures »... J'entendais de la musique je remplissais ma chambre de fleurs et chaque instant m'était nouveau et délicieux.

Et puis cette attente ne m'a plus suffi... Il m'a paru clairement que la vie ne donne qu'en proportion de ce qu'on lui donne : l'attendre et goûter follement ce qui est accessible ne suffisait plus — il me paraissait impossible que toute cette sincérité reste stérile et je voulais forcer les choses, adapter la vie à ma nature et non me contenter seulement de vouloir et accepter tout ce que cela peut offrir sans l'enrichir et l'embellir par moi-même.

Et j'étais désorientée quelquefois en te voyant : tout te paraissait simple et facile! mais comment réaliser cet effort quand tout se combat et se contredit en soi-même?... Après tout, je ne suis peut-être qu'une petite fille qui a lu Tristan!

Je voudrais ne pas savoir penser, ne pas avoir tellement réfléchi — être quelque chose de précis, de défini, il me semble que cela ne m'arrivera jamais, que rien ne me suffira.

Cet été a augmenté tout en moi et j'éprouve maintenant un complet déséquilibre vis-à-vis de qui que ce soit — Je ne suis moi-même avec personne et je souffre horriblement (comme mardi dernier!) A quoi me sert ma liberté si c'est là ce que j'en fais! Je ne connais rien de plus antipathique et désagréable que moi dans ces occasions!

N'est-ce pas *honteux* de souffrir vraiment et à ce point, ma chérie, sur [soi]?

Pardon de cette longue lettre — je ne sais pas ce que je ferais sans toi —

Ne me plains plus, gronde-moi — j'ai peut-être eu trop d'orgueil mais la médiocrité ne me suffira plus maintenant —

Je t'en supplie, oublie cette lettre — quelle confession!!

Toi seule peut-être peux m'aider —

Je t'aime avec tout mon cœur et je ne sais pas te dire combien je suis émue de ta tendresse patiente pour la petite fille compliquée que je suis. Chérie je t'adore.

Colette

(probablement 22 juillet 1923)

Ma chérie adorée je savais bien que j'étais dans un jour à ne pouvoir voir *que toi* cependant tu ne sais pas comme j'ai été heureuse de ce simple déjeuner qui m'a « retrempée » dans votre atmosphère gaie plus calme que moi —

Merci, merci, de mille choses. — rien que pour ce mot là je veux t'écrire ce soir — et te le redire constamment et puis il y a trop de choses pour toi dans mon cœur —

Quoique l'on ne soit qu'une suite variée « d'états d'âme », d'états d'esprit... d'état physique (oui) contradictoires et fugitifs — aujourd'hui je t'adore — se peut-il que demain je te déteste à cause du rêve étrange que je faisais l'autre nuit! ô tiens, — il ne faut pas se leurrer de grands mots se bercer de belles phrases...

Tu n'as pas le temps, toi, de penser si égoïstement à tant de choses... moi il me semble maintenant, que si à trente ans on n'a pas réalisé tout l'amour qu'on porte en soi de désir de vie de *beauté* (envers et contre *tous*) ça ne vaut plus la peine comprends-tu? Avoir trop en soi pour ne pas se « rendre compte » et ne pas souffrir mais pas assez pour... gagner la bataille à ce jeu qui me semble cruel — (qui me semble) mais oui ai-je droit à de si grands mots, moi, une petite fille qui n'a que des intuitions sur les choses et à laquelle il manque surtout d'être femme — Comme j'ai hâte d'être délivrée de cet état, faux, inconscient, irréel malgré tout — Je veux croire encore mais ce merveilleux élan n'est que le reflet de l'amour que l'on porte sur toutes les choses — est-ce pour cela que les êtres sont si décevants? on ne peut pas leur incorporer son propre idéal et on dirait qu'ils s'acharnent tous avec leurs personnalités mesquines à détruire la beauté qu'on avait espéré en eux qu'on leur avait « prêté » les premiers jours —

Comme remède à tout cela? attendre... le mariage — le hasard heureux ou malheureux qui façonnera la vie au gré d'un être que malgré tout, soi même on n'aura pas choisi, ayant un trop grand désir d'amour —

Alors! il y a aussi les jours où la pensée d'une robe, d'une boîte à poudre, d'un sac de chez Hermès absorbe tout le temps et l'importance des choses et de soi-même. Mais, que pour certains la vie se réduise à une question de confort c'est ce que je ne parviens pas à m'expliquer et cependant tu sais combien j'aime le luxe, les jolies choses — mais pour moi cela est quand même... bien « à côté »! Et j'aimerais autant la vie si j'étais pauvre — le contraire me semble d'un bourgeoisisme inquiétant. Si — trêve de bêtises — je suis folle — pourquoi t'envoyer tout cela qui me fait de toi aussi différente que tu es blonde et moi brune. Pardonne-moi : j'ai besoin par moments de sincérité brutale — tu seras habituée je crois à ouvrir mes lettres comme des tiroirs en désordre! — MERCI mon aimée chérie — vois-tu il y a des moments où tout croule et s'effondre et où il n'y a plus que ta tendre clarté à toi. Je t'envoie cette lettre comme je [me] jetterais à l'eau.

C.

Hôtel de l'Europe, 23 août 1923

Nous partons dans la montagne mais je veux te dire bien vite que j'ai tout reçu de toi : ta dernière lettre et le paquet à l'instant, merci merci *infiniment*.

Quelle émotion pour toi, n'es-tu pas déjà au Havre? Je t'imagine si complètement heureuse et bouleversée... quelle angoisse de vous retrouver après trois longues années qui sans doute vous ont transformés et enrichis de façon différente.

Je ne peux pas croire que je verrai cet hiver ce frère dont tu me parlais si souvent et qu'il me semble connaître par toi seulement, tant tout a changé en moi depuis si longtemps.

Nous quittons Barèges le 30 et je reviendrai à Paris vers le 3 par Toulouse.

Je ne vois pas la possibilité de venir à Louveciennes!! J'espère encore qu'une demi-journée passerait inaperçue... J'aimerais tellement vous apercevoir.

Bien vite je t'embrasse avec toute ma tendresse.

Colette

Merci encore du livre tu es mille fois gentille de me l'avoir envoyé si rapidement.

25 avril 1924

Suz chérie c'est encore moi! J'ai étonnamment besoin de t'écrire ce soir — Rien n'est plus haïssable que l'étroitesse et la mesquinerie, c'est ce qui règne à la maison — près de Catherine je respire un peu — ses idées sont larges et extrêmes dans leur sens — cela me plaît — nous parlons livres — j'aime discuter avec elle — Louis est décidément indéfiniment muet —

Il y a des promenades ravissantes, ce pays pittoresque et verdoyant me rappelle les illustrations de chansons de Pierre Brissaud —

Nous ne savons pas encore quand nous rentrons —

Dans tout cela je manque un peu d'entrain et de vraie gaieté, ce qui est naturel et évident — mais il est des moments où j'enverrais toute cette philosophie au diable et où je voudrais par-dessus tout m'amuser!

Pour cela les photos de Jacques faisant le pitre me sont très précieuses ce soir! Tous les deux je vous embrasse follement.

Colette

Aimerais-tu ou détesterais-tu que je t'appelle Suz??

Je me demande souvent quel chemin vous allez prendre pour revenir —

J'adresse cette lettre à Paris (???) je ne sais pas pourquoi j'ajoute tout ça — c'est ridicule!!

Dammarie, (automne 1924)

Ce n'est qu'un mot, ma lettre d'hier soir annoncée au téléphone n'étant plus « en rapport » avec mon état « d'esprit » d'aujourd'hui (!)

Alors vous arrivez jeudi! C'est encore incroyable et prodigieux ma chérie que vous ayiez un fils... et que le dit fils, mon neveu, arrive ici, à Dammarie, comme un petit paquet inconscient et adoré avec son drôle de petit nez qu'il me semble n'avoir pas vu depuis des siècles.

Es-tu sûre de ne pas être fatiguée du trajet... fais attention... bien attention — que Jacques apporte son fusil, il chassera sûrement chez Thiérard, sa raquette aussi... et peut-être irait-il au golf à Fontainebleau

(je ne sais absolument pas écrire aujourd'hui)

Dammarie, (probablement fin septembre 1924)

Chérie aimée — j'ai sans doute été si méchante sans m'en douter ce matin —

Laisse-moi t'écrire sans suite ni sens —

Tu crois à des découragements complets découragement de quoi? Ne sais-tu pas qu'il n'y aura jamais pour moi de douleur capable de vaincre en moi cette soif infinie de vivre.

On ne vit pas de la littérature m'as-tu dit un jour... c'est vrai sans doute. Te souviens-tu : « Mon âme s'emplit de lyrisme qu'exaspère ma solitude ». Combien de fois je reste seule si heureuse et angoissée sachant trouver partout un contentement trop naturel des choses. Un jour je te dirai... tu comprendras mieux.

Maintenant sans doute ris et moque toi de cette petite sœur trop compliquée qui attend une joie trop sauvage.

Je viendrai demain sans doute car je serai de nouveau une petite fille souriante et facile. Je ne viendrai pas aujourd'hui, j'ai peur que tu me grondes et surtout Jacques qui ne sait pas la joie que j'ai du Max Jacob! [1]

Je voudrais ne plus avoir le temps de « penser » cette semaine et m'amuser.

M'aimes-tu encore chérie aimée dis-le moi en trois lignes en me *renvoyant cette lettre;* tu me ferais beaucoup de peine en la gardant.

Je t'aime chérie et je pense tout le temps que tu es guérie maintenant.

Colette

Dammarie, 24 septembre 1924

J'ai peur que tu n'aies douté ce soir de ma confiante tendresse si profonde pour toi ma chérie, devant ce silence et la figure impassible, froide et triste qui me cache ici.

Je voudrais te parler indéfiniment ce soir mais tu sais bien que je ne le peux pas.

Comment ne pas te dire oh chérie je « croyais » que la vie était belle et aujourd'hui je le *sais*.

Une joie folle et sauvage m'envahit maintenant — ce soir —

Dis à Jean que je vais être sage (il se rappellera...) je mets mes mains dans ses cheveux.

Déchire brûle cette lettre que je ne relis pas et sais-tu comme je t'aime.

Colette

---

1. Il s'agit d'un cadeau : une gouache de Max Jacob.

LAURE

Dammarie (probablement début 1925)

Chérie aimée combien ton petit mot si plein de toi m'est précieux avec toute ta tendresse qui me laisse éperdue de joie — ce mois ensemble a plus fait entre nous qu'aucun autre moment je croyais que ma tendresse pour toi avait atteint le comble dans mon cœur mais ce n'était rien encore — miracle qui se renouvelle toujours près de toi —

Puis-je venir déjeuner à Garches mardi et repartir vers 4 heures? Je téléphonerai lundi et tu me diras bien si c'est possible sans rien déranger (j'aurai ma voiture) —

Merci de l'adresse — tu liras ma lettre je ne peux pas la juger et me perds dans une gêne des mots — et cependant la certitude me possède à chaque minute plus évidente, plus pressante de se manifester —

C'était aussi facile de « dire » ceci l'autre soir à Rendier mais une lourde impuissance m'abattait pendant ce trajet alors que déjà l'évidence criait en moi — mon orgueil ne me servait à rien : si méprisable et vain d'être stérile — l'ignorance et l'inexpérience de tout ce dont il venait de parler m'interdisait de parler froidement d' « opinions » et j'avais trop l'habitude de pudeur morale pour mettre à nu avec ordre et discernement ce qu'il fallait, et non, plus de moi-même — jamais je n'ai senti si cruellement ce désaccord entre ma pensée et mes actes entre mon orgueil et ma timidité.

Quel bonheur de te voir mardi avec Eric — Que de choses tu me raconteras — Dans ces lumineuses journées d'automne, j'imagine mal l'atmosphère du Bœuf[1] et tous les gens retournant déjà dans ce manège! Comme je te comprends à cette joie du retour en soi — tu dois beaucoup travailler ton chant — je suis navrée que tu n'aies pas eu la tranquillité suffisante ici — mais si heureuse que tu aies été contente du séjour qui a passé comme l'éclair tandis que je jouisssais de chaque minute de ta présence adorée.

Vite le courrier me presse et je te quitte pour relire encore ta lettre. Dis bien à Jacques combien je l'aime. Je t'embrasse ô comme je t'embrasse

Colette

1. Il doit s'agir du Bœuf-sur-le-Toit.

CORRESPONDANCE

Dammarie, 18-8-25

Tu es auprès de Jean je souhaite de tout cœur que tu le trouves mieux, combien il doit être heureux de te voir. Comment Jacques a-t-il pu te laisser partir seule... et pour aller au Touquet avec Vincent Dubouchet! Pourvu que ce long voyage ne te fatigue pas, donne-moi vite de tes nouvelles — par téléphone si tu n'as pas le temps de m'écrire — Et Eric qu'a-t-il fait de nouveau? Son petit tricot avance le plus vite possible avec beaucoup de pensées accrochées à chaque maille — ici aussi — *rien n'est changé.* Je retrouve les choses familières qui rassurent — ma petite chambre à carreaux bleus — les bruits du village le jardin lumineux et gai — les Vinés pleins d'affection débordante en laquelle je me repose. Hernando joue de la guitare dans le jardin! Mr. Victor arrive avec un sourire épanoui, en veste d'alpaga, Madame en pantoufles tout cela gai et bruyant! nous préparons tout pour l'arrivée de Ricardo le piano est arrivé et dès demain Dammarie *sera* livré au « *bon magicien* ». Une longue lettre d'Hélène de dimanche « ma vie même est ma prière » dit-elle en parlant à maman du manque de messe là bas — En arrangeant longuement les fleurs je pense avec joie, impatiemment que dans dix jours c'est *pour toi* que ces bouquets se feront le plus parfaits possible.

Tout se déroule comme un film autour de moi, comme un film auquel je n'ai plus de part —

Cette page est simple par laquelle je m'étonne encore — pudeur morale qui me retient farouchement.

Tu liras cette lettre après une nuit d'amour et les mots ne pénètreront pas jusqu'à toi — j'en ai peur — tu les lis seulement à l'état de phrases et de mots et non pas comme la vie brûlante qui enfin sort de moi car l'incommunicable de moi-même se trouve partagé — l'idée que cette lettre te parlera de Rendier te semble paradoxale — tu as raison en un certain sens — je ne dissimule pas le côté « petite fille » de ma nature et j'ai le sentiment d'une maladresse grotesque qui me détruit moi-même à tout instant — je ne pouvais te faire pénétrer (toi ni quiconque) jusqu'à ce moi isolé que moi-même je voulais éprouver par une réalisation quelconque avant que d'y croire — Pauvres essais avortés où je découvrais aussitôt le vide « en soi » de ce que j'appelais réalité —

Et seulement dans ces griffonnages (où je retrouve ce qu'il me disait l'autre soir) qui me soulagent le soir de la comédie-blague de la journée il me semblait *vivre* un peu — mais ce n'était encore qu'un état de rêve — faire que cet irréel prenne forme sans devenir la réalité, que cet irréel reste irréel — agissant, substantiel et non pas vain.

Comprends-tu que ce miracle s'incarne en lui et aussi qu'il justifie le pressentiment que si tout ce qui demandait à vivre en moi si toutes les possibilités latentes trouvaient leur expression ce serait l'angoisse complète, le paroxysme de l'inquiétude — la négation dans l'exaltation.

A toutes mes lettres inquiètes tu répondrais que le mariage et l'amour « calmeraient » cette soif d'idéal » mais vois-tu ce n'est pas... comment te dire — je résume brusquement : « le vice m'ennuie *autant* que la vertu » — je hais tous ces gens qui parlent littérature auto golf coucheries vices et pornographie et aussi ceux plus fins qui sauvegardent leur supériorité par une ironie sceptique —

Merci c'est par toi seulement qu'il m'a été donné de m'affirmer dans la contradiction. Tout ceci je voudrais te le dire simplement en nous promenant avec Cécile comme l'autre jour — il faudrait cesser cette lettre, trop confuse d'être si longue et si « pleine »... quoique tu y cherches encore des précisions, des précisions matérielles je te les *dirai*

j'écris à Cécile un mot court tu peux lui faire part de ma lettre — comme tu voudras — j'ai pleine confiance en elle et une si large estime —

N'imagine pas qu'il y ait quoique ce soit entre Rendier et moi — une simple conversation — il a peut-être, à peine, un peu de sympathie pour moi — c'est tout ce que je désire de lui pendant longtemps encore —

J'hésite maintenant à t'envoyer cette lettre — ce serait atroce qu'il y ait quelque indiscrétion de commise — la violence que je me fais est inouïe de t'envoyer ces trois pages — que vas-tu y répondre — pardonne la trop grande quantité de « je » et de « moi ».

Je t'embrasse de toute ma tendresse infinie je voudrais te voir *je voudrais te voir*

A très bientôt le 25

Colette

Vinès est là il crée par sa musique un nouveau Dammarie dans la journée nous restons à causer les heures passent, sans qu'on s'en doute — il traduit des poèmes catalans d'une rare beauté pour « Commerce[1] ». Nous cherchons des synonymes, de là, conversation variée et animée — j'éprouve une jouissance aiguë de tout cela, à côtoyer cette intelligence si foncièrement masculine et imaginative — puis à me retrouver seule — tu sais que si vous pouvez vous échapper Jacques et toi jusqu'ici une journée vous serez attendus avec qui vous voudrez mais téléphone-moi je ne sais jusqu'à quand il reste — maman part mardi chez les Flavien — me voici donc « maîtresse de la maison » j'ai oublié chez toi deux petites ceintures l'une rouge l'autre blanche — De toutes façons donne moi de tes nouvelles quand reviens-tu?

Dammarie, 25 août 1925

Non je n'ai pas souri en lisant ta lettre — Avec quelle avidité je découvrais tes pensées qui non seulement *acceptaient* et comprenaient les miennes mais aussi les précisaient plus simplement et nettement que je n'étais capable de le faire — c'était un bonheur immense et fou que de te lire et tu ne peux savoir tout ce que comporte le merci que je te dis du fond de mon cœur — (ces mots sont bêtes et ressassés, il faut se résigner à être emprisonnés par eux). Je n'avais qu'un désir : venir près de toi longuement — (et ce sera si imparfait ce soir) mais — j'étais et suis encore accaparée, dès le matin, jusqu'au soir très tard, par la musique de Vinès — c'est un état de joie pleine et délirante... Il y a une sorte de « perversion » (!) à cette jouissance continue et solitaire d'une telle perfection — je ne sais si je dois dire perversion ou sanctification — de toute manière, c'est *TOI* que je regrette, tellement plus digne et plus apte à en saisir toute la beauté —

Les « précisions » dont je te parlais, c'était justement le désir de concrétiser ces tendances — désir, volonté ferme — Je souffre de ne pas savoir par quels moyens *précis*, je redoute d'errer encore — j'ai hâte d'action qui, loin d'anéantir l'individualité, ne peut (il me semble) que l'enrichir en la prodiguant — et puis, jolie individualité, que ce personnage multiforme trop amoureux de tout pour être constant à rien en lequel je m'épuise vainement — ma « nature » n'est pas si éloignée de « cela » chérie qui ne fera qu'épanouir ce qui demande à vivre en moi tellement toute action ne peut être qu'un acte d'amour et *non de contrainte* — je confonds toujours désir et volonté — l'idée de mariage ne m'a jamais paru méprisable, mais tu vois, toi aussi, chérie que j'en arrive à ce moment prodigieux où il

1. La revue.

faut se *jeter* dans la vie et l'étreindre de toutes ses forces alors que pour d'autres, elle se fait d'elle-même plus simplement accueillante, facile, mais combien fade et inutile —

Tu sens bien que tu ne m'as pas déçue, toi si généreusement compréhensive — il me semble que mille barrières sont enlevées entre nous? et puis ton petit mot de ce matin « inattendu » m'a laissé une joie indicible — il y a un an comme nous étions anxieux tous. J'y pense à chaque instant — je me désole aussi de n'avoir pas encore ce qu'il faut pour souhaiter un bel anniversaire à Eric dès son arrivée mercredi — j'ai peur que tu ne saches pas encore toute la place que prend en moi ce petit être de nous deux

— A mercredi, quel bonheur fou de se revoir. — Je t'embrasse avec toute ma tendresse.

Colette

Ce brouillon est informe, c'est le *seul* papier qui me reste et je veux tellement que ce mot parte bien vite malgré tout.

(début décembre 1925)

Pourquoi est-ce que je ne t'écris pas quand je pense à toi tout le temps — où es-tu? que fais-tu? qui vois-tu? comment es-tu? — à cette heure-ci, sûrement dans ton cabinet de toilette où je pourrais te retrouver vite par un coup de téléphone mais tu me répondrais... comme toujours, avec les questions d'usage et moi je prendrais ma voix souriante qui me crispe —

La chambre de Diane * est-elle finie? le berceau dedans et tout prêt? sûrement je viendrai à Paris mercredi ou jeudi rien que pour constater tout cela et t'embrasser sous un prétexte de 10 000 courses à faire. J'ai été hier au tennis de Fontainebleau pour me secouer, eh bien, c'est toujours les mêmes gens affreux qui tourniquent en se souriant — les tennis sont jolis mais c'est bête de n'être que spectatrice — Toujours!

Et vous? vous êtes au golf tout le temps j'imagine avec « un tel » ou « une telle » qui racontera telle ou telle histoire sur telle ou telle personne, etc etc etc et voilà — et tous les gens se retrouveront cet hiver....

Ne cherche pas ce que tout ça veut dire, il pleut, la vie est bête

* Sa future nièce.

et moi aussi — avec tous mes « moyens sans buts » mes « idées sans actions » et mes belles *phrases* — n'est-ce pas.

Que deviennent Monique et Brigitte? je pense souvent à elles.

J'ai écrit à Eric un jour de beau temps. Reçu une si gentille lettre de Marie-Anne comment peut-il exister de « vraies jeunes filles » équilibrées —

Je n'ouvre plus le piano tant ce que j'y fais est amateur et vain et tous mes bouquins restent à leur place — Pour tout, je dis à quoi bon sauf me griller au soleil quand il y en a — en attendant l'homme énergique et indépendant que je veux pour mari — c'est intelligent! et je me méprise.

Au revoir ma chérie si aimée — je reprends toute une feuille, rien que pour vous embrasser —

J'ai une photo de toi que j'adore mais elle n'est pas tirée entièrement et je ne te l'envoie pas —

Alors je viendrai mercredi ou jeudi — je serai *seule* les deux jours à Dammarie, maman à Dampierre et Hélène aussi sans doute — Maman est assez bien, mais je me reproche tout le temps d'être si dure et méchante envers elle, dans mon égoïsme illimité et mon désir de joie alors que sa vie à elle est toute brisée et *jamais* adoucie par nous quatre — Quelle horrible lettre vraiment, trop désordonnée pour vous ma si douce chérie que j'adore toujours et tout le temps.

Colette

Dammarie (probablement décembre 1925)

Je ne sais pas où tu habites mais tu n'as pas le temps de me le dire — tu es si occupée parmi tous ces gens dont je suis férocement jalouse parce qu'ils profitent lâchement grossièrement de toi sans savoir.

Il faut que je voie Jacques aussi qu'il me parle de la région de Taza (climat) car Hélène va sans doute partir comme infirmière au Maroc je persuade Maman de la laisser partir tout en étant moi-même bouleversée — cette nouvelle « intéressera-t-elle Jacques?? en tout cas loin de critiquer Hélène il ne peut et ne doit que l'admirer — elle aussi sait vivre merveilleusement — cela t'étonne — oui —

Selon elle-même — je n'ai jamais tant souffert d'indifférence égoïste non pas seulement envers moi mais de tous les êtres les uns pour les autres — mais chérie l'Amitié l'Affection ne sont que des *mots* quand on ne sait pas s'élever au dessus des divergences d'idées — on se dit « esprit large » mais sorti de sa sphère (amis entourage) le cœur ne suit pas — l'Affection est plus large et plus subtile que toutes ces mesquineries — notre pauvre maman est dans un état de dépression physique et morale très pénible — c'est toute expression de vie dans quelque sens que ce soit dans n'importe quelle manifestation qu'elle réprouve, dont elle a peur et je me révolte de ce que toute volonté en moi doive tendre chaque minute à me modérer de ce que tout effort soit employé à me concentrer me taire plus que jamais — anéantissement et non épanouissement.

Pourquoi es-tu si loin définitivement loin toi aussi — c'est moi encore qui gâche cela qui était ta tendresse avec la même manie atroce de détruire ce que je désire — pour une fois écoute moi — j'ai été si sage depuis si longtemps — je ne sais plus parler — pudeur honteuse à ce déshabillage moral — mais ce soir mon cœur veut être un avec quelqu'un —

— c'est comme un vice dans lequel on retombe — tu ne sais pas encore quelle présence rayonnante tu es pour moi — tu m'es si chère si chère et je me sais si égoïste que le doute le plus affreux est d'aimer égoïstement... aimer parce qu'on se plaît à aimer — Dis moi là aussi se retrouve-t-on soi ? alors rien ne vaudrait plus.

Comprends-tu, sais-tu ce que...

Mais pardon pourquoi te dire cela à toi — entre nous les mots n'ont pas la même valeur et surtout celui-là — pardonne cette faiblesse de t'envoyer ce long brouillon qui te retient et t'ennuie. En TOI j'ai *confiance*

Colette

Dammarie (probablement fin 1925)
Jeudi

Je pense uniquement à ces cinq jours avec vous... je voudrais que la dernière journée n'ait jamais été... dis-moi vite que cela n'a aucune importance et que tu l'as oubliée... pourquoi y a-t-il toujours « Moi entre les autres et moi... et pourquoi si compliquée? »...

Cette maison est terriblement grande chérie on y serait follement bien en remplissant d'amis et de gaieté toutes ces chambres vides et ce jardin silencieux où je ne peux pas me désespérer cependant « en goûtant la forte nourriture que seule sait nous donner la solitude ses joies dans leur brève durée sont assez intenses pour effacer les longs ennuis inséparables de l'isolement ». Mais je voudrais ne plus penser « qu'elle nous élève d'une telle ivresse que les plus distinguées frivolités de la vie de société sont dès lors mêlées d'amertume pour qui se rappelle de quelle vigueur de sensation il se prive en se mêlant aux autres » et cependant ... arriverai-je jamais à haïr la solitude! Aide-moi ma chérie. Toi seule le peux, toi seule sais tout en moi et toutes choses et je relis avidement ta dernière lettre... chérie je voulais lutter contre cette attente infinie qui brise tout en moi et anéantit *toutes* mes forces — lutter, m'enrichir par l'Effort accroître toutes les forces que je sens possibles et sûres en moi

J'envie férocement toutes les formes de vie que je constate autour de moi et je me *désespère* de rester indécise et impuissante et je ne puis t'exprimer cependant, ce soir, cet intime sentiment de plénitude qui m'envahit.

(probablement début 1926)

Bravo pour le golf! Veinard d'exhiber des talents inouïs à tous bouts de champs! Quant à moi je me crois toujours à la veille de grandes décisions rompant avec la monotonie et l'inutilité inadmissible de la vie de « jeune fille » mais je commence à me prendre avec pas mal d'ironie et à constater que j'attends seulement un mari ou n'importe qui mais l'amour et c'est la grâce que je me souhaite doublement parce que tu m'aimeras mieux que maintenant dans le « rêve » où je m'agite [1]

Je t'embrasse chérie avec une immense affection « fraternelle » beaucoup de gaieté et une folle tendresse — mais pourquoi me fais-tu dire tant de bêtises et écrire si mal.

Coco

Dis mon meilleur souvenir à ton délicieux compagnon

(Dammarie, probablement début 1926)

Suz chérie que ta tendresse m'est douce et comme les choses changent et deviennent meilleures près de toi...

Merci de ta lettre si vivante et de tout ce qu'elle raconte et combien j'ai honte de t'avoir écrit l'autre jour encore une lettre de plaintes, à toi qui me donnes tout largement et toujours — tout et ta tendresse plus précieuse et plus chère toujours. — Je pense souvent à Diane [1] et m'étonne de l'aimer déjà beaucoup mais il ne *faut* pas qu'elle te fasse souffrir.

Pourquoi t'excuser et t'arrêter en me parlant de Jacques? j'aime cela, j'aime votre amour comme la joie le soleil et l'air libre et vous m'êtes souvent plus chers encore l'un près de l'autre.

Pardon de ma dernière lettre, ce beau temps me grisait et me bouleversait je voudrais ne pas être si sauvage si... brutale, que le sourire ne soit pas pour moi une grimace bête, être faite de sentiments bons faciles doux et non pas révoltés égoïstes et passionnés; être enfin tout ce que tu pourrais aimer plus encore et pouvoir te le donner comme ce soir toute ma tendresse infinie.

Ta très petite Coco

J'ai reçu une très gentille lettre d'Eric.
Brigitte est-elle encore à Paris. Je pense bien souvent à elle.
J'espère rentrer samedi.

Dammarie (début avril 1926)

Je voudrais déjà t'écrire encore, mais dis-moi si mes lettres te fatiguent... si tu en es lasse —

Malgré moi la sauvagerie me poursuit : Françoise n'ayant rien trouvé à St-Jean [2] quittaut Laberdon aujourd'hui, se dirigeant vers la montagne et pensant s'arrêter au premier endroit agréable! Ne connais-tu rien à nous indiquer dans ces régions — Bonnefont la tente, mais elle veut être sûre de n'y rencontrer personne de la bande[3]...

Je pars le 10 mais je ne sais où!

Raconte-moi ce que vous faites; qui est à Louveciennes? tu imagines combien, souvent, je pense à tous je voudrais t'en parler ce soir mais il faut que je m'arrête — cette lettre te suivra sans doute à Clairefontaine.

1. Sa nièce toujours non encore née.
2. Ce doit être Saint-Jean-de-Luz.
3. De l'abbé D.

Je t'aime et je t'embrasse chérie si aimée

Colette

Maman souffre beaucoup du genou maintenant.

Mardi (avril 1926)

Je pars ce soir — ce n'est pas maman que je quitte, c'est *vous tous* — il faut bien que vous le sachiez et le compreniez — j'embarquerai à Marseille demain pour la Corse.

J'ignore absolument mon adresse mais je te l'enverrai vite afin de recevoir de tes nouvelles — j'ai parlé de ce départ aujourd'hui à Françoise — cela tranquillisera maman le plus possible, lui montrera que ce n'est pas « un coup de tête » et que c'est bien en dehors de vous tous que je me suis décidée —

Vite je t'embrasse avec toute ma tendresse et Jacques et Eric

Colette

Je pense tout le temps aux deux Sophies[1] — donne-moi bien de tes nouvelles — je souhaite que tout se passe le mieux possible pour ton père.

Hôtel Impérial
Bastia, vendredi (23 avril 1926)

Ma chérie, comment vas-tu — n'es-tu pas trop fatiguée? Donne-moi bien de tes nouvelles — Et ton Père?

Tu sais par Françoise que mon voyage s'est très bien passé — dès le quai de Paris le spectacle m'absorbait si bien que j'en oubliais de monter dans le train! A Marseille je ne savais pas trop si je m'embarquerais pour Bastia ou pour Ajaccio, j'ai laissé à mon porteur (qui était très beau) le soin d'en décider. Après dix-huit heures de mer, je suis arrivée ici dans la nuit, le cœur battant.

Ma chambre donne sur le port où il y a beaucoup de mouvement autant que peut en contenir l'exiguïté de l'endroit. Les gens crient et

1. Suzanne mettra au monde des jumeaux : Jérôme et sa sœur.

se démènent beaucoup — ça c'est le port marchand, de l'autre côté il y a le port de pêche avec toutes les maisons et les gens de Bastia.

Le mauvais temps dérangerait mes projets si j'en avais.

A bas les livres : quand il pleut trop, j'ouvre une histoire de la Corse — tout cela est simple et bon — je recommande un pareil voyage à toute jeune fille d'une aussi bonne famille que la mienne.

Je vous embrasse avec toute ma tendresse bien grande.

Colette

Quand tu m'écriras donne-moi des nouvelles de maman.

Mercredi, 28 avril 1926
Hôtel des Étrangers, Ajaccio

Rien de toi et les nouvelles que j'ai par Françoise datent de 8 jours. COMMENT VAS-TU?

Donne-moi de tes nouvelles. Paquit te dit-il de t'arrêter ou bien peux-tu continuer ta vie normale? Et Eric? J'ai rêvé de toi et de lui hier dans un long rêve compliqué

Il paraît que tu as été « bouleversée » de mon départ — mais non, chérie, il faut prendre ça en riant et puis voilà tout — le temps est splendide depuis hier midi — je me suis promenée dans Ajaccio — tout à l'heure j'espère aller en barque avec un pêcheur et me baigner sur une petite plage près d'ici —

Ajaccio même est plutôt désagréable — il paraît que je ne trouverai rien de logeable plus au sud — j'essaierai d'y aller quand même lorsque j'aurai eu des nouvelles —

Je t'embrasse très tendrement, ma chérie, ainsi que Jacques et Eric.

Colette

Peux-tu communiquer mes bonnes nouvelles à la maison car je ne puis leur écrire par ce courrier et il y aura deux jours sans bateaux. Comment va ton pauvre Papa?

Je t'embrasse encore de toute ma tendresse.

Colette

CORRESPONDANCE

Italie (probablement 1926)

Quelle joie de te revoir l'autre soir tout paraît redevenir simple et facile quand je vous vois —

Écoute, tout le monde se contente d'une « petite vie » et laisse tomber en soi l'ardeur de vivre par peur de la souffrance. J'aime cela, lu je ne sais où : « A tous il nous faut une ivresse que ce soit la passion, l'action héroïque, le vin ou l'opium; l'œuvre belle est toujours un acte d'amour pour la vie fût-ce au milieu du désespoir et de la négation — il n'est jamais de péché dans l'amour; pécheur qui laisse tomber en lui l'ardeur et la grandeur de vivre » —

Non je *ne peux* pas attendre en me disant « que j'ai tout en moi » que tout viendra à moi.

Non puisque je peux plus encore si je veux...

Tu n'imagines pas la joie folle de chaque seconde que j'éprouve, à constater mes forces, entières, depuis cet été seulement et je voudrais briser mon corps par mille efforts; je hais le sommeil et mon désespoir est de constater qu'en l'évitant le matin on y retombe plus tôt le soir... ainsi nous pouvons briser toutes les barrières, nous sommes encore *limités*.

J'ai pour toi bien d'autres lettres jamais envoyées ma chérie ne me parle jamais de celle-ci vois-tu j'ai peur que la solitude où j'ai toujours vécu nous sépare toujours ou plutôt nous empêche de nous comprendre — j'étouffe de cette immensité en moi de toutes les formes de vie que je veux posséder chaque jour différentes et je trompe mon attente et cette ardeur dans une fausse activité —

Tu n'imagines pas comme mille choses et chaque minute qui te sont indifférentes me sont infiniment sensibles c'est cela peut-être qui me sépare de tous et je reste indéfiniment stupide et muette et j'aime me retrouver seule et ma joie sauvage — et puis cette volonté d'action n'existe plus par moments et je ne sais plus que vivre mes livres... la musique... chaque instant —

J'ai peur de t'envoyer cette lettre elle t'expliquera peut-être, seulement ce qu'il y a souvent de « compliqué » en moi que tu n'aimes pas —

Déchire vite tout cela oublie-le complètement et garde-moi toute ta tendresse.

Colette

L'Italie me semble affreusement fade tout à coup.

Je veux agir faire quelque chose et partir loin en attendant —

Pourquoi ce P.S. déchire vite tout cela *je t'en prie*

Dimanche 6 décembre Orléans (probablement 1926)

Suzanne ma chérie

Je ne sais vraiment quoi te dire! depuis bien longtemps j'avais prévu ce qui nous arrive aujourd'hui — Ce choc brutal entre nous le jour où ma vie se préciserait —

J'ai dit à Catherine l'autre jour : « quel méli-mélo! avec Jacques contre toi, avec toi contre Jacques, alors que chacun de vous ou plutôt la forme de vos vies et vos entourages respectifs n'ont fait qu'exciter ma révolte contre tous ».

Ça ne l'a pas étonnée — il est vrai que je n'ai jamais hésité à lui parler durement — vraiment.

Envers toi, chérie, j'ai toujours pensé : ça lui fera de la peine et ça ne servira à rien — mais, vraiment au moment où je te fais confidence du plus profond de moi-même tu viens me dire que je te retire mon affection.

Si tu as vu Françoise elle t'aura dit que ma pudeur farouche n'est pas seulement envers toi — Je suis restée la même tu vois! — mon amour est bien loin d'être une liaison dont les détails distrairont qui que ce soit — mais *assez* je crois que mes explications ne peuvent que te paraître bien ridicules — Toutefois je les tente pour te prouver ma bonne volonté et parce que je regrette de n'avoir pu te revoir comme je te l'avais dit avant mon départ —

Que se passe-t-il à Dampierre? Je suis bien anxieuse — J'ai téléphoné à Catherine qu'il me paraissait prématuré de prévenir maman actuellement puisque je suis ici seule pour un mois sans doute — peut-être la préparera-t-elle seulement; j'espère que par Françoise ou Catherine vous serez tenus au courant afin de savoir quoi lui répondre si elle vous questionne à son retour —

Je suis bien angoissée à son sujet!

J'ai trouvé par hasard dès mon arrivée une chambre 11 rue de la République et j'y suis aujourd'hui déjà...

Je t'embrasse tendrement ainsi que Jacques et les enfants.

Colette

CORRESPONDANCE

Amélie-les-Bains, 15-12-27

Ta tendre lettre m'a beaucoup émue et je m'en veux de n'y avoir pas encore répondu — si je suis silencieuse ne croyez jamais à un éloignement de ma part il m'est si souvent impossible d'exprimer quoi que ce soit alors que ma pensée est très tendrement auprès de ceux qui me sont chers —

Pour ne pas oublier je réponds à ta question au sujet de maman : par ce même courrier je lui propose un voyage vers le 25 décembre ou dans la deuxième quinzaine de janvier car un projet de location peut m'empêcher de m'absenter à Noël —

Je désire quitter Régina le plus tôt possible et trouver un air plus pur et plus vivifiant que celui d'Amélie qui ne me satisfait pas —

Il est peut-être bien tard pour écrire à maman et j'espère que mon indécision n'aura rien compliqué pour vous-mêmes?

Ne me sentant guère la force de supporter ce séjour jusqu'à présent je remettais de jour en jour l'obligation de m'y décider.

Tu me parles de Danel, je le connais vraiment trop peu pour dire que je ne l'aime pas et le juger si vite — il est certain que les rares fois où je l'ai rencontré je n'ai eu aucun mouvement de sympathie ce qui peut-être ne signifie rien du tout quand on ne connaît que de vue.

Tu dois être bien intéressée par lui actuellement, il a dû voir tant de choses que nous ne pouvons guère imaginer!

J'espère bien que ma lettre te trouvera encore à Paris; ne manquez pas de me donner votre adresse.

Je t'embrasse de toute ma profonde tendresse.

Colette

Questions pratiques : crois-tu que de Martel [1] n'enverra rien rue du Prieuré? T'a-t-il adressé chez toi sa note d'honoraires? Dans ce cas, dis-le-moi et il serait plus simple de faire effectuer le remboursement de tout ce que je te dois par la B.N.P. à ton compte du Comptoir d'Escompte comme je le fais faire pour moi-même.

1. Le chirurgien qui l'a opérée et sauvée après sa tentative de suicide.

Je voudrais régler cette question (ce qui m'est *très facile* — je t'assure en ce moment) cela doit faire environ trois mille francs.

(Probablement 1929)

Ma chérie. Je réponds à ta petite ligne — C'est par Maman que j'ai su plus longuement tes nouvelles dont tu ne me parles pas — elle me raconte ton concert ce qui me fait un grand plaisir —

Je ne sais pourquoi, quand je pense à toi je te revois te penchant sur moi le jour où l'on t'a appelée si brusquement et j'éprouve une grande émotion et je sens notre tendresse mutuelle bien inaltérable —

Embrasse pour moi les trois petits que je ne connais plus assez —

Colette

Moscou : 7/2/1930

Avec quelle impatience j'ai attendu la réponse à mon télégramme! Enfin, rien de grave et bravo!

Il semble que tu te ries toujours des emmerdements physiques les plus sensationnels et cela me plaît bien cette vaillance avec laquelle tu te relèves des « maladies graves », des accouchements, des accidents, etc.

Tu ne me croiras pas, mais je me suis trouvée d'autant plus inquiète que j'avais été assaillie de sinistres pressentiments à votre sujet durant mon séjour à Léningrad et c'est après une nuit de mauvais rêves que j'ai éprouvé le besoin de vous envoyer en toute hâte mon adresse. Aussi le fait : mais non je ne raconte pas — ce serait long. J'attache trop d'importance à ces choses et puis, en général, il est fou ce qu'en étant loin, en n'écrivant jamais, je puis me trouver *près* des êtres que j'aime bien — je n'y comprends rien mais c'est ainsi : tu te trouves dans les rues de Moscou... sur la place Rouge, marchant vite, toute contractée de froid, parlant... parlant et puis tout à coup absence totale, vous apparaissez, je vous vois vivre, je pense à vous de tout près — je voudrais écrire, mais, c'est inutile après tout — En tout cas ce serait bien « utile » bien bon de recevoir de vos nouvelles — que se passe-t-il? parle-moi de toi, de Jacques, et Agneta? Peut-être rentrerai-je fin janvier, ce n'est pas sûr (suis indécise, voudrais rester — mais quelle fatigue!)

CORRESPONDANCE

Le travail de la Revue a traîné plus qu'il n'eût fallu — tout sera expédié ces jours prochains — Dis-moi l'avis de Jacques.

Je voudrais ce soir vous parler beaucoup beaucoup — je t'en prie, écrivez de vous. Embrasse les gosses. Maman me parle d'eux avec les détails que j'aime à savoir mais dis-moi ce qu'ils « deviennent » —

Je t'embrasse — Au revoir — Excuse cet affreux brouillon.

Colette

Moscou, fin décembre 1930

Je ne peux plus rester dans cette incertitude de vous.

Qu'y a-t-il? pourquoi *rien* de vous, depuis des mois, je sais : j'ai peu écrit, et aussi, bien des malentendus sont entre nous — mais pourquoi m'en tenir rigueur alors que de si loin je ne puis *rien* éclaircir —

Peut-être êtes-vous bien, n'y a-t-il rien et est-ce seulement le désir et le temps d'écrire qui manquent. Mais peut-être aussi tout va très mal pour vous!

Je pense constamment à vous avec ma tendresse chaque jour plus inquiète. Les « nouvelles » de vous que me donne Maman sont lettre morte.

Oui je rentre bientôt. Impossible fixer date. D'ici là *écrivez* ou télégraphiez-moi si vous ne voulez pas écrire, mais expliquez-vous — Je vous embrasse avec une tendresse que vous ne saurez jamais.

Colette

Carte postale à J... B... Bastia, 1926

Je viendrai vous voir avant mon départ.

Serai demain mardi 5 heures au petit café rouge du Palais Royal — J'aurai quelques minutes — Je vous envoie « ci-joint » une lettre parce que je ne veux plus garder les lettres et vivre à vide mais cela ne présage en rien mon état d'esprit de tout à l'heure ni de demain.

Surtout *ne répondez pas* — Si vous ne venez pas — je le verrai bien

Lettres à Mme Adam à B et autres lettres

CORRESPONDANCE

Brouillon sans date

Chère madame Adam,

Comment allez-vous depuis que nous nous promenions ensemble sur les « docks » de Combleux, vous fière et vaillante moi dans la voiture?

Depuis l'autre dimanche beaucoup d'eau a coulé sous les ponts mais la Loire avec ses grands airs majestueux n'en est sans doute pas moins rapide. Elle a vraiment d'étranges allures, bien moins déterminées que les autres fleuves. Elle ne sait pas très bien où elle va malgré son genre pressé d'arriver. Les lubies qu'elle a de s'étirer sur les bancs ou de tourbillonner sur elle-même prouvent assez que si elle n'était retenue par les lignes attachantes d'une campagne si purement linéaire elle s'en irait aussi bien dans tous les sens.

Mais, puisque tout est à l'envers, puisque les communistes sont pires que les fascistes, puisque *L'Humanité* parle comme *L'Écho de Paris*, puisque Doriot est un nouveau messie, puisque les Lieux où l'on sauvegarde la Paix sont, en réalité, des asiles de fous meurtriers, puisque les anarchistes (pas tous heureusement) sont plus bourgeois que les bourgeois et puisque les bourgeois (pas tous malheureusement) sont anarchistes je ne vois vraiment pas pourquoi les fleuves suivent leur cours. Cela me semble une catastrophe par trop naturelle.

Seriez-vous surprise de lire demain dans votre journal : « La Loire s'est détournée de son cours habituel, elle se jettera désormais dans la Gueule du Lion cependant que la Seine, refluant vers sa source, inonde le centre de la France. Les régions et les routes ci-après désignées sont submergées. Le Gouvernement de Front Populaire prendra toutes les mesures utiles en temps voulu. » Mais les fleuves et les mers contribueraient tant et si bien à l'absurdité universelle que l'on reverrait, comme aux premiers âges, la terre engloutie sous les eaux.

Seuls surnageraient quelques îlots d'êtres humains, îlots d'enfance et d'amitié. On y pourrait vivre « de l'air du temps » ou bien « d'eau claire et d'amour » : le vrai serait toujours invraisemblable. Les économistes en perdraient la raison (ils deviendraient raisonnables) et on les verrait bientôt, de pair avec les philosophes et les mathématiciens, les sociologues et les psychologues, les pédagogues et les phrénologues, fondre comme neige au soleil. Alors l'homme tout simple, serait là sur son île, entre le ciel et l'eau, il s'en irait sur les routes les deux mains dans ses poches délivré d'être une énigme et de résoudre les problèmes. Peut-être s'en irait-il aussi comme Charlot...

Je vous raconte bien des bêtises mais c'est là tout ce qui me passe par la tête en souvenir de Combleux et, dans ces fameux îlots de mes rêves (rêves d'enfance et d'amitié) on ne parle jamais *après* avoir tourné la langue sept fois dans sa bouche mais *avant* car la Bible est oubliée.

Chère madame Adam, si j'ai recours à la machine pour remplacer mon écriture illisible ce n'est pas du tout par désinvolture, cette anecdote vous le prouvera : Comme un Russe félicitait Gorki de son écriture admirablement nette et précise, celui-ci lui répondit : « c'est par respect pour l'homme ».

J'espère que le temps orageux ne vous fatigue pas trop là-bas, ici il fait nuit en plein midi et cela fait penser à la fin du monde, à je ne sais quel crépuscule apocalyptique. Je vous embrasse de tout cœur.

S., très touché de votre souvenir, vous envoie ses meilleurs vœux.

Colette

CORRESPONDANCE

LETTRE A B.

Tout est dit et redit sur le chapitre d'une séparation inéluctable et bienfaisante... alors pourquoi ne pas prendre les choses *fièrement* et sans jamais aucun embarras devant « les autres ».

N'est-ce pas *ainsi* quand deux êtres libres la décident?

Il n'y a ni fautifs ni responsables il y a que nous reprenons notre liberté, notre indépendance totale.

Nous pouvons le faire dans l'estime et la confiance mutuelles comme on peut le faire dans la haine et le déchirement néfaste.

Confiance que chacun suit sa voie librement, une voie qui est la sienne propre et non celle des autres que l'on suit tout en restant traître vis-à-vis de soi-même. La conscience de cette trahison-là empoisonne l'existence, la rend nulle, non avouable. On ne peut plus regarder ce qui est grand on est en rupture d'harmonie avec le monde et la vie. On grimace, on joue la comédie.

Et par dessus tout : se refuser au *doute de soi* qui de « *soi* » s'en va vers les autres et donne l'impression de perdre pied. Alors : on se replie dans sa coquille.

Un être humain ne peut pas douter de lui quand il suit sa voie. S'il doute, s'il baisse la tête c'est qu'un élément étranger à la force, à *sa* force *d'être spontanément* le tire en arrière.

La vie n'est belle que si, dépassant toutes les « épreuves du sort » et tout ce qu'on porte en soi on peut regarder le monde entier en face. Sans arrogance inutile et bête mais sans humilité, comme ça : simplement, doucement, fièrement. Avec une claire conscience très calme d'être là où il faut : une plante cherche le soleil et l'eau pour arriver elle-même à maturité et donner tout ce que la vie attend d'elle

On regarde les autres êtres humains avec la conviction tranquille que s'ils ne sont ni « brutes » ni « vulgaires » leurs vies à eux aussi sont pleines de déchirements de difficultés surmontées et de drames inavoués. On les regarde et on les aime bien parce que, leur ressemblant, on voudrait les aider et leur dire : « Rien n'est si grave. C'est simplement humain tout ce qui vous arrive... humain avec tout ce que cela comporte de beauté et d'horreur ».

Pourquoi les êtres humains se refusent-ils à être comme les plantes — ils veulent être moins, beaucoup moins. Ils deviennent la rouille.

J'ai besoin d'une chambre blanche et nue dans une maison qui donnerait de plain pied sur la terre ferme.

J'ai besoin de mettre des actes au bout des mots. Par exemple : ce qu'est l'Espagne (pour moi) actuellement (?)

J'ai besoin de m'en aller toute seule sur la route sans regarder en arrière.

Lorsque je serai lasse, je me coucherai sur la terre, j'appliquerai mon oreille contre la terre et j'entendrai le pas de l'homme que j'aime.

Brouillon de lettre à B. 1934

B.

Tout ce que tu écris est tel qu'il n'y a rien à répondre puisque tu es *fixé* d'avance.

Si tu penses vraiment ce que tu dis je ne vois même pas comment tu peux souhaiter une réponse.

J'ai mis fin à une situation que *tous deux* nous jugions intolérable et si *dans la suite* — étant dégagée de tous liens — j'ai agi comme un être libre personne pas même toi ne peut s'en mêler.

Car je suppose encore que tu tiens autant que moi-même à une certaine notion de liberté individuelle. Si j'ai perdu, il y a deux ans la faculté de vivre moi-même, je l'ai retrouvée aujourd'hui —

Ce que je veux, où je vais cela me regarde seule et je ne vois pas que je puisse rien « expliquer » à quelqu'un qui me juge comme tu le fais.

— Il est faux que j'ai « parlé de toi » comme tu le dis : je ne dis rien à personne qui peut comprendre.

Tu sais et je te l'ai dit que je n'ai jamais oublié tout ce qu'il y a eu de beau et de bon entre nous. Restons au moins sur ces souvenirs-là.

Rien ne peut plus m'empêcher de regarder le monde entier en face.

Le livre dont tu parles (et où il n'est *nullement* question de toi) ne paraît pas et ne paraîtra pas.

CORRESPONDANCE

Brouillon de lettre*

Voici plusieurs mois que votre nom et votre être s'imposent à moi comme si je devais absolument vous faire signe. Parfois j'allais dans le sens d'une rencontre au cours de laquelle je voulais vous parler et puis cela m'était impossible. Trop de réticences s'interposaient entre moi et ma démarche qui m'apparaissait alors d'une extrême audace et je restais d'une impassibilité totale. Et puis d'autres méfiances s'y mêlaient qui suspendaient mes gestes, méfiances que vous auriez été le premier à comprendre et j'en ai peur à partager même. Je sais on peut toujours parler. Mais parler vrai comme d'autres parlent allemand ou anglais c'est difficile : les conventions, les habitudes, les facilités. Alors je fuis jusque dans la solitude totale.

Maintenant je sais que je vais vous rencontrer, que je *peux* vous rencontrer. Je sais aussi que ces méfiances tomberont d'elles-mêmes. Peut-être parce que je serai devant vous comme l'enfant de quinze ans qui autrefois lisait les publications surréalistes dans la fièvre et le secret, comme une affamée qui mange un morceau de pain volé. Je sais que toutes les démarches de ma vie sont venues de cette première *connivence* avec quelques êtres ignorés de moi et qui m'ignoraient, connivence que vous évoquiez hier d'une manière bouleversante pour moi, avec un accent d'authenticité totale et de sincérité toute nue**.

---

* Le nom de Paul Eluard est écrit au haut de la page, et biffé.

** Au verso de ce brouillon Colette a rajouté au crayon : « le besoin de vérifier par l'échange avec des êtres qui sont en *contradiction* avec moi, même mais seulement [si cela est] profondément et sincèrement ».

LAURE

Brouillon de lettre
a un destinataire inconnu

De même que vous comprenez pour Bourenine vous comprendrez pour Georges. Je cherche à qui parler sans trouver. Imaginez que dans la pièce où vous vivez l'oxygène se sépare de l'azote et que cela fasse deux pièces une tout en oxygène l'autre tout en azote... Il faut sortir n'est-ce pas? C'est à moi de maîtriser les choses et de conduire ma vie. Mais rien. Je suis comme pulvérisée par une semaine de vie commune sans arrêt. Ajoutez que je ne peux rien maîtriser parce que c'est terriblement bon et parce que je deviens comme je ne peux pas dire. Je devrais être née mante religieuse.

Je risque de tout gâcher. Je vous écris parce que l'autre jour vous m'avez dit « chez vous la haine est si proche de l'amour ». C'est tellement vrai que j'en suis restée stupéfaite et en ce moment contente que vous puissiez peut-être devenir un copain, un vrai frère, que quelqu'un comprenne. Lui aussi qui est ma vérité et ma vie il comprend mais nous sommes pris dans les mailles du même filet.

Les circonstances dans lesquelles j'écris cela sont telles qu'il faut que cette lettre soit expédiée, lue et qu'elle obtienne une réponse d'un être vivant sans que mon orgueil en souffre. Et cette haine sait prendre des formes tragiques ou vulgaires ou si subtiles qu'elle s'insinue en lui comme un doute déprimant que je lui aurais inoculé.

Elle se manifeste pour me détruire et détruire mon bonheur. Un tel bonheur qu'il me rend semblable aux jeunes poulains qui hennissent, aux plantes qui cherchent le soleil, un tel bonheur qui me laisse éperdue de reconnaissance, glorifiant au plus haut des Cieux de ma vie l'être en qui et par qui je m'affirme et prends racine dans la terre. Et c'est là le terrible danger.

Lettres à Georges Bataille
1934-1938

Mercredi 4 [*juillet*] *1934*

Il paraît, Georges Bataille, que nous allons de « coïncidence » en « coïncidence » —

Je n'ai nulle envie de parler de l'essentiel

mais je veux vous dire seulement que dans la mesure où *j'espère* encore mes fantômes s'évanouiront.

C'est aussi parfaitement superflu de vous *le dire* — j'ai idée que vous pouvez le deviner —

En tout cas je ne tiens pas à rester sur cette impression de fuite —

Du reste ça n'en était pas une

puisque je vous ai retrouvé à 7 heures 27 et que l'ami qui vous accompagnait m'a regardée fixement sans me voir — (A croire que je portais un « anneau qui rend invisible » comme quand on est enfant)

Puis vous vous êtes levé, vous êtes passé à cinq pas de moi —

Tout ça n'a pas grande importance. J'ai été seulement péniblement surprise qu'il puisse y avoir pour nous quelque chose de possible dans le genre « confident » Tant mieux pour vous du reste — Seulement voyez-vous, c'est assez odieux Je ne perdrai pas mon temps à expliquer pourquoi, parce que je crois que tout ce que vous vivez dans un certain « petit milieu », ça ne sera jamais que les sujets de conversations — Prenez ça pour de la « pose » si vous voulez! Mais moi je tiens et *j'ai besoin* de rester muette et inaperçue.

Colette

[*juillet*] *1934*

Si vous désirez m'écrire — vous pouvez le faire à Nimley on fera suivre —

Dans mon désir de rendre tout simple et calme je m'aperçois que je ferais mieux de vous écrire une longue lettre —

Passez de bonnes vacances et moi aussi —

Il n'y a aucun sous-entendu là-dedans.

Ne croyez pas à un mépris définitif de ma part quant au « petit milieu » —

J'ai de ce côté des amitiés très sincères et une vraie solidarité —

Colette

CORRESPONDANCE

Jeudi 5 [*juillet*] *1934*

J'essaierai de m'expliquer mais je devrais commencer par mardi soir (quand je vous ai quitté) et cela je ne le peux pas — Je vous ai revu sans pouvoir vous appeler, j'ai pris le téléphone sans pouvoir parler — Vous ne me quittiez plus. Seule l'idée qu'un accident de route était possible et même probable m'a délivrée d'une angoisse insurmontable qui était vous. L'idée de la mort quand on la suit jusqu'au bout... jusqu'à la putréfaction m'a toujours délivrée et ce jour-là plus que jamais — Je détaillais les diverses formes « d'accident mortel » et toutes me paraissaient enviables et délicieuses. Je redevenais calme et même gaie mais une sorte de joie mauvaise montait en moi contre vous — je ne comprends plus pourquoi maintenant —

Jusqu'à présent il était en mon pouvoir de couper tous les ponts derrière moi, de manière qu'aucun être humain m'ayant connue puisse me reconnaître —

et maintenant je comprenais que quoi que je fasse vous seriez toujours là — vous pourriez toujours me repérer — vous étiez comme l'œil qui poursuivait je ne sais plus qui dans un « poème » (!)

Aussi, je pensais qu'en me noyant j'avais appelé au secours non seulement un paralytique, mais quelqu'un qui me donnerait au besoin des coups sur la tête pour que je m'enfonce et coule à pic — Je pensais tout cela et puis j'ai éprouvé le besoin de vous écrire cette phrase sur les « sujets de conversations », qui était à mon sens la pire « injure » à vous adresser — J'avais besoin d'inventer des raisons de me méfier de vous, de ne pas vous croire — de douter de votre amour — peut-être même de « me moquer » (c'est aussi bête que ça) j'ai envoyé la lettre de Lure dans cet état d'esprit et puis de nouveau j'ai été prise d'une inquiétude folle... comme ça : prise à la gorge du besoin que vous existiez — L'impression que sans vous j'étais perdue, ou plutôt, que je préférais n'importe quoi à l'idée de vous perdre... et peut-être même de m'éloigner de vous. Il fallait que vous le sachiez tout de suite, je voulais vous télégraphier — mais quoi dire! — La « frontière » m'était insupportable alors j'ai téléphoné et après j'étais très calme parce que j'allais vers votre lettre — C'est tout ce que je peux dire —

Le pittoresque et même la simple nature m'horripilait je rêvais de paysages de mâchefer et puis votre mot m'a réconciliée avec ce qu'il y a de beau et de bon dans la vie.

Je vais terminer sans vous avoir rien dit.

mais cela ne fait rien.

Surtout n'imaginez rien sur moi — je suis très pauvre et désarmée — et surtout ne souffrez pas — Je voudrais bien que ces fluctuations (je déteste le mot je n'en trouve pas d'autre) extrêmes n'existent pas, ni chez vous, ni chez moi — nous savons bien ce qu'elles valent et de quoi il retourne —

Je voudrais que seule cette confiance absolue l'un en l'autre demeure.

Colette

CORRESPONDANCE

Il est indifférent que vous partiez pour l'Espagne et que je sois en Autriche

Ce qui va de moi vers vous ne saurait d'aucune manière prendre aucune forme, ni recevoir aucun nom, ni rentrer dans quelque chose d'habituel —

Il faut seulement des signes de vie

Mon adresse reste la même : Poste Restante à Œtz — Autriche

J'ai honte de l'aspect de mes lettres, mais les difficultés que je rencontre pour trouver à la fois la tranquillité, du papier, un stylo, un crayon sont littéralement *diaboliques* — Pour vous faire rire : un rêve J'étais avec trois filles blondes dont l'une surtout très belle — elles m'aidaient à « m'évader » (?) nous complotions je ne sais quoi mais elles s'évanouissaient et je me trouvais assise à côté d'un nègre — mais pas un de ceux qui font penser aux bons sauvages et aux méchants civilisés, un nègre avec une veste rouge, un nègre bien amoché genre portier à Montmartre — Je m'en voulais d'avoir laissé échapper la femme blonde, bouclée, « altière » — ma timidité pour vaincre le ridicule — et je ne comprenais rien au nègre — et puis bientôt au contraire j'étais très bien avec lui —

Je ne sais pourquoi je vous dis que c'est « pour rire », ce rêve était très pénible —

Au revoir

Colette

Vous m'avez demandé si c'était le doute qui me précipitait de l'autre côté Non — je m'aperçois que lorsque je *doute* j'existe encore — mais lorsque je désespère tout ce qui m'était odieux devient souhaitable, tentant... Je serais même capable de me donner beaucoup de mal pour construire quelque chose que j'aurais détruit la veille avec frénésie et inversement — et je crois que c'est valable pour n'importe quelle *réalisation* et dans n'importe quel ordre d'idées. C'est bien ça qui me terrifie — il n'y a qu'à vous que je puisse dire tout cela — peut-être pourrez-vous, plus tard, me réconcilier avec moi-même sans qu'il soit besoin de m'amputer — (je voulais dire : sans me châtrer et puis j'ai eu honte — et je ne veux pas avoir honte devant vous!)

Je ne sais pas du tout où je vais ni où tout cela me mènera je vis ici dans une sorte de trêve. J'espère avoir bientôt de vos nouvelles votre mot m'est bien précieux en attendant.

CORRESPONDANCE

Œtz, Autriche, mardi 10 juillet 1934

Je suis bien inquiète en pensant que ma longue lettre vous arrivera seulement demain, peut-être après-demain. J'ai eu vos deux lettres à la fois hier soir seulement parce que je suis maintenant dans un village de pleine montagne où le courrier n'arrive que tous les deux jours — Georges ne vous torturez pas — La seule coïncidence qui puisse arriver entre nous désormais c'est un échange de force... même de joie très simple je vous assure. Pourquoi n'avoir pas pensé que j'étais moi seule *coupable* de l'interprétation la plus vulgaire qui soit — et puis même sur la « littérature » je pourrais moi aussi être prise par vous « la main dans le sac ». Je ne suis pas meilleure que les autres ce n'est pas une phrase. Ne dites plus jamais que vous n'êtes pas digne de ma confiance, et surtout ne le pensez pas, car alors je suis prise d'une honte de moi parce que je sais rudement bien mes sales petites lâchetés et faiblesses et que l'on peut tous se rendre des points. Il ne faut pas tant chercher, ni suspecter ni soi-même ni les autres. A force de vouloir être honnêtes (vous comprenez ce que je veux dire) et de faire un bond sur tout ce qui nous paraît suspect en nous pour s'étrangler soi-même on se fait un mal irréparable. Et j'ai absolument besoin de votre force, de votre calme.

Il est dommage (après ce qui est arrivé entre nous) que nous n'ayons pas eu le temps de nous expliquer plus longuement. Par exemple : je devrais connaître votre livre et vous « certains faits » et « mon cahier ». Vous n'imaginez pas depuis un mois environ tout ce qui peut se passer de « surréaliste » dans chacune de mes journées et dans des hasards très bêtes — mais je ne m'y attarde pas — je ne *voulais* pas m'avouer que vous m'êtes infiniment cher, ni surtout vous l'avouer — J'ai sauté sur n'importe quoi pour vous faire du mal idiotement. Moi aussi j'aurais très bien pu être dans un café pour me noyer dans le bruit et les conversations insipides — je ne vois pas là-dedans de péché mortel — il faut toujours être calme en face de moi, ne pas perdre jamais la faculté de douter de moi et contrôler ce que je dis du point de vue de la saine raison c'est-à-dire de cette absolue confiance entre nous dont je vous ai parlé.

Je n'ai pas résisté au désir de vous envoyer une « carte postale » de l'endroit où je suis. J'habite un peu plus haut dans la montagne et je descends chaque jour à ce lac merveilleux où on peut se baigner et ramer. Aussi, c'est une maison tout en sapins qui sent très bon — c'est éblouissant de fraîcheur et de netteté. Je me demande pourquoi il y a sur la cloison (une cloison de sapins où on voit distinctement la forme des arbres) une grande inscription brodée :

« Streut blumet der Liebe zur Lebenszeit und Bewahret einander vor Herzeleid »*

J'espère que vous ne vous moquerez pas trop de moi — je dis cela en riant de *bon* cœur. C'est peut-être encore plus bête et « fleur bleue » que je n'imagine. On me l'a peut-être mal traduit.

Je voudrais bien rire comme ça à côté de vous et nous serions très simples et de bonne humeur et je vous assure que c'est possible sans le « chercher ».

Aussi je veux dire ceci : quelquefois cela soulage beaucoup de parler. Si vous êtes tenté de le faire je vous approuverais et n'aurais aucun ressentiment. Je sais que vous le ferez en connaissant ceux auxquels vous vous adressez et par exemple Janine et Raymond ne me sont pas tellement étrangers.

S'il y a de grandes nouvelles politiques donnez-les moi (aucun journal ici) je me demande à quel meeting vous étiez.

Je voudrais parler encore longtemps avec vous.

Pension Piburgersee — bei Œtz — Autriche.

Vous me direz où vous allez —

Colette

---

* « Répandu fleurit l'amour dans le temps de vie et Prémunit l'un et l'autre de la souffrance de cœur. »

CORRESPONDANCE

Œtz — (Autriche) — 10 juillet 1934

J'ai tellement à vous dire — je n'y arriverai pas. Chaque fois que je vous écris je sens que je laisse de côté l'essentiel. Aussi, l'impression de ne jamais *répondre*. Par moments je voudrais reprendre vos lettres et répondre strictement point par point. Il me semblait ces jours-ci que la correspondance ne pouvait continuer entre nous tant je me sentais impuissante. Ma dernière lettre (je me la rappelle vaguement car depuis j'ai si souvent parlé avec vous que je ne sais plus ce qui est écrit ou non) aurait pu vous irriter beaucoup et tomber tout à fait à contre-temps. Cela n'aurait pas d'importance, c'est-à-dire que même si je devais dire ou écrire quelque chose qui me perde irrémédiablement à vos yeux il faudrait que cela soit. Il faut que tout ce qui est *vrai*, soit, et prenne forme. Pourquoi même vous le dire? C'est tellement sûr que de votre côté aussi la vie ne peut s'engager autrement. Mais surtout il faut savoir que justement ces contre-temps ne signifient rien parce que tout est mouvant en chacun de nous et nous le savons bien.

C'est là je crois ce que j'aurais écrit hier avant de recevoir votre lettre, celle où vous parliez des sources dans la montagne. — peut-être est-ce parce que j'attendais cette lettre et que je l'ai reçue mais elle m'a procuré un sentiment de joie, de délivrance. Je vous sentais plus détendu et en effet plus près de moi. Cependant, je me méfie terriblement de « comme s'il n'y avait plus deux mais un », mais vous comprenez dans quel sens je me méfie. Le plus valable ce serait échanger et non identifier mais j'ai peur d'un malentendu maladroit de ma part et j'ai déjà envie de déchirer cette lettre. Aussi je crois que chaque être humain a en lui quelque chose qui lui *permet* à mes yeux de cueillir les fleurs les plus belles —

Mardi Je viens de lire votre longue lettre terminée et postée à la gare dimanche. Tout se précipite. Je ne peux parler que de l'immédiat = Avant-hier, donc dimanche, m'étant endormie dans la journée sur le balcon je me suis réveillée, persuadée d'entendre votre voix en bas et j'ai demandé si des Français étaient venus. Il y a 8 jours j'ai failli vous dire que je regrettais que « quelque chose se soit passé » car sinon — Je dis ceci parce que c'est vrai mais c'est *absurde* de le dire. La réalité de ma vie actuelle (dont je ne *veux* pas parler) est *. Du reste je quitte (la vérité est « nous quittons ») l'Autriche pour l'Italie. Tout me paraît d'une absurdité totale. Je ne vous réponds pas parce que je ne peux pas —

Quand je vous attendais à la Nationale l'autre jour j'étais accoudée à la vitrine, je voyais la salle à travers trois épaisseurs de verre... et je pensais que je vous verrais arriver et que décidément il n'y avait plus que des murs de verre entre vous et moi. Ce que vous dites est juste pour moi aussi : j'ai souhaité vous rencontrer et quand cela arrivait par hasard j'en étais très heureuse. J'ai toujours détesté ce que les autres disent de vous, il me semblait que je vous avais deviné par votre seul comportement dont je saisissais les moindres nuances.

Quand je ne me laisse prendre à aucune apparence plaisante, quand je glisse tout au fond de moi avec mes pensées, mes doutes et le besoin de tout remettre en question, de reprendre tout, quand je suis tout au fond de moi, c'est à ce moment-là que je vous trouve à mes côtés.

Vous savez une chose : je n'ai pas compris à la première lecture votre lettre dans ce qu'elle a d'essentiel. Mais comment se fait-il que vous me connaissiez au point de préciser de vous-même ce qui au premier abord me fait justement froncer les sourcils, ou bien ce qui m'inquiète (mais j'emploie ce mot sans aucune gravité [1]) par exemple le côté *religieux*. Vous venez à ma rencontre de deux manières : à la fois je doute de mes objections ou plutôt des idées qui me traversent l'esprit lors d'une première lecture (généralement de pures intuitions je pense mais qui se présentent à moi avec un relief très accusé, très violent) à la fois je doute de pouvoir comprendre et m'assimiler votre pensée dans toute son intégrité et déjà j'en souffre — Si à ce moment je trouve sous votre plume ce que je n'osais penser seule cela m'indique à la fois que je suis en voie de comprendre et de bien comprendre et cela dissipe ce que vous appelez « inquiétudes »

* Vous ne pouvez pas comprendre, je vous demande de ne rien imaginer — c'est moi qui ne sais plus où j'en suis.

1. Ajouté dans la marge : « Si, par moments cette inquiétude est grave ».

(du reste le mot est *juste*). Je relisai votre lettre et surtout avec vous à l'automne cela deviendra tout à fait net je pense —

Je suis tentée de prendre au tragique le fait que juste au moment où nous avions tellement besoin de nous voir — non seulement je suis partie, mais maintenant vous voici loin et moi engagée dans un voyage dont je sais à peine les étapes et où il faudrait mieux renoncer à vous écrire et à recevoir des lettres. Je vous écrirai poste restante à Font Romeu. Un mois est très vite passé, à partir du 15 août je serai sans doute en France dans l'Aube mais ce n'est pas sûr — puis fin août je passerai par Paris — C'est pour moi très doux de penser que vous serez avec Laurence. Si cela ne vous ennuie pas j'aimerais bien que vous me donniez de ses nouvelles. Faites attention pour elle à l'excès d'insolation à Font-Romeu. J'ai eu là une mauvaise expérience de ce genre. La montagne est très âpre et très sauvage là-bas — si vous pouvez vous loger hors de Font-Romeu même, je crois que vous serez bien. Je le souhaite et le désire tant.

21 juillet 1934
Carte postale de Steinach am Brenner

Je serai demain soir à Botzen et après-demain à Riva — C'est là que vous pourriez m'envoyer des nouvelles. — C'est seulement après-demain que je saurai quelque chose des projets (Venise, etc.). A côté de moi santé très mauvaise. — J'écris cette carte pour être sûre d'écrire quelque chose qui soit mis à la poste dès maintenant. Surtout allez à Iggls et montez au Sommet passer la journée en montagne. Écrirai demain.

Colette.

Botzen Bolzano (?)
Samedi 17 heures — (21-7-34)

Peut-être aurais-je mieux fait de ne pas téléphoner —

Vous avez sans doute imaginé le meilleur ou le pire alors qu'il n'y avait rien que la simple vie — j'avais envie de vous demander si vous aviez bien dormi aussi je craignais avec raison de ne pouvoir vous écrire —

Il y a de fortes chances pour que je vous voie très bientôt — Je vous demande d'ici là de rester calme et fort — Il faut en tout ceci être vous et moi plus virils —

Ce n'est pas le personnage contorsionné et à demi fou qui parle mais moi telle que vous me connaissiez —

Malgré l'écriture due à de mauvaises conditions matérielles, il y a longtemps que je n'avais été si ferme — si assurée

Mais je vous prie là encore de ne pas imaginer le meilleur — ni le pire —

Je vais passer un certain temps absolument *seule* c'est au cours de ce temps-là que je vous verrai. Je vous écrirai demain encore et vous téléphonerai sans doute car je ne puis vous donner d'adresse et je ne veux pas que vous vous sentiez « égaré » de ce fait.

Soyez plus ferme je vous en prie Georges

C.

CORRESPONDANCE

Je ne vous donne pas d'adresse parce que je ne sais rien — et je ne sais rien parce que tout dépend de quelque chose qui est en train de se passer quelque chose de grave

Mais rien de tragique. J'ai vraiment l'impression que plus rien ne peut être « tragique » —

Ce n'est pas pour quelque chose qui se rattache à vous — seulement à moi-même et à B.

C'est là que je voulais calmer vos inquiétudes possibles.

LAURE

jeudi soir (Innsbruck probablement août) 1934

Georges — Si je ne vous ai pas écrit plus tôt c'est que d'abord il y a eu encore des contingences diaboliques = impossibilité d'écrire puis de porter le courrier mais pourquoi dire cela — Je vous ai adressé un télégramme et je souffrais de vous faire attendre cette réponse jusqu'au dernier moment avant votre départ. Toute la journée j'ai vécu avec l'impression de votre départ et moi de m'en aller dans l'inconnu alors qu'en effet j'aurais « souhaité » et même *désiré* vous voir. Mais ce n'est pas cela encore que je veux dire. Votre amour entre dans ma vie, ne me quitte pas. Je voudrais presque dire : m'enveloppe — j'ai peur — oui affreusement peur de dire quoi que ce soit, de prononcer aucune parole. Il y a tant de raisons à cette *peur*. Je suis sans doute bien en deçà de vous. Sans cela nous nous serions déjà retrouvés sur une autre route.

Comment puis-je vous dire cela et croire d'autre part à une autre réalité encore absolument valable et même déchirante dans ma vie? Comment est-ce possible? Par moments il me semble que je *dois* faire quelque chose qui me perde à vos yeux. Savoir être plus odieuse, me rendre plus odieuse que ce que vous détestez le plus au monde. Ainsi aujourd'hui — je renonce à vous expliquer.

Non votre grande lettre ne m'a pas déconcertée. Je crois même que c'est cela le plus important entre nous. Je sens que c'est cela qui prime tout. J'ai d'autant plus hâte de vous voir pour parler librement, pour que vous m'aidiez à vous comprendre absolument, entièrement. D'ici là je n'ose rien dire, rien écrire, je me contenterai de vous relire. Si je n'ai pas mis à la poste ce matin une longue lettre c'est que je la sentais tellement insuffisante, pleine de choses superflues qui m'étonnaient moi-même — Vous voyez je me prends déjà en flagrant délit d'artificiel.

Puisque j'ai écrit cette lettre je vais vous l'envoyer. Cela me fait même un peu peur — mais tant pis —

— Je voudrais vous dire surtout que ce n'est pas le bonheur que je cherche mais une force latente, efficace et positive — je sais que je fais illusion — certains me croient déjà très forte, ferme et assurée... ce n'est pas ce qui en impose aux autres qui me satisfera jamais — c'est ce que je réclame de moi-même et je ne l'ai jamais atteint. Je ne hais pas le bonheur parce que une certaine joie dans la vie rend plus fort mais elle est faite du mépris même de ce que les autres nomment bonheur. J'ai honte de m'exprimer si mal mais ce qui m'importe c'est de savoir, d'être sûre que vous pensez dans ce sens — or, votre dernière lettre précise aussi cela — Votre dernière lettre précise tout je crois. Maintenant laissez-moi dire quelque chose — promettez-moi de l'oublier ensuite : je n'ai pas le *droit* de le dire mais ce

> Je vous enverrai ceci demain matin à la première heure — puis dans la même journée un mot avec indication de mon adresse que j'ignore totalement — et sans doute l'autre lettre

— Je voudrais préciser quelque chose. Vous comprenez : je sais que je n'atteindrai jamais aucun « but » parce que même si cela arrivait, à ce moment une seule chose m'importerait : dépasser ce qui ne serait déjà plus un but mais une étape. C'est très beau mais dans la vie même cela ne donne rien si on n'a pas atteint une sorte de maîtrise complète de soi-même. J'en suis bien loin. Je me sens toute émiettée. J'ai cru qu'il était bon de réaliser *tout* ce qui est en soi... et je suis arrivée à une cacophonie monstre et si quelque chose (votre amour par exemple) me rappelle ma fierté initiale je sens surtout ma misère actuelle.

Tout cela ne m'intéresse pas comme une sorte d'idéalisme abstrait mais simplement ma vie ne peut partir que de là et puis passer dans tout le reste (disant cela je pense à tout ce qui est nettement délimité comme le travail, la lutte, et même tout ce qu'on peut pétrir avec ses mains et aussi les rapports et les échanges avec les êtres humains c'est-à-dire ce qu'on peut sentir avec son cœur) — et

Je ne comprends plus du tout pourquoi je vous dis tout cela comme s'il était capital de le dire.

Si je parle souvent de la nature c'est parce que c'est pour moi un refuge contre moi-même, contre tout ce qui est excessif, inhumain, « surhumain » — C'est plus qu'un refuge — je ne peux pas vous l'expliquer — il y a des moments où je crois fermement que je vais de toutes manières m'arranger, je ne sais comment, pour vivre dans la campagne près d'une forêt et d'un cours d'eau. J'ai si souvent regardé les montagnes et le ciel, si un jour vous voyez en levant la tête un petit nuage tout seul vous pouvez penser que c'est moi qui viens vous voir à Font Romeu —

Je m'en veux terriblement de vous écrire et de ne pas vous *répondre* mais cela viendra plus tard —

Soyez bien —

Colette

A propos d'aide il faut que je vous avoue avoir éprouvé une grande honte de vous avoir parlé de cela parce que je crois que l'on n'acquiert vraiment que ce que l'on a conquis par soi-même. C'est faire preuve de faiblesse grave que « d'appeler au secours » car alors il se produit je ne sais quel phénomène de suggestion réciproque mais rien de valable. Il faut en sortir *seule* même si je parle dans le vague mais ce serait facile de concrétiser et de prouver.

CORRESPONDANCE

probablement 1934

Vous êtes un être que j'ai besoin de regarder en face —

C'est tout.

Je ne peux plus « m'expliquer » et si vous riez de moi cela sera égal

C'est aussi fatal que les chiffres mystérieux qui me poursuivent et tout ce qui me poussait,
et tout ce qui m'arrive

J'irai Poste Restante bureau nº 28 et là quoi qu'il arrive je serai muette et Seule

Comprenez-vous que cela n'a rien à voir avec ce que les autres... avec les mots et les choses que les autres disent et voient.

Personne ne peut comprendre c'est ainsi : sous ce signe mystérieux où il y a seulement moi devant vous un vous ... même ironique et cruel et loin. Mais je vais vous regarder bien en face une fois

A votre idée aussi j'ai voulu me détourner, me cacher, renier — je ne peux plus je ne veux plus — Je l'ai compris ainsi : à force de penser si souvent « enfin quand je mourrai — juste avant — je pourrai dire ce nom — crier parler votre nom — aussi, tout est égal.

probablement 34

Pourquoi ne suis-je pas en face de vous dès maintenant alors qu'à votre idée je sais que seule la mort peut me gagner de vitesse. Votre voix m'en délivrait, me délivrait d'elle qui me prend à la gorge et je reste étranglée, dans un mutisme insoluble, me délivrait d'elle lorsqu'elle me prend à la tête mais ma tête peut bien éclater : je ne me traînerai plus devant les autres. Pourquoi dire cela à vous qui voudriez faire je ne sais pas quoi avec votre souffrance, à vous à qui cela apparaît dérisoire à côté de...

Peut-être je le dis comme on s'appuie sur un bras et puis je le dis parce que je suis tellement sûre de vaincre tout ce qui vous semble inconciliable avec l'idée d'un « bonheur » *possible* entre nous.

J'en suis sûre quand je pense à vous *avec joie* car alors je deviens forte comme un arbre, un arbre qu'on ne peut pas déraciner. A vous écrire, à vous entendre ce matin, comprenez-vous il me semblait que je prenais racine dans la terre et que mon front heurtait les nuages — J'ai besoin de vous dire cela parce que *je ne veux pas vous revoir sous le signe du malheur*.

Cela me paraît invraisemblable d'imaginer que ce papier vous arrivera entre les mains et je ne le crois pas. C'est que je vis une vie qui n'est pas là mais ailleurs toujours comme dans cette ville étrangère que je prenais pour une autre, toujours suivant des chemins contraires à ceux qui mènent là où je vais me rendre — alors la journée a passé ainsi.

Pouvez-vous m'appeler ce soir ou cette nuit jusqu'à ou demain matin avant 10 heures à Odéon 51-40 où je suis au 14 rue Cassini : Private Hôtel et je pourrais vous voir demain, n'est-ce pas je suis si *heureuse* que vous seul au monde sachiez où je suis en réalité Si cette lettre ne vous parvient pas je pourrai toujours vous appeler demain matin.

CORRESPONDANCE

Probablement 1934

Pourquoi vous ai-je dit « j'ai mangé » j'aurais aussi bien pu dire « j'ai chié » ça vous aurait sans doute autant intéressé —
Pourquoi n'avez-vous pas dit, que vous n'aviez « pas d'argent sur vous » — c'était ignoble de tous côtés — je lui en voulais — et vous tranquillement vous ———————— ———————— soixante francs —
Vous êtes venu à 3 heures et lui à 6 heures — je croyais l'avoir oublié ———— que je serais en bois ——— que tout était fini — cassé de tous les côtés et que c'était tant mieux —
Mais le désir de cet homme-là me coupe le souffle — Quand le désir tord sa bouche — comme ça devant d'autres et qu'il a les yeux fous — le voir — voir son visage me suffirait presque — Mais c'est irréalisable alors je prends rendez-vous et quand le moment du rendez-vous arrive ———— c'est fini je suis calme et cérébrale — J'aurais voulu être toute simple avec vous — je n'ai pas pu — à cause de cette marque sur votre joue — tout risquait à nouveau de se renverser à l'envers — je voulais, je me laissais jouer avec ce feu

Si seulement je pouvais hurler, me rouler à ses pieds — que tout le monde sache, me voie —

Avez-vous vu comme j'entre dans le rôle ignoble, vulgaire d'une femme qui *ment* — ça ne m'était pas arrivé de ma vie. J'avais toujours pensé et je pense encore que si je mentais *de cette manière-là* justement *comme ça* la vie, ma vie perdait toute raison d'être — Je ne supporte pas le mensonge —

C'est lui qui sans doute m'enlève le sommeil et l'appétit — C'est bien ainsi — je devrais même en mourir de savoir *moi aussi* mentir ignoblement superbement, triomphalement —

LAURE

Vous trouvez que « ça n'a pas d'importance » mais pour moi tout « a de l'importance ».

vous avez dit aussi

« Vous *étiez* la femme que j'esti*mais* le plus et vous êtes la plus ignoble »

mille regrets cher ami

Je vous hais pour cette phrase

Je ne sais pas si vous ne comprenez *rien* ou si vous comprenez — *trop* —

Par exemple : moi qui aime tant que les êtres s'entraident et les aider à voir plus clair en eux, à être meilleurs, plus efficaces, moins mesquins — eh bien les jours

où tout se *renverse* et où ce renversement même me brûle le ventre

j'aime à flatter ce qui me déplaît dans un homme — ses côtés vils et mesquins (on en a tous n'est-ce pas).

C'est comme avec les enfants — il n'y a pas de source plus claire pour moi que le regard, la voix d'un enfant ——— et tu sais pourtant ce que volontiers j'en ferais... ce que j'en ai fait —— lâchement... dans ma tête... gratuitement —— je voudrais tout te dire à toi — *avec tous les détails* ———

Je suis encore comme une chienne aujourd'hui —

Chauffeur — Allez n'importe où : « à la fournaise, à la voirie, au bordel, à l'abattoir ». Il faut que je sois brûlée écartelée couverte d'ordures et que je sente tous les foutres, que je te répugne bien — et puis après ——————— m'endormir sur ton épaule —

ma vie elle ne sera jamais là où tu crois la trouver — tant pis pour moi

D..... c'est un pays très gras avec des troupeaux de chevaux et des poulains qui hennissent et viennent boire dans le fleuve. C'est tout en champs de fleurs. Il y a un bar à l'hôtel et cela te plairait bien.

J'ai tant à te dire que je n'écris pas — tout ce qui nous tourmente l'un et l'autre : je ne m'étonne pas qu'il en soit ainsi. S'il en était autrement nous serions des ocapis ailés. Or l'ocapi n'a pas d'ailes et malgré sa langue apocalyptique il a de drôles et tendres pattes qui trébuchent dans l'ombre.

Mon chéri je ne sais dans quelle couleur tu es mais je pense que nous nous retrouverons... dans l'arc-en-ciel.

Colette

La fatigue me pulvérisait. Je la surmontais en grimaçant — Cela va un peu mieux après un bizarre accès de fièvre.

Il y a aussi des hêtres argentés.

Il y a beaucoup d'enfants — Laurence serait bien ici aussi.

LAURE

« Pontem indignatus Araxes »

Georges il faut que quelque chose de moi s'en aille vers toi tout de suite et cependant peut-être n'ai-je rien à « t'écrire »...

Je ne comprenais pas très bien dans le train pourquoi je te quittais mais nous nous verrons dimanche n'est-ce pas. Et puis tu es là près de moi si doucement que j'en suis déjà toute... changée.

Aussi tout ce qui est toi me fait un peu l'effet du son de tambour pour Kate. J'aime beaucoup ce livre (Serpent à plumes). Il va beaucoup plus loin que je ne croyais. Je l'ai fini. Où es-tu? Es-tu content. Nous pourrions être si « heureux ».

Dammarie est très joli, pas du tout comme l'année dernière, il y a de la très bonne eau de vie que je voudrais te donner. Il y a une petite maison indépendante que ma mère veut me donner. C'est tout près de la Seine, dans les arbres. Si tu l'aimais j'y viendrais. Ne fais pas attention. C'est si bon de savoir que la clef est sous la porte. S'il faisait beau je pourrais t'attendre à Bois-le-Roi samedi ou dimanche matin mais il pleut tout le temps et très fort alors il vaut peut-être mieux que j'aille à Paris.

Je pourrais aussi, dimanche, t'emmener à Marlotte, tu verrais Laurence si elle est là et moi je t'attendrais ailleurs. Je t'écrirai encore pour décider *où* nous nous verrons dimanche. Peut-être m'écriras-tu ce que tu préférerais.

Je voudrais te dire quelque chose tout bas : je comprends que j'ai terriblement besoin de toi pour vivre et cela ne me fait pas souffrir dans mon insupportable orgueil, tu sais.

Un jour on m'a dit que je ne guérirais jamais à cause de cet orgueil, je pense que c'est en raison de lui que je guéris, tu dois comprendre cela mieux que moi.

Est-ce que je ne suis pas mieux dans tes bras que « toute seule sur une haute montagne »?

Je voudrais savoir que tu es bien en ce moment.

Colette

Je compte les heures jusqu'à dimanche sans savoir d'où me vient une si grande inquiétude à ton sujet.

LAURE

Georges[1], maintenant c'est si clair. Tu penses avoir asservi à jamais *mon existence* — tu la vois toute enfermée, finie, délimitée — les limites que tu prévois, qui te sont connues et puis tu pars... vivre vrai et secret — ou du moins tu crois à cela.

Comme si le vrai en toi pouvait m'être étranger... comme si ta présence d'absent pouvait me faire illusion. Ou ton retour d'homme ivre l'autre jour et ce souvenir atroce qui m'en est resté.

Tu peux croire que l'existence actuelle est un reflet d'une réalité vivante en moi. Tu peux, et moi je ne le peux pas, à tel point que si je sens le besoin de m'exprimer c'est à d'autres devant d'autres qu'il me serait *possible* de le faire à tel point que chaque jour la vie se vide un peu plus, se désagrège, comme un corps qui se décompose sous mes yeux.

— Le temps le plus *chrétien* de ma vie c'est auprès de toi que je l'ai vécu.

— le culte de cette fausse victime sans aucune *fierté*

— la désinvolture pour parler de tes vacances comme si les six semaines étaient écoulées. La façon de changer de place, de voix, de ton —

— ÉCRIS des livres, fabrique-toi un roman ce pauvre être qui n'a existé que grâce à ma JALOUSIE

---

1. Ces fragments de lettres adressées à Georges Bataille ne sont précédés ni par une date, ni par une indication de lieu. Je les ai placés ici dans un ordre qui correspond approximativement à la chronologie.

CORRESPONDANCE

Georges

Tu n'as plus qu'une possibilité de m'aider

Ce n'est pas la douceur, ce n'est pas ton désir de me « soigner » et que je t'appelle la nuit : c'est ta vérité et la mienne.

Georges comprends-tu : ma vie et ma mort m'appartiennent. En ce moment je suis aussi près de l'une que de l'autre, nul être au monde ne peut plus rien puisque je ne te trouve plus *tout au fond* — là où je savais te trouver. Georges peut-être que je « ne t'aime pas ».

Georges je sais ce qui s'est passé hier. Je le *sais*. J'ai haï notre vie, souvent je voulais me sauver, partir seule dans la montagne (c'était sauver ma vie maintenant je le sais) Dès que j'avais de l'argent dans ma poche, j'y pensais. J'avais horreur de ce rythme fou, de mon travail, de nos nuits, tu *osais* m'accabler en me parlant de « faiblesse » tu l'oses encore toi qui n'as pas la force de passer deux heures *seul*, toi qui as besoin qu'un autre être à tes côtés t'inspire tous tes gestes, toi qui ne peux pas *vouloir* ce que tu *veux*. Je sais : elle te mènera comme elle veut, c'est prouvé.

Notre vie à nous deux j'y crois comme tu y croyais encore le premier jour où tu as parlé de la maison. J'y crois comme je crois à ce qui nous a réunis : au plus profond de ta nuit et de la mienne. Je t'ai livré tout de moi-même. Maintenant que ce soit ton plaisir d'en rire, de souiller — cela me laisse aussi loin qu'il est possible de la colère.

Disperse, gâche, détruis, livre aux chiens tout ce que tu veux : tu ne m'atteindras plus jamais : je ne serai jamais là où tu crois me trouver, là où tu penses enfin me saisir d'un étranglement qui te fait jouir.

Maintenant que grâce à moi l'image la plus banale a pris forme de rêve, de désir, de drame, de passion, maintenant que seule l'hilarité la plus douce te délivrera de tout ce qui est pesant tout sous la forme et l'aspect du plus *précis*, du plus *combiné*, du plus *intéressé* du plus pauvre « adultère ».

Pour moi qui suis au-delà des mots, j'ai trop vu, trop su, trop connu pour que l'apparence prenne forme. Tu peux faire tout ce que tu veux, je n'aurai pas mal.

Comment les tragiques sont des hypocrites : tu le sais bien. Comment ce drame a été monté — jour par jour — sous mes yeux méprisants — ou *grâce* à mes crises horribles qui ne relevaient que de la névrose.

Tout ce que tu as vécu, je le sais — *tout* — depuis plus d'un an avant, après la Sicile, tout ce qui s'est cristallisé autour d'un être qui a pris forme de ton rêve, un rêve brisant qui sait briser, un rêve qui revient de la plus banale des réalités quotidiennes que n'importe quel être humain est capable de vivre : l'adultère bien organisé, combiné, adroit, habile, brûlant parce que secret. Comprends-moi, rien ne peut m'atteindre de cet être. Je sais — la rue de Rennes, la glace qu'elle t'a obligé d'aller chercher et devant laquelle dès le premier jour (les jours de « Colette je t'adore ») je la voyais se dandiner le plus possible sans même que tu y prennes garde à son grand dépit.

Elle peut tout ce qu'elle veut sauf m'atteindre.

Qu'elle se sente pisser tant qu'elle voudra. Je voudrais vraiment que tu saches quelle libération : tout est retombé en poussière.

Tu peux bien faire joujou avec mes objets, les lui mettre aux pieds, l'adorer, jamais ce qui vient d'elle ne m'atteindra. *Jamais*, entends-tu elle ne touchera à ce qui est *nous* deux.

Je sais : c'est elle qui te plaît « à en mourir » maintenant, à en mourir de plaisir. Je sais parce que je sais tout ce que tu as vécu. *Tout* ce que tu *vis*.

Là-bas, tu lui donneras rendez-vous quand tu iras te promener et que je resterai clouée là. Si tu savais : Je viendrais t'aider à organiser ces rendez-vous, je serai parfaitement calme et heureuse, je t'indiquerai.

Comme j'ai su la parer de l'auréole du crime qui te *passionne* cette malheureuse fille qui ne pouvait que « se marrer » de tout. Elle a épié tous mes gestes pour les copier, écouté mes mots pour les répéter, elle essaie de lire mes livres, elle s'efforce, elle s'essouffle tant qu'elle peut pour être ce que je suis — c'est si *comique* n'est-ce pas que je la plains *de tout mon cœur*.

CORRESPONDANCE

Je n'ai pas envie de me punir — de me lier au moment où j'ai *besoin* de me déprendre.

D'être là au moment du rendez-vous dans la forêt ou dans une chambre louée à Saint-Germain ou à la gare Saint-Lazare.

C'est avec une curiosité de pieuvre qui colle à tout qu'elle veut être au courant de tout ce que tu fais et dis, de tous tes projets pour s'y mêler, pour peser. Jamais plus tu n'oses te décider sans qu'elle se soit *mêlée* de tes projets.

Est-il possible même de continuer ainsi? *Sûrement pas.*

Pas de transaction dans l'intégrité, la plénitude... la vie. Il n'y a pas de transaction possible en moi. C'est clair — n'est-ce pas ainsi que je vis de nouveau en échappant au médiocre, à tout ce qui est
l'air honteux
le faux-semblant
le langage
Bien — mal — toujours ces mots-là à la bouche.

LAURE

A Michel Leiris

Je ne peux plus pleurer : je vomis. Je ne peux plus rire : je grince des dents. Comme je le haïssais ce rire sec et mauvais, — ce rire qui vit de s'entendre quand je le rencontrais sur mon chemin. Je me suis repérée dans tous les sens, dans toutes les phrases qui échappent, dans tous les gestes décomposés et que les autres croient seuls comprendre. Mais moi je comprends mieux que vous et avec une ironie féroce... je ris d'un long rire solitaire... après comme ça et puis je pleure, je grince et je vomis.

Je crois bien que je ne vous ai jamais revu, vous et d'autres, que pour l'apercevoir.

Il est temps de cesser cette comédie et d'être là avec ma vie dans les mains, d'être là même sur un désert de rocs et de pierres, mais d'être là — moi — et non une autre qui ne me ressemble guère.

Tous les jours de ma vie — entendez-vous — il me poursuit. Je l'ai retrouvé dans la terre rouge et dans la boue, dans le ciel étoilé, dans la haine et dans la joie des autres partagée — que les autres partageaient avec moi *comme par miracle*.

Je l'ai retrouvé dans l'horreur d'un « paysage » affreux et si doux[1]. C'est aussi simple que la géométrie, c'est comme la ligne d'horizon.

Tout est bien clair, je ne suis pas ivre. Seule l'extrême fatigue d'une ombre qui traîne sa vie me rend ivre... et me brise. Cette ombre (la mienne) voudrait bien me laisser au coin d'une rue ou bien elle

---

1. En note de la main de Bataille : « C'est le mont Pourri où Laure alla (dans les Alpes) dans l'hiver 1935 ». La lettre a été recopiée entièrement par Bataille.

me porte vers d'autres ombres que je prends au sérieux. Mais on ne me brisera pas. Je pense à mon enfance [.....] séparées, coupées, elles se rassembleraient toujours en une seule grosse larme brillante — je le retrouve dans le pavé et dans les feuilles, dans la terre ferme et dans l'eau dites-lui et cette fois *pour de vrai* que je suis tout ce qui fait grincer des dents, ciller des yeux, tout ce qui fait qu'on se détourne avec horreur — non, dites-lui plutôt que je suis... ridicule.

Un jour il mettra une annonce dans *le Journal* « on cherche une chienne perdue ».

Peut-être que je n'aurais qu'un mot à prononcer pour que tout cela cesse — cet enfer ridicule... abject... indigne. Un mot qui serait un nom.

Souvent j'ai souhaité d'être à ce moment où l'on meurt par « accident ». Alors on se répète « le dernier mot qu'elle a prononcé » et ce serait celui-là ce mot qui est son nom.

Si je le disais maintenant la foudre tomberait sur ma tête — il ferait nuit en plein midi.

Le crépuscule deviendrait l'aube.

Les rues seraient des fleuves.

Je ne suis pas ivre. Simplement : je dis ce que j'ai tu pendant des années — des mois — des jours — des heures.

Je le dis
peut-être à vous parce que vous êtes vrai
les autres : c'est l'écume : ce que l'on jette par-dessus bord.

J'ai tout essayé : de me perdre et d'oublier, de ressembler à ce qui ne me ressemble pas, de finir... et quelquefois je me rencontrais si drôlement étrangère, ça devenait criminel — mais avec des airs très gentils et toujours cette voix très banale et très vulgaire :

« Je connais ton étoile
« va et suis-la.

(Suivent douze lignes raturées où l'on reconnaît cependant les derniers vers du « Corbeau ».)

J'ai tout essayé ma vie reste là dans mes mains moi aussi *par délicatesse!* par bonté, par « mansuétude »! par curiosité humaine j'ai essayé de perdre ma vie et elle est revenue, elle a jailli dans les sources, dans le ruisseau, dans l'orage, dans le plein midi triomphant et elle est restée cachée comme une tache fulgurante et s'il rit : rien ne changera, simplement, je rirai plus fort que lui.

Autre papier beaucoup plus tard.

Je pense aussi que ce qui est écrit doit être communiqué. Cette lettre a été écrite au printemps de l'année dernière. Je suis sûre que je dois vous la montrer et non la détruire. C'était un subterfuge l'autre jour : je voulais me mettre à l'épreuve il s'agissait bien de manuscrit! la question était là : est-il possible de *communiquer* avec un être humain? Communiquer ce que je vis — s'il en est temps.

La vie va toujours plus loin — elle se retrouve — ailleurs — la même. On peut porter plusieurs êtres en soi et lutter farouchement et même s'avilir (aux yeux des autres cela ne fait *rien* mais pour soi c'est atroce) les jours où l'on ne sait pas serrer les dents à en avoir les mâchoires brisées; pourquoi m'adresser à vous — j'aurais pu aussi m'adresser à André [1] — je peux retrouver le rythme de la vie.

Je vous écris à cause d'un sourire que vous avez eu — irrépressible : retenu aussitôt que venu. Savez-vous que l'on va reprendre Don Juan sur un nouvel air cet hiver. Il y a déjà quelques [ ] au printemps.

A propos de ce mythe l'essentiel est d'avoir la force de la légèreté. Et quand je parlais déjà de cela l'année dernière. Mais je reste là comme perdue dans un dessin d'André ou sur les pentes de l'Etna... reste là muette « comme si rien n'était » étranglée et tout au fond de moi je retrouve une fête magnifique de toutes manières et puis cela change c'est vulgaire et grisant comme une foire ou bien je vois les yeux fermés et je suis toute recouverte d'une fine pluie de sueur et de cendre.

Mais je n'ai plus de force dans la vie quotidienne — c'est le laisser-aller, l'abjection, l'impuissance des volontés contraires et qui s'annulent.

Je suis dans cette pièce comme dans un rêve où l'on ne peut bouger. Je suspens tous les gestes — quelquefois je me mets à hurler comme une bête blessée. Si l'on ne me tue pas ou si l'on ne se tue pas.

Il fallait cela pour couper l'être en morceaux, l'étal du boucher est moins sanglant ou le lit d'une accouchée.

---

1. Masson.

CORRESPONDANCE

L'absurde, la bienheureuse insolence qui délivre, la connivence retrouvée dans la rupture de vérité.

L'infinie tendresse retrouvée. Cette voix : « tu commences seulement à l'aimer ».

Ou bien les cris d'enfant hors du jeu : hors du jeu des hommes et de la terre *qui tourne* — ce vertige — il ne voit plus que déchéance — il est l'être humain total aucun être au monde ne peut être plus *humain* — l'arrêter dans sa course? suivre son rythme avec douceur? L'accueillir dans la haine — j'éclate et je tombe au lieu de fierté tranquille je ne trouve que misère et blessure des hurlements *de bête*.

Un doute extrême

Une extrême assurance d'avoir seule tracé le
sillon mais un doute extrême de
ne savoir que semer
Semer? jamais

Il y a eu la foi

La période de certitude heureuse d'activité confiante. Un certain plan de confiance a priori

Tout a sombré lâcheté
Peur
Fatigue
Tendresse insoluble

l'abord droit et ferme

Tout a sombré

La vie décomposée — me dissoudre

et puis le doute de soi jusqu'au tréfonds l'instinct de mort, le besoin de malheur et de punition

= Se sentir bafoué *être* bafoué

doute des moindres petits actes [ex. : le ton de voix chez les communistes]

La vie se *recompose*

Choix — Sûreté — Temporiser

La vigueur d'une nature s'affirme dans sa faculté de temporiser

---

* Cette page est écrite sur une feuille à en-tête de la « Brasserie Lumina, 76, rue de Rennes, Paris ». (L'adresse de Georges Bataille est alors 76 *bis* rue de Rennes).

Certains fragments de cette page, couverte d'écriture en tous sens, ont été d'autre part recopiés « au propre » de la main de Bataille.

Éclaircir liquider *les vieilleries du passé*
Chercher un trav[ail]
Contact Kojève
Caillois
et pourquoi pas W.
Rougemont
exprimer Anarchie
Socialisme chrétien
Rougemont — Acéph.[ale]
Terminer le travail : Anti chrétien
menant à *l'abjection*
Certitude que exister *contre* c'est exister
le besoin de vie d'affirmation
de Preuves de se faire connaître
le Dieu Bataille
Bataille — Dieu
Le « Tu ne trouveras rien au-delà de moi »
La certitude légère du *doute* — Le doute qui effleure *tout.*
Ce n'est pas le nihilisme. C'est une sorte de scepticisme.

---

* ——————————→

Pratique *cette semaine* — Allées et venues | tragiques haineuses de reprises |

perte de l'intelligence
mari
dissolution j'aurais dû habitation
en commun
remarque BÊTE je n'aurais pas dû
l'être
au-dessous
certains rires à faire rentrer dans
certaines gorges
le pauvre Boris
Socialistes parce que Chrétiens
Rougemont

CORRESPONDANCE

* J'ai été très contenté de vous voir ainsi
que Esther l'autre
jour. Si je ne vous demande
pas où vous veniez avec
elle c'est que
vraiment
je ne pense pas du tout à un
~~genre confidences~~
~~Il est bien entendu~~
~~qu'il ne saurait être question~~
ni de vous ni de moi
mais de ce qui
en dehors de nous
nous a préoccupés
de semblable
manière
au cours
d'évolutions
différentes
de ce qui
en un mot
commande
vraiment
les démarches
d'une existence.
Pier. Kl., pour lequel [Pierre Klossowski]
(j'ai de l'amitié)
j'ai une grande estime
est venu souvent
chez moi et nous
avons parlé
d'Acéphale
c'est tout
ce que je
souhaite une
fois avec
vous ~~au-delà de tout~~
de ce qui commande les
démarches
d'une existence
s'il est possible qu'un
~~entretien de ce genre exclue~~

ce qui
plus indépendant que d'autres
et plus détaché de toutes ces
Vous serez surpris de recevoir une
lettre de moi et adressée
à Grenoble —
1 — vous écrire cela se
présente pour moi comme...
~~*un* cas de conscience [si je ne détestais~~
cette expression je dirais : un cas de conscience —
2 — Je ne demanderai pas deux fois
votre adresse à Paris
Je tiens à avoir un entretien
avec vous c'est si simple
que je regrette d'employer
ce moyen insolite
et ridicule
qui donne trop
d'importance
pour vous proposer
de vous rencontrer
un ~~après midi~~
jour si vous êtes
d'accord
je propose le café
des oiseaux
N'en espérez non
plus je vous prie
aucune
indiscrétion
d'aucune
sorte de
ma part
je tiens à
vous
communiquer
un certain
texte et à ce que
vous soyez le pre-
mier à le lire pour ce que vous osez
vis-à-vis de
moi

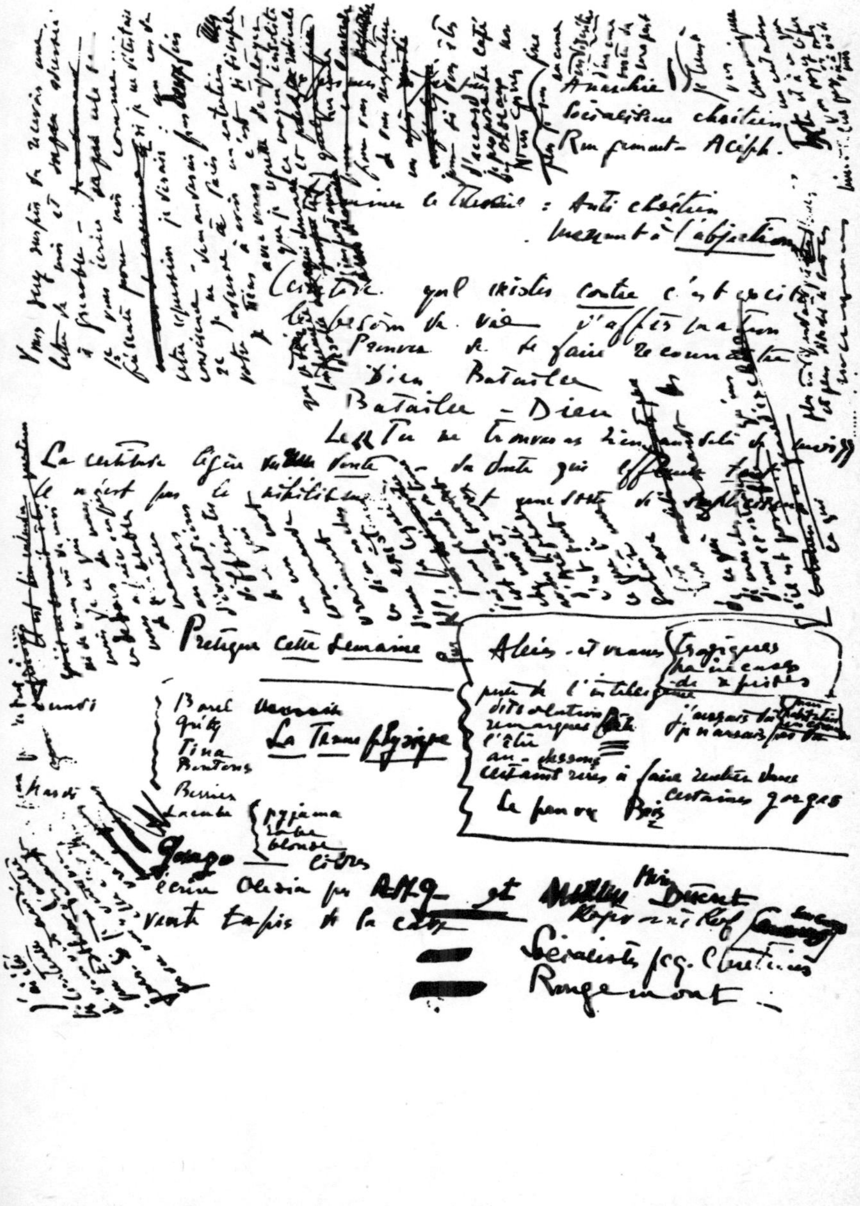
Anarchie
Socialisme chrétien
Anti chrétien
l'abjection
le besoin de vie
Dieu Bataille
Bataille – Dieu
La certitude
Presque cette semaine
Lundi
Mardi
La Terre physique
tragiques
pyjama
blonde
Socialistes pq. Chrétiens
Rougemont

Le Dieu – Bataille

BATAILLE

Remplacer Dieu

Le Dieu

Machiavel

par

Machiavel

se mettre à plusieurs

pour avoir la force du système

ANNEXES

Georges Bataille

« Vie de Laure* »

Au moment où je commence d'écrire cette vie de Laure, elle est morte depuis quatre ans. Commençant d'écrire, je ne puis savoir à qui ces pages parviendront et comme en apparence elles ne diffèrent pas d'autres où l'auteur invente, j'avertis qu'il n'est pas un mot de ce livre où l'auteur n'ait voulu scrupuleusement se borner à ce qu'il sait.

Ce récit prend la suite de l'*Histoire d'une petite fille* où Laure elle-même a raconté son enfance. A cette histoire j'ajouterai seulement ces détails. Laure est née à Paris le 6 octobre 1903. Elle appartient à une famille riche, non de vieille bourgeoisie quant au père dont les ascendants proches s'étaient élevés de l'artisanat à la richesse. La maison des parents de Laure était voisine de Sainte-Anne.

Je ne m'étendrai pas non plus longuement sur l'époque de la vie de Laure allant de l'adolescence au moment où je l'ai connue. Essentiellement je rapporterai ma vie avec elle, toutefois je dirai de ce qui précède ce qu'elle-même a pu m'en dire. La vie de Laure eut un caractère dissolu, mais non tout d'abord. Aux environs de 1926-27 elle rencontrait à l'occasion des gens chez son frère, où elle connut Crevel, aperçut Aragon, Picasso. Elle connut aussi Luis Buñuel à ce moment-là. Chez son frère, elle rencontra Paul Rendier avec lequel elle eut sa première liaison. Son père était mort pendant la guerre de 14 (ainsi que ses trois oncles, une rue porte à Paris le nom des *Quatre frères...*), elle disposait de sa fortune : elle rompit brutalement avec sa famille et partit pour la Corse retrouver Rendier. Cette décision fut l'une des plus difficiles de sa vie. Elle ne s'entendit qu'assez mal avec

---

* Je remercie Mme Diane Bataille ainsi que les Éditions J.-J. Pauvert et les Éditions Gallimard pour l'autorisation qu'ils m'ont donnée de publier ces textes de Bataille qui trouvent ici, tout naturellement leur place.

Rendier. Je ne sais combien de temps dura leur liaison. En 1928 ou 29, elle se trouvait à Berlin où elle vécut environ un an chez un médecin allemand, Ludwig Wartberg, auteur d'un petit livre intitulé *Gott, Gegenwart und Kokain.*

Ce qu'elle-même écrivit de sa vie avec Wartberg (que je ne connais pas, dont j'ignore s'il vit) est reproduit à la page 140 du *Sacré.* Je le répète :

Je me jetais sur un lit comme on se jette à la mer. La sexualité était comme séparée de mon être réel, j'avais inventé un enfer, un climat où tout était aussi loin que possible de ce que j'avais pu prévoir pour mon propre compte. Plus personne au monde ne pouvait me joindre, me chercher, me trouver. Le lendemain, cet homme me disait : « Tu t'inquiètes beaucoup trop, ma chère, ton rôle à toi, c'est celui d'un produit de la société décomposée... un produit de choix, sais-tu bien. Vis cela jusqu'au bout tu serviras l'avenir. En hâtant la désagrégation de la société... Tu restes le schéma qui t'est cher, tu sers tes idées en quelque sorte et puis, avec tes vices — il n'y a pas tant de femmes qui aiment à être battues comme cela — tu pourrais gagner beaucoup d'argent, sais-tu? » Une nuit, je me suis enfuie. C'était trop, trop parfait dans le genre. A deux heures du matin, j'errais dans Berlin, les Halles, le quartier juif et puis à l'aube, un banc du Tiergarten. Là deux hommes s'approchèrent pour me demander l'heure. Je les dévisageai longtemps avant de répondre que je n'avais pas de montre. Ils s'approchèrent avec d'étranges regards puis l'un d'eux fit signe à son compagnon en regardant de côté. Je tournai aussi la tête : il y avait un schupo à cent mètres de nous; leur intention avait été sans doute de m'arracher mon sac ou quelque chose de ce genre. Combien c'était égal et comme j'aurais aimé leur parler. Car en somme, on est là en plein désarroi, on marche dans les rues portées par les remous de foule comme une épave sur les flots, on pense au suicide mais on a un sac à la main et on remarque la déchirure d'un bas. Quelques minutes... ils s'en allèrent et peu après ce fut le schupo qui vint m'interroger. Qu'est-ce que je faisais là? Je prends l'air. N'avais-je pas de domicile? Si. Où? Je donnai mon adresse, mon quartier très « bourgeois cossus ». Cela le cloua sur place. Il continue : qu'est-ce que je faisais là? Je prends l'air. Mes papiers? Faut-il un passeport pour prendre l'air? Puis je me rendormis.

Je dois m'expliquer avant de poursuivre : j'ai décidé d'écrire ce livre il y a quelques mois mais retardais de le faire, quand tout à l'heure, ayant trouvé dans mes papiers une photographie de Laure, son visage répondit brusquement à l'angoisse que j'ai d'êtres humains justifiant la vie. L'angoisse de justifier la vie est si grande en moi que peu de temps se passa, un quart d'heure à peine, avant que je ne commence d'écrire ce livre. La beauté de Laure n'apparaissait qu'à ceux qui devinent. Jamais personne ne me parut comme elle intraitable et pure, ni plus décidément « souveraine », mais en elle rien qui ne soit voué à l'ombre. Rien n'apparaissait.

Elle se parait à l'époque de Berlin avec recherche... bas noirs, parfums et robes de soie des grands couturiers. Elle vivait chez Wartberg, ne sortant pas, ne voyant personne, étendue sur un divan. Wartberg lui fit porter des colliers de chien; il la mettait en laisse à quatre pattes et la battait à coup de fouet comme une chienne. Il avait une tête de forçat, c'était un homme relativement âgé, énergique, raffiné. Une fois, il lui donna un sandwich à l'intérieur beurré de sa merde.

Dans les débuts, le surréalisme séduisit Laure, mais l' « enquête sur la sexualité » la rebuta : elle en conclut l'insignifiance des caractères. Elle avait lu Sade, non sans exaltation, néanmoins dans l'audace demeurait la terreur, la féminité même. Ce qui la dominait était le besoin de se donner tout entière, et tout droit. Elle voulut devenir une révolutionnaire militante, elle n'eut toutefois qu'une agitation vaine et fébrile.

Elle apprit le russe à l'École des langues et partit pour la Russie. Elle y vécut d'abord pauvrement et très seule, mangeant dans de misérables restaurants et ne mettant les pieds que rarement dans les hôtels cossus pour étrangers. Elle connut ensuite des écrivains. Elle fut la maîtresse de Boris Pilniak, dont elle garda mauvais souvenir, que cependant elle revit plus tard à Paris. Elle séjourna à Léningrad mais surtout à Moscou. Fatiguée de tout elle voulut connaître et même partager la vie des paysans russes. Elle n'eut de cesse qu'on ne l'introduise dans une famille de moujiks pauvres dans un village perdu, en plein hiver. Elle supporta mal cette épreuve excessivement dure. Elle fut hospitalisée à Moscou, gravement malade. Son frère vint la chercher et la ramena en sleeping.

Elle rentra à Paris : elle habitait alors rue Blomet. Dégoûtée, il lui arrivait de provoquer des hommes vulgaires et de faire l'amour avec eux jusque dans les cabinets d'un train. Mais elle n'en tirait pas de plaisir.

Elle se lia alors avec Léon Bourénine [1], qui s'efforça de la sauver, la traita en malade, en enfant, fut pour elle davantage un père qu'un amant.

Elle me rencontra peu de temps après. Son nom avait pour

1. Un des fondateurs du Parti communiste français.

moi le sens des orgies parisiennes de son frère dont on m'avait parlé plusieurs fois. Mais elle était visiblement la pureté, la fierté même, effacée.

Je la vis la première fois à la brasserie Lipp dînant avec Bourénine : je dînais à la table d'en face avc Sylvia. Je m'étonnais de voir Bourénine (aussi peu séduisant que possible) avec une femme aussi jolie. Elle venait alors de s'installer rue du Dragon où je retrouvai Bourénine un soir. Je lui parlai peu. Ce devait être en 1931. Dès le premier jour, je sentis entre elle et moi une complète transparence. Elle m'inspira dès l'abord une confiance sans réserve. Mais je n'y songeais jamais.

En ce temps-là, mon existence avait davantage de sens pour elle que la sienne pour moi. J'étais l'auteur de *l'Histoire de l'œil,* que Bourénine lut, mais considéra comme une lecture néfaste pour elle et refusa de lui passer. Nous aimions nous rencontrer, parlant sérieusement de problèmes sérieux. Je n'ai jamais eu plus de respect pour une femme. Elle me parut d'ailleurs différente de ce qu'elle était : solide, capable, quand elle n'était que fragilité, qu'égarement. Elle reflétait à ce moment-là quelque chose du caractère industrieux de Bourénine.

En janvier ou février 1934, je restai malade, alité. Elle vint me voir une ou deux fois. Nous ne parlâmes que politique. Au mois de mai, je crois, nous allâmes passer deux ou trois jours dans la maison de campagne d'un ami (au Ruel), Bourénine, elle, Sylvia et moi. Je me rendis compte alors que ses rapports avec Bourénine étaient empoisonnés. Il se trouva en même temps que Bourénine à table me contredit d'une façon presque intolérable, agressive. Il y avait une complicité tacite entre Laure et moi. Au cours d'une promenade elle m'avait parlé cette fois de vie non politique. D'une façon peu claire et triste. Je crois que nous étions le plus souvent possible tous les deux seuls. Bourénine comprenant sans doute ce qui se passait obscurément en nous, devinait l'inévitable et laissait libre cours à son caractère intolérant [1].

O. C., T. V, (c) Éd. Gallimard

1. Cette « vie de Laure » s'interrompt donc à peu près au moment où Laure et Bataille commencent à vivre ensemble comme si l'essentiel de ce qu'il avait à mettre dans ce texte, Bataille l'avait incorporé aux livres qu'il écrivit à partir de cette date, ses livres à l'arrière plan desquels Laure se trouve d'une manière indubitable. Sa « vie de Laure » Bataille ne l'a reprise que sous formes de notes éparses que j'ai retrouvées dans l'Édition complète et que je fais figurer ici, page 286 et suivantes.

Marcel Moré

« GEORGES BATAILLE » et la mort de Laure

Ce texte reproduit les paroles prononcées par Marcel Moré devant les micros de la radiodiffusion de Bruxelles en décembre dernier[1].

Nous sommes entrés en relations vers 1935 par l'entremise de Michel Leiris. J'étais alors un fervent catholique; mais, nourri depuis mon adolescence de l'œuvre de Bloy, mon christianisme avait, si je puis dire, le caractère d'un catholicisme « absolu », attachant plus d'importance au monde « sacré » qu'à celui de la « morale » et, bien que Bataille, qui, sauf erreur, s'était fait baptiser à dix-huit ans, eût déjà pris depuis plusieurs années une violente position contre l'Église, mon catholicisme à la Bloy ne semblait pas lui déplaire. Jamais, dans nos conversations, je ne l'ai entendu attaquer ma vie religieuse. Et nos rapports étaient, en somme, ceux de deux bons camarades, quand un fait dramatique, qui s'est passé à l'automne de 1938, peu de temps après Munich, a vivement resserré notre amitié.

J'avais connu, bien avant Bataille, une femme qui devait, par la suite, vivre avec lui à Saint-Germain-en-Laye. Je l'avais connue dans un milieu catholique, un groupe assez fermé de jeunes gens et de jeunes filles — environ une vingtaine — réunis sous la direction d'un prêtre, mort aujourd'hui. Mais, à la suite de circonstances et à une date sortie de ma mémoire, elle avait rompu brusquement, non seulement avec ledit abbé, mais aussi avec le christianisme. Et je l'avais perdue de vue. Je dois dire qu'elle s'était éloignée en même temps de sa mère et de sa sœur aînée, de très grandes catholiques. Sa mère, un jour, s'étant plainte qu'elle avait un cœur de pierre : « Non, mère, lui avait-elle répondu, mon cœur est de marbre. »

1. Texte de Marcel Moré publié dans le *Cahier des Saisons* nº 38 (été 1964). Julliard Ed. Ce document qui relate l'enterrement de Laure apporte quelques précisions au sujet de l'attitude de Bataille à l'endroit de la religion chrétienne.

LAURE

Un après-midi, c'était sans doute en 1935 ou 1936 — elle connaissait alors Bataille, mais pas encore très intimement, — Michel Leiris et moi nous assîmes à la terrasse des « Deux Magots ». Elle était à la table voisine. Michel Leiris voulut me la présenter. « Bien inutile, lui dit-elle, il y a longtemps que je connais Moré. » Mais elle était très gênée : elle m'expliqua qu'étant donnée sa position nettement antireligieuse de l'heure, elle s'était juré à elle-même de ne plus jamais revoir ses anciens amis du Groupe catholique — et j'étais devant elle. Elle était d'autant plus gênée qu'elle se rendit compte rapidement que nous avions de nombreuses relations en commun et que, par conséquent, nous allions avoir souvent l'occasion de nous rencontrer. C'est ce qui arriva. Mais, contrairement à mon attente, elle supporta très vite et très bien ma présence. Nous avions même souvent des conversations, seuls, en tête à tête. Je devins bientôt presque un confident pour elle.

Elle vivait déjà depuis quelque temps chez Bataille à Saint-Germain quand, à l'automne de 1938, elle tomba gravement malade. J'allais la voir assez fréquemment. Elle me demanda même un jour de lui prêter un numéro de la *Nouvelle Revue Française* qui contenait une traduction du *Mariage du Ciel et de l'Enfer*, de William Blake.

Mais la mort approchait à grands pas et il était impossible de ne pas prévenir sa mère. Puisque je connaissais la famille, je fus chargé de la commission.

Une agonie est toujours dramatique, mais celle-ci se déroula entourée de circonstances qui le furent particulièrement. Dans la chambre de la mourante, la mère et la sœur aînée se tenaient assises d'un côté du lit, et Bataille et deux ou trois de ses amis de l'autre. On se dévisageait et on épiait. L'agonisante ne pouvait plus parler, et les deux partis, dans un esprit évidemment tout opposé, cherchaient si, par un geste quelconque, un signe de croix par exemple, elle laisserait entendre qu'aux approches de la mort elle avait retrouvé sa foi. Elle mourut sans avoir donné la preuve attendue par la mère et la sœur. Je me souviens de la date : c'était le 7 novembre 1938.

Et, aussitôt, se posa la question de l'enterrement. Les deux partis, quoique sans cesse en présence, n'échangeaient jamais le moindre mot. Quelques jours auparavant, la mère m'avait fait demander à Bataille la permission d'amener un prêtre et il lui avait fait répondre que, la maison lui appartenant, jamais un prêtre n'en franchirait le seuil. La fille ayant rendu le dernier soupir, la mère me dit : « Une fois sorti de la maison, son corps est à moi, puisqu'ils n'étaient pas unis par le mariage. » Et elle exigeait un service religieux. Lorsque j'eus transmis à Bataille cette exigence, il me chargea, cette fois encore, de la réponse : « Si jamais on poussait l'audace jusqu'à célébrer une messe, il tirerait sur le prêtre à l'autel! »

Connaissant Bataille tel que je le connaissais, j'aurais été assez étonné qu'il accomplît ce geste, car, malgré ses théories sur le « crime », j'ai toujours pensé qu'il n'avait rien, absolument rien d'un criminel. Mais il me semblait qu'il fallait chercher un apaisement et j'obtins de la mère qu'elle renonçât à son projet.

Néanmoins, il fallait bien procéder à la mise en bière. Je vois encore la chambre : au milieu le cercueil; dans un coin, les deux femmes voilées de crêpe; dans le coin opposé, Bataille et ses amis, dans des vêtements clairs et avec des cravates roses et bleu ciel. Le silence n'était rompu que par le bruit fait par les employés des pompes funèbres. Au moment où ils allaient fermer la bière, Bataille fit quelques pas en avant et déposa sur le corps de la morte *Le Mariage du Ciel et de l'Enfer* dont il avait arraché les pages au numéro de la N.R.F. Puis il revint à sa place. Alors la mère me fit signe de venir lui parler : « Je voudrais embrasser Bataille, me dit-elle. Pouvez-vous le lui demander? » Je fis la commission. « Très volontiers », me répondit-il. Alors, on vit ces deux êtres qui, depuis plusieurs jours, se regardaient comme des chiens de faïence, presque avec haine, s'avancer l'un vers l'autre et, les employés des pompes funèbres s'étant écartés, s'embrasser au-dessus du cercueil.

Quelques jours plus tard, la mère me confia que l'un de ses grands regrets, c'était qu'ils n'avaient pas été mariés. « Ah! Georges Bataille, me dit-elle, comme j'aurais été heureuse de l'avoir pour gendre. »

Je ne crois pas avoir jamais vécu des moments aussi bouleversants que ceux que je viens de décrire. J'ai vu alors s'affronter deux mondes « sacrés ». J'ai vu que la haine pouvait rapprocher deux êtres ennemis. Et cela m'a éclairé sur Bataille beaucoup plus que n'importe lequel de ses écrits.

Je n'ai pas relu récemment son œuvre; et puis, les questions que soulèvent sa philosophie et sa pensée sont fort complexes. Je n'aime pas parler de choses qui n'ont pas un contour très précis dans mon esprit. Cependant, j'aimerais vous dire quelques mots, non des livres ou des articles publiés par Bataille, mais de deux « discussions » auxquelles il a pris part et qui sont assez mal connues.

Je parlerai d'abord de la plus récente, un colloque sur l' « angoisse » qui s'est tenu il y a une dizaine d'années à Genève. On relève dans la sténographie des séances quelques réflexions de Bataille qui méritent d'être soulignées. Ainsi il a déclaré :

« En principe, je suis athée, je pense généralement que je suis athée. Je ne suis pas sûr d'être existentialiste, mais je suis encore moins sûr d'être athée. » Cette espèce de dialectique, ne pourrait-on pas la qualifier de « sincérité de l'ambiguïté »? Et, en une certaine manière, n'éclaire-t-elle pas, en quelque sorte, les scènes que j'ai évoquées tout à l'heure?

Il a dit également : « L'angoisse m'apparaît comme un mal dont, personnellement, je voudrais même guérir. » Et encore : « C'est avec confiance que je voudrais faire entendre un instant la voix de celui qui se complaît dans l'angoisse d'un Dieu qui ne serait ni raison ni colère, mais angoisse... Ce que je veux affirmer essentiellement, c'est le fait que je me complais, au moins à certains moments, dans l'angoisse... Je veux dire que je m'y noie, je m'y abandonne sans réserve et c'est, en somme, la raison pour laquelle je puis parler avec une ironie entière. » Une angoisse sans fond! n'était-ce pas, somme toute, ce que cachait son attitude glacée auprès du cercueil, face à une mère à laquelle, quarante-huit heures plus tôt, il avait refusé la célébration d'une messe d'enterrement.

L'autre « discussion », que j'évoque rapidement pour terminer, a eu lieu en 1944. Pendant l'occupation, se tenaient, chez moi, des réunions plus ou moins périodiques où l'on discutait de questions religieuses, des protestants, des orthodoxes, comme, également, des philosophes non chrétiens. A la fin de 1943, Bataille m'avait fait part de la satisfaction qu'il aurait à diriger l'une d'elles, si je voulais bien qu'elle fût consacrée au « péché ». Elle eut lieu le 5 mars de l'année suivante. Bataille a incorporé, d'ailleurs avec quelques modifications, l'exposé qu'il a fait alors, dans son livre, publié en 1945, sur Nietzsche. Mais la même année, le débat, auquel Fabre-Luce a fait allusion dans son *Journal de la France* (pp. 586 et 587), a été reproduit intégralement dans le numéro 4 de *Dieu vivant*. Ce numéro met le lecteur en présence d'une longue discussion avec et autour de Bataille. Il offre un intérêt tout particulier du fait qu'avaient pris part à cette discussion le père Daniélou, Pierre Klossowski, Pierre Burgelin, Jean Hippolyte, Louis Massignon, Sartre et d'autres encore. Des quatorze thèses exposées par Bataille au moyen de la dialectique hégélienne de l'être et du néant, je dois me contenter de dire — au risque de trahir sa pensée en la résumant avec des mots aussi brefs et sans nuances — qu'elles tournaient autour de l'idée d'un sommet mystique inaccessible, mais vers lequel on devait néanmoins se diriger d'une façon toute gratuite « en se plongeant dans le mal », alors que la morale, elle, n'admet qu'une « mise en jeu ayant pour but une cause utile ». A quoi j'ajouterai une ultime remarque.

On sait la place que tient l' « érotisme » dans son œuvre et on pouvait s'attendre à ce que le mot revînt souvent sur les lèvres. Or, il en a fait un usage fort discret. Le terme de beaucoup le plus employé par lui est celui de « péché ». C'est tout naturel, dira-t-on, puisque c'était le titre de la discussion. Mais ce titre, c'était lui-même qui l'avait choisi et n'est-ce pas déjà caractéristique? La notion de « péché » est spécifiquement judéo-chrétienne et elle a entretenu et développé l'angoisse dans le monde occidental au cours de vingt siècles de christianisme. Elle diffère de la simple notion de « faute » parce que le péché, lui, appelle, non le châtiment des hommes, mais la colère du Dieu tout-puissant. Aujourd'hui que j'ai abandonné moi-même le christianisme, précisément parce que je ne peux plus admettre l'idée du Dieu vengeur de l'Ancien Testament et de l'Apocalypse (*Juste judex ultionis*, chante encore de nos jours la liturgie du *Dies Irae* au-dessus d'un cercueil), quand je relis les divers propos de Bataille au cours de la discussion de 1944, je suis frappé de constater que, restant accroché à cette notion de péché, il n'était nullement libéré de l'Église. Son cas n'est pas isolé. Bataille a été, en somme, le symbole vivant d'une humanité qui, ayant renié la foi chrétienne, reste encore, en grande partie, prisonnière de l'angoisse du péché. Mais, chez certains, l'angoisse est parfois créatrice.

Georges Bataille

LE COUPABLE
Fragments retrouvés, sur Laure

Dieu serait-il un homme pour qui la mort, ou plutôt la réflexion sur la mort, serait un amusement prodigieux?

Manière de parler bien incorrecte? Sans doute.

Manière de rire, plutôt. Mais le rire et la parole (j'entends la parole qui, sans piège, ne se dérobe pas devant *toutes* les conséquences de la parole) ne pourraient-ils pas, à la fin, s'accorder?

Ce livre est l'éclat de rire sournois, d'autant plus vivace, d'un homme qui s'efforça dans des circonstances favorables (il le fit à grand-peine, et dans l'ensemble ce fut en vain) de s'enfermer dans la perspective de la mort (la vie le reprit aussitôt, la vie la plus aiguë, mais parfois la plus déchirée).

Ces circonstances (indépendantes de la vie personnelle de l'auteur) tiennent à la déclaration de la guerre de 39. Pratiquement, l'auteur a formé ce livre à partir du « journal » qu'il rédigea, décidé par un mouvement qu'il n'aurait pu dominer, du jour où la guerre éclata. Jamais l'auteur, alors âgé de quarante-deux ans, n'avait rédigé de journal. Mais se trouvant bientôt devant les pages écrites, il aperçut qu'il n'avait jamais rien écrit à quoi il tînt de la même façon, rien qui l'exprimât si pleinement. Il dut seulement supprimer les passages qui parlaient de tiers (en particulier de la morte * à laquelle son ami, Michel Leiris, fait allusion dans *La Règle du jeu*) : ce livre est violemment dominé par les larmes, il est violemment dominé par la mort.

Aujourd'hui l'auteur est frappé du fait que *Le Coupable*, en même temps que par les larmes et la mort, est dominé par la représentation de Dieu. [...]

14 septembre [1939].

Je suis allé hier sur la tombe de Laure et dès que j'ai passé ma porte la nuit était si noire que je me suis demandé s'il me serait possible de me

* Laure.

diriger sur la route; si noire que j'étais pris à la gorge, sans pouvoir penser à autre chose : il m'était donc impossible d'entrer dans cet état de demi-extase qui commençait chaque fois que je prenais le même chemin. Après un long temps, vers le milieu de la côte, étant de plus en plus perdu, le souvenir de la montée à l'Etna me revint à l'esprit et me bouleversa : tout était aussi noir et aussi chargé de terreur sournoise pendant la nuit où Laure et moi nous avions gravi les pentes de l'Etna (cette montée à l'Etna eut pour nous un sens extrême; nous avions renoncé pour y parvenir à nous rendre en Grèce — nous avons dû nous faire rembourser le prix de la traversée déjà en partie souscrit; l'arrivée à l'aube sur la crête du cratère immense et sans fond — nous étions épuisés et, en quelque sorte, exorbités par une solitude trop étrange, trop désastreuse : c'est le moment de déchirement où nous sommes penchés sur la blessure béante, sur la fêlure de l'astre où nous respirions. Le tableau de cendre et de flammes qu'André * a peint après que nous lui en avons parlé était près de Laure lorsqu'elle est morte, il est encore dans ma chambre. Au milieu du parcours, alors que nous étions entrés dans une région infernale, nous devinions également au loin le cratère du volcan à l'extrémité d'une longue vallée de lave et il était impossible d'imaginer quelque lieu où l'horrible instabilité des choses fût plus évidente, Laure fut prise tout à coup d'une angoisse telle que, folle, elle s'enfuit en courant droit devant elle : l'effroi et la désolation dans lesquels nous étions entrés l'avaient égarée). Hier j'ai continué à gravir la pente de la colline où se trouve sa tombe, bouleversé par un souvenir aussi chargé de terreur nocturne (mais en même temps de gloire souterraine, de cette gloire nocturne déjà brisée à laquelle n'accèdent pas de véritables hommes mais seulement des ombres tremblant de froid). Lorsque j'entrai dans le cimetière, j'étais ému moi-même à perdre la tête : j'avais peur d'elle et il me semblait que si elle m'apparaissait, je n'aurais plus qu'à crier de terreur. Malgré l'extrême obscurité, il était possible de distinguer (elles dressaient des formes floues relativement blanches) les tombes, les croix et les dalles de pierre; j'aperçus aussi deux vers luisants. Mais la tombe de Laure, couverte de végétation, formait, je ne sais pourquoi, la seule étendue absolument noire. Arrivé devant, je me pris de douleur dans mes propres bras sans plus rien savoir, et, à ce moment-là, ce fut comme si je me dédoublais obscurément et comme si je *l*'étreignais. Mes mains se perdaient autour de moi-même et il me semblait la toucher et la respirer : une terrible douceur s'empara de moi et cela se passait exactement comme lorsque nous nous trouvions l'un l'autre, tout à coup; comme lorsque les obstacles qui séparent deux

* André Masson.

êtres sont tombés. Alors, à l'idée que, de nouveau, je redeviendrais moi-même, borné à mes lourdes nécessités, je me suis mis à gémir et à lui demander pardon. Je pleurais amèrement et je ne savais plus quoi faire parce que je savais bien que je la perdrais à nouveau. J'étais saisi d'une honte insupportable à l'idée de ce que j'allais devenir, par exemple celui que je suis au moment où j'écris, et pire encore. Je n'avais qu'une certitude (mais cette certitude était grisante); que l'expérience des êtres perdus, lorsqu'elle se détache des objets habituels de l'activité, n'est limitée dans aucun sens.

Ce que j'ai éprouvé hier n'était pas moins brûlant ni moins vrai, ni moins chargé de sens pour la destinée des êtres, que la rencontre de l'*inintelligible* sous d'autres formes, plus vagues ou plus impersonnelles. L'être brûle d'être en être à travers la nuit et il brûle d'autant plus que l'amour a su écrouler les murs de prison qui enferment chaque personne : mais que peut-il y avoir de plus grand que la brèche à travers laquelle deux êtres se reconnaissent l'un l'autre, échappant à la vulgarité et à la platitude qu'introduit l'infini. Celui qui du moins aime au-delà de la tombe (il a donc échappé aussi à la vulgarité propre aux rapports quotidiens, mais jamais les liens trop étroits ont-ils été plus brisés que par Laure : la douleur, l'épouvante, les larmes, le délire, l'orgie, la fièvre puis la mort sont le pain quotidien que Laure a partagé avec moi et ce pain me laisse le souvenir d'une douceur redoutable mais immense; c'était la forme que prenait un amour avide d'excéder les limites des choses et cependant combien de fois ensemble avons-nous atteint des instants de bonheur irréalisable, nuits étoilées, ruisseaux qui s'écoulent : dans la forêt de [*Lyons?*], la nuit tombée, elle marchait à côté de moi en silence, je la regardais sans qu'elle me voie, ai-je jamais été plus sûr de ce que la vie apporte en réponse aux plus insondables mouvements du cœur? Je regardais ma destinée s'avancer dans l'obscurité à côté de moi, il est impossible qu'une phrase exprime à quel point je la reconnaissais : je ne peux pas exprimer non plus à quel point Laure était belle, sa beauté imparfaite était la mobile image d'une destinée ardente et incertaine. La transparence fulgurante de semblables nuits est également indicible.) Tout au moins celui qui aime au-delà de la tombe a le droit de délivrer en lui l'amour de ses limites humaines et de ne pas hésiter à lui donner autant de sens qu'à rien d'autre qui lui apparaisse concevable.

Je tiens à transcrire ce passage d'une lettre de Laure à Jean Grémillon en septembre (ou octobre) 1937, à notre retour d'Italie :

« Nous avons fait, Georges et moi, l'ascension de l'Etna. C'est assez terrifiant. J'aimerais à t'en parler, je ne peux y penser sans trouble et je rapproche de cette vision tous mes actes du moment. Ainsi il m'est plus facile de serrer les dents... si fort — à se briser les mâchoires. »

Je transcris les phrases mais je ne comprends plus vraiment ce qu'elles enferment de vérité. Je ne le cherche même plus, car je ne peux le chercher qu'en me proposant d'atteindre ce qui est presque inaccessible et cela ne peut être tenté que rarement.

19 septembre [1939].

Ce n'est pas un sentiment que j'ai éprouvé seul. Une nervosité, qui n'avait pas d'autre issue qu'un cataclysme, existait déjà il y a un mois...

20 septembre.

... mais il existe maintenant une nouvelle contraction des nerfs : depuis le 17 septembre elle est devenue mauvaise. J'y échappe ce matin. Je me retrouve ce matin moi-même : dans un accord angélique avec la réalité la plus... Ce matin, dans cette chambre que je devrai bientôt abandonner, où tout s'est accompli. Tous les volets ont été bien ouverts. Le ciel est à peine brumeux, mais sans nuages, le tilleul devant la fenêtre est à peine en mouvement. Cette maison, au milieu des grands arbres, la seule où Laure ait trouvé, avant d'y mourir, un court repos, la forêt proche, sa tombe, le corbeau et le désert... tant de malédiction, tant de miraculeuse obscurité, mais ce matin, un soleil atténué par une brume lumineuse et bientôt le départ définitif. Le secret transparent de la lumière, du désordre et de la mort, toute la majesté de la vie finissante, ma sensualité heureuse, ma perversion, je n'abandonnerai pas ce que je suis qui se confond avec l'immense douceur de ce monde fêlé : fêlé par la hargne, par les sordides rages des foules, par les misères chargées d'horreur pour la chance; à quel point j'aime ce que je suis! mais je suis demeuré fidèle à la mort (comme une amoureuse) [...].

La présence de L., douce comme l'éclair d'une hache dans la nuit, intervient tout à coup « comme un voleur » et introduit une étreinte d'une fraîcheur aussi profonde, aussi aérée que le souffle de la nuit. Mais *il faut* aussi que je *sorte* de cette présence à force de volonté tendue : cette présence même l'exige avec une volonté tendue. [...]

Ce qui m'a également terrifié : le visage de Laure avait une obscure ressemblance avec celui de cet homme si affreusement tragique : un visage d'Œdipe vide et à demi dément. Cette ressemblance s'accrut au cours de sa longue agonie, pendant que la fièvre la rongeait, peut-être en particulier pendant ses terribles colères et ses accès de haine contre moi. J'ai essayé de fuir ce que j'ai ainsi rencontré : j'ai fui mon père (il y a vingt-cinq ans, je l'ai abandonné à son sort pendant l'invasion allemande, fuyant avec ma mère : il demeura seul à Reims, confié aux soins d'une femme de ménage; il était aveugle et paralysé et presque sans arrêt souffrait à crier); j'ai fui Laure (je l'ai fuie moralement, terrorisé, je lui faisais souvent face, je l'ai assistée jusqu'au bout et il eût été inconcevable que je cesse de le faire à la limite de mes forces, mais à mesure qu'elle s'approchait de l'agonie je me réfugiais dans une torpeur maladive; parfois je buvais..., je devenais aussi parfois absent) [...].

La condition naturelle de la simplicité est l'action. Or à l'action est nécessaire un impératif cruel écartant les contradictions apparentes. Comment me serait-il possible d'agir si les impératifs dont je suis la proie ne sont autres que : les paniques soudaines et l'agonie de Laure; la nuit retentissante de cris de douleur dans laquelle mon père est entré devant moi [...].

30 septembre et 1er octobre.

Entre les écrits que j'ai donnés à diverses revues, celui que j'ai intitulé *Le Sacré* et qu'a publié *Cahiers d'Art* est à mes yeux le seul où la résolution qui m'anime apparaisse avec une certaine clarté. Ce texte est peut-être distant : la « communication » n'y est pas moins maladroitement lointaine ni moins malaisée que dans la plupart de mes écrits publiés. La part démonstrative a toutefois touché certains de ceux auxquels je m'adressais réellement *. Je crois que l'ignorance ou l'incertitude qui demeurent importent peu; et il n'est plus possible de limiter maintenant l'espoir : pour des hommes dont la vie est nécessairement identique à un long orage — qui ne peut être délivré que par la foudre seule — ce qui est attendu ne peut être moins délirant que le sacré.

Si un changement essentiel a lieu, il ne faut pas l'attribuer à des écrits. Si des phrases ont un sens, elles ne font que réunir ce qui se cherchait. Celles qui crient librement meurent de leur éclat. Ce qui est nécessaire : effacer un écrit en le plaçant dans l'ombre de la réalité qu'il exprime. Cette honnêteté ne pourrait s'imposer en aucun cas plus qu'elle ne s'impose à moi s'il s'agit de cet article.

[*Biffé :* Je l'ai écrit l'an dernier, d'août à novembre, ayant convenu de le faire avec Duthuit, chargé du numéro de *Cahiers d'Art* où il a paru. Et, sur les circonstances dans lesquelles cela s'est passé, je dois rapporter ici un détail essent]

Essentiellement je tiens à rapporter ici l'une des circonstances dans lesquelles je l'ai écrit. Pendant les derniers jours de la maladie de Laure, dans l'après-midi du 2 novembre, j'étais arrivé au passage où j'exprime l'identité du « graal » en quête duquel nous nous trouvons et de l'objet de la religion. Je le terminai par cette phrase : « Le christianisme a *substantialisé* le sacré, mais la nature du sacré, dans lequel nous reconnaissons aujourd'hui l'existence brûlante de la religion, est peut-être ce qui se produit de plus insaisissable entre les hommes, le sacré n'étant qu'un moment privilégié d'unité communielle, moment de communication convulsive de ce qui ordinairement est étouffé ». J'ajoutai aussitôt en marge pour indiquer clairement, tout au moins pour moi-même, le sens des dernières lignes : « identité avec l'amour * ».

Je me rappelle que vers ce moment-là, il y eut un court rayon de soleil d'une beauté éblouissante sur les arbres, alors roux, qui formaient une ligne très haute à cent pas devant ma fenêtre. J'essayai encore de commencer le passage suivant, mais j'ébauchai difficilement deux phrases. Le moment arrivait où je pouvais rejoindre Laure dans sa chambre. Je m'approchai d'elle et je m'aperçus aussitôt qu'elle était beaucoup plus mal. J'essayai de lui parler mais elle ne répondait plus à rien, elle prononçait des phrases sans suite, absorbée dans un immense délire; elle ne me voyait plus, ne me reconnaissait plus. Je compris que tout finissait, et que je ne pourrais plus jamais lui parler, qu'elle allait mourir ainsi dans quelques heures et que nous ne nous parlerions plus jamais. L'infirmière me dit à l'oreille que c'était la fin : j'éclatai en sanglots; elle ne m'entendait plus. Le monde s'écroulait impitoyablement. Mon impuissance était si grande que je ne pouvais même plus empêcher sa mère ou ses sœurs d'envahir la maison et sa chambre.

Elle agonisa quatre jours. Pendant quatre jours elle demeura absente, s'adressant aux uns et aux autres, selon un caprice imprévisible, soudain ardente et aussitôt lassée; aucune parole ne l'atteignait plus. A ce courts instants de répit, ses phrases devenaient intelligibles : elle me demanda de chercher dans son sac et dans ses papiers quelque chose qu'il fallait absolument trouver; je lui montrai tout ce qui était là mais je n'ai pas pu trouver ce qu'elle voulait. Je vis seulement à ce moment-là, et je lui montrai, une petite chemise de papier blanc qui portait un titre : *Le Sacré*. L'espoir me vint qu'elle me parlerait encore, par-delà la mort, lorsque je pourrais lire les papiers qu'elle laissait. Je savais qu'elle avait beaucoup écrit mais elle ne m'avait rien donné à lire et je n'avais jamais pensé rencontrer, dans ce qu'elle abandonnait, une réponse à cette question précise qui se cache en moi comme une bête souffrant de faim.

Je dus renoncer à trouver ce qu'elle voulait; le « temps » était prêt à lui « faucher la tête » et il la lui faucha et je demeurai devant ce qui arrivait, lourd de vie, mais incapable de saisir rien d'autre que sa mort. Je ne dis pas maintenant comment sa mort arriva, bien que la nécessité de le dire existe en moi de la façon la plus « terrible ».

Lorsque tout fut fini, je me trouvai devant ses papiers et je pus lire les pages que j'avais aperçues pendant son agonie. La lecture de tous ses

---

* *Note de Bataille :* J'avais écrit ces quelques mots en marge, comme je le fais souvent, avec l'intention d'y revenir un peu plus loin. Je ne l'ai pas fait. J'avais d'ailleurs lu les manuscrits de Laure quand j'ai continué d'écrire.

écrits, entièrement inconnus de moi, provoqua sans aucun doute l'une des plus violentes émotions de ma vie mais rien ne pouvait me frapper et me déchirer davantage qu'une phrase terminant le texte où elle parle du Sacré. Je n'avais jamais pu lui exprimer cette idée paradoxale : que le sacré est *communication*. A cette idée, je n'étais parvenu qu'au moment même où je l'ai exprimée, quelques minutes avant de m'apercevoir que Laure était entrée dans l'agonie. Je puis dire de la façon la plus précise que rien de ce que je lui ai jamais exprimé ne pouvait approcher de cette idée : à l'avance la question avait pour moi une importance si grande que je puis savoir exactement ce qui en est. D'ailleurs nous n'avions presque jamais des « conversations intellectuelles » (il lui est même arrivé de m'en faire le reproche; elle était portée à craindre le mépris : en réalité, je ne méprisais que l'impudence inévitable des « conversations intellectuelles »).

A la fin du texte de Laure, je réussis à déchiffrer péniblement ces quelques phrases griffonnées :

« L'œuvre poétique est sacrée en ce qu'elle est la création d'un événement topique, « communication » ressentie comme la *nudité*. Elle est viol de soi-même, dénudation, communication à d'autres de ce qui est raison de vivre, or cette raison de vivre se « déplace ». Ce qui ne diffère en rien des dernières lignes que j'ai citées de mon propre texte. (L'idée « d'unité communielle » est elle-même essentielle à ce que Laure exprimait.)

J'interromps ce long récit pour noter cette image, exprimant une vision, captivante — à la limite d'un cri extatique — que je viens d'avoir : « un ange lointain et aussi imperceptible qu'un point, perçant l'épaisseur nuageuse de la nuit mais sans jamais apparaître sinon comme une lueur étrangement intérieure : cela a lieu comme le vacillement insaisissable d'un éclair : cet ange élève haut devant lui une épée de cristal qui se brise dans le silence. » [...]

2 octobre [1939].

Cet ange n'est peut-être que le « mouvement des mondes ».

L'aimer comme un ange, ni comme une divinité reconnaissable, la représentation que j'en ai d'un cristal qui se brise délivre en moi cet amour intérieurement criant qui donne envie de mourir.

Je sais qu'une telle envie de mourir se situe à l'extrémité impossible de l'être mais je ne pourrais parler de rien d'autre après avoir énoncé les deux phrases qui lient la vie de Laure et la mienne à travers la terre qui recouvre son cercueil. En effet, ces phrases elles-mêmes ne peuvent se situer qu'au même point.

Nous avons souvent cru, Laure et moi, que la cloison qui nous séparait se brisait : les mêmes mots, les mêmes désirs nous traversaient l'esprit au même instant et nous en demeurions d'autant plus troublés que la cause pouvait en être déchirante. Laure a même été révoltée par ce qu'elle ressentait parfois comme une perte d'elle-même anéantissante. Ma mémoire n'a rien retenu de ces coïncidences mais aucune d'entre elles n'avait le caractère extrême qui appartient aux phrases sur la « communication ».

Sur le sens des deux phrases identiques, j'éprouve une grande difficulté à dire ce que je pense. Il m'est nécessaire de montrer ce qu'elles décident, mais je devrais parler pour commencer de tout ce qui entre en jeu dans ce qu'elles expriment [*Biffé :* Aujourd'hui, je me contenterai d'ajouter qu'une publication presque simultanée des textes m'obligeait, à l'adresse de ceux qui pourraient souffrir de la même soif que Laure et moi, de dire que]

Lorsque j'ai commencé d'écrire au début de cette guerre, c'est au point où j'en suis que je voulais venir. Il était impossible que j'arrive à ce point autrement. Et cela, je le savais depuis longtemps. Ce que je fais maintenant, je l'avais décidé plusieurs semaines avant que n'éclate une guerre. Mais je n'ai pas fini, je commence à peine, et devant ce que je veux dire encore, j'ai « la langue coupée ».

(D'autre part, ce qui m'arrive aujourd'hui est aussi indicible et en même temps aussi étranger aux conditions du réel qu'un rêve. Sans une austérité animale, rien de moi ne pourrait passer au travers de ce conte de fée : une illusion aussi fragile se dissiperait au moindre souci, au moindre relâchement de *l'inattention.*

Je n'ai jamais ressenti, sinon auprès de Laure, une pureté aussi facile, une simplicité aussi silencieuse. Cependant, cette fois, il ne s'agit que de scintillements dans un vide comme si un papillon de nuit, ignorant de sa beauté féerique, était venu se poser sur une tête d'homme endormi).

3 octobre [1939].

Poursuivre devient pour moi difficile : je devrai entrer dans le « royaume » où les rois eux-mêmes entrent foudroyés. Mais non seulement je devrai le faire : de ce « royaume », il me faudra parler sans trahison; plus encore, je devrai trouver les mots qui en atteignent le cœur. La conquête qu'il me faut achever est la plus lointaine qui puisse se proposer à l'obscur besoin de se perdre. Dans le « désert » où je m'avance, il existe une solitude totale, que Laure, morte, rend plus déserte.

*

Il y a maintenant presque un an, j'ai trouvé, au seuil de ce « désert », un rayon de soleil ensorcelé : perçant péniblement la brume de novembre, à travers une végétation pourrie et des ruines féeriques, ce rayon de soleil éclairait devant moi une vieille vitrine derrière la fenêtre d'une maison abandonnée. J'étais, à ce moment-là, dans un état d'égarement extatique — à l'extrémité perdue des choses humaines : je venais de traverser une forêt après avoir abandonné le cercueil de Laure aux fossoyeurs. Cette vitrine couverte de la poussière de près d'un siècle, je la voyais du dehors (je m'étais glissé le long d'un large saillant de la maçonnerie jusqu'à une fenêtre moisie). Si quelque vision de pourriture et de déchéance m'était apparue dans ce lieu abandonné au lent ravage de la mort, je l'aurais regardée comme l'image fidèle de mon propre malheur. J'errais moi-même déserté. J'attendais, j'attendais infiniment que le monde de ma désolation s'ouvre devant moi peut-être merveilleux mais insupportable. J'attendais et je tremblais. Ce que j'aperçus par la fenêtre auprès de laquelle l'égarement m'avait conduit était au contraire l'image de la vie et de ses caprices les plus riants. A portée de ma main, derrière la vitre, se trouvait une collection bariolée d'oiseaux des îles. Je ne pouvais rien imaginer de plus doux sous la poussière, derrière les branches mortes et les pierres délabrées que ces oiseaux silencieux oubliés là par le maître disparu de cette maison (visiblement rien n'avait été touché depuis une mort très ancienne; sous la poussière, les papiers étaient disposés dans un demi-désordre sur un bureau, comme si quelqu'un allait venir). J'apercevais en même temps, posée non loin de la vitrine, la photographie de ce maître de la maison : un homme aux cheveux blancs dont le regard m'a laissé l'impression d'une bienveillance et d'une noblesse angéliques; il portait les vêtements d'un bourgeois ou sans doute plus exactement d'un savant du Second Empire.

A ce moment-là, du fond de mon extrême misère, il me sembla que Laure ne m'avait pas abandonné et que sa douceur inouïe continuerait à transparaître dans la mort comme elle transparaissait de son vivant jusqu'à ses violences les plus haineuses (celles que je ne peux pas me rappeler sans horreur).

4 octobre [1939].

C'est aujourd'hui le premier jour vrai, froid et gris, de l'automne ou de l'hiver. Je rentre ainsi tout à coup dans le monde désert de l'automne dernier : je me retrouve une fois encore glacé et transi, aussi loin de tout rivage et non moins étranger à moi-même qu'un point quelconque perdu au milieu des mers. De nouveau une sorte d'extase monotone et absente s'empare de moi, les dents contractées de la même façon que l'an dernier. Ainsi tout à coup, la distance s'est dissipée, entre ma vie et la mort de Laure.

*

En marchant dans les rues, je découvre une vérité qui ne me laisse pas en repos : cette sorte de contraction douloureuse de toute ma vie qui se lie pour moi à la mort de Laure et à la tristesse dépouillée de l'automne est aussi pour moi le seul moyen de me « crucifier ».

J'écrivais le 28 septembre : « j'aperçois que, pour renoncer à mes habitudes érotiques, il me faudrait inventer un moyen nouveau de me crucifier. Ce moyen devrait être aussi enivrant que l'alcool. » Ce que j'entrevois en ce moment pourrait me faire peur [...].

[11 octobre]

Pendant l'agonie de Laure, je trouvai dans le jardin alors délabré, au milieu des feuilles mortes et des plantes flétries, une des plus jolies fleurs que j'aie vue : une rose, « couleur d'automne », à peine ouverte. Malgré mon égarement, je la cueillis et la portai à Laure. Laure était alors perdue en elle-même, perdue dans un délire indéfinissable. Mais quand je lui donnai la rose, elle sortit de son étrange état, elle me sourit et prononça une de ses dernières phrases intelligibles : « Elle est ravissante », me dit-elle. Puis elle porta la fleur à ses lèvres et l'embrassa avec une passion insensée comme si elle avait voulu retenir tout ce qui lui échappait. Mais cela ne dura qu'un instant : elle rejeta la rose de la même façon que les enfants rejettent leurs jouets et redevint étrangère à tout ce qui l'approchait, respirant convulsivement.

12 octobre.

Hier, dans le bureau d'un camarade de travail, alors que celui-ci téléphonait, j'éprouvais de l'angoisse et sans que rien puisse être aperçu, je me trouvai absorbé en moi-même, les yeux fixés sur le lit de mort de Laure (celui où je me couche maintenant chaque soir). Ce lit et Laure se trouvaient dans l'espace même de mon cœur ou plus exactement mon cœur *était* Laure étendue sur ce lit — dans la nuit de la cage thoracique — Laure achevait de mourir à l'instant où elle éleva l'une des roses qu'on venait d'étendre devant elle, elle l'éleva devant elle avec un mouvement excédé et elle cria presque d'une voix absente et infiniment douloureuse : « La rose! ». (Je crois que ce furent ses derniers mots.) Dans le bureau et pendant une partie de la soirée la rose élevée et le cri restèrent longuement *dans mon cœur*. La voix de Laure n'était peut-être pas *douloureuse*, elle était peut-être simplement *déchirante*. Au même instant je me représentais ce que j'avais éprouvé le matin même : « prendre une fleur et la regarder jusqu'à l'accord... ». C'était là une *vision*, une *vision intérieure* maintenue par une nécessité subie en silence; ce n'était pas une réflexion libre [...].

21 octobre.

Une lettre de rupture envoyée hier à ceux sur lesquels j'avais tort de compter (je n'ai eu que trop souvent l'arrière-pensée que j'avais tort; [*biffé :* j'ai souvent contredit les violentes imprécations de Laure, mais j'endurais avec peine, m'attachant à cette misère comme à une possibilité de vie. Aujourd'hui, apercevant tout ce que j'ai rencontré et que j'aime, je sais que tout m'aurait manqué sans mon inexplicable patience. Mais ceux qui sont venus à bout de cette patience ne peuvent plus détruire ce que j'ai fondé avec eux]) [...].

Ce qui existe aujourd'hui autour de moi pourra se dissiper en quelques heures : du moins je pourrais être détaché corporellement de ce lieu de rêve. Mais la nécessité de me déplacer dans un monde chargé de sens secrets, où une fenêtre, un arbre, une porte de placard ne peuvent être regardés sans angoisse, une aussi *belle* nécessité était inscrite en moi comme elle était inscrite dans la destinée de Laure. Ni elle ni moi n'avons rien fait (ou si peu) pour que ce monde se forme autour de nous : il est simplement apparu lorsque la brume s'est levée, peu à peu : il ne tenait pas moins du désastre que du rêve. Car jamais un homme qui désirerait la beauté pour ce qu'elle est n'entrera dans un tel monde. La folie, l'ascèse, la haine, l'angoisse et la domination de la peur sont nécessaires et l'amour doit être si grand que la mort au seuil paraîtrait risible. Une fenêtre, un arbre, une porte de placard ne sont rien s'ils ne témoignent pas de mouvements et de destructions déchirantes [...].

7 novembre.

Il y a un an aujourd'hui que Laure est morte.

Je transcris cette lettre de Leiris que j'ai reçue dimanche. Il ne s'était jamais exprimé ainsi :

Colomb-Béchar, le 29 octobre 1939.

Cher Georges,

Nous voici bien près de ce moment de l'année où nous pourrons regarder en arrière et considérer avec effroi tout ce qui se sera déroulé en un an...

Je ne veux rien te dire de précis (toute précision serait ici sacrilège), simplement qu'il est certains souvenirs auxquels automatiquement je me reporte lorsque j'ai le cafard et qu'ils sont, tout compte fait, plus des raisons d'espérer que de désespérer.

Il est impossible que tout ce qui nous unit à quelques-uns ne soit pas la seule chose humainement valable, capable de survivre à n'importe quelles vicissitudes.

Je tiens ici un langage bien solennel — très éloigné de mes habitudes —, langage qui me fait un peu honte, pour des raisons de pudeur, ou de respect humain (pour sacrifier une fois de plus à ma manie de tout rabaisser). Je pense que tu me pardonneras et découvriras à travers mes mots tout ce que je voudrais te dire d'aussi spontané qu'une crise de larmes ou qu'un éclat de rire...

Michel

[...]

Je sors du Helder où j'ai vu *Les Hauts de Hurlevent :* Heatchcliff vivant avec le fantôme de Cathy — comme j'ai voulu vivre avec le fantôme de

Laure... A La Vaissenet, samedi, j'avais songé aux *Hauts de Hurlevent*. J'y ai songé même à Ferluc. Je suppose qu'il a fallu cette pérégrination dans des maisons de montagne pour me faire oublier mon dégoût des « comédies ». Mais je le suppose seulement. Après tout, de plus en plus, je suis ignorant.

J'ai cessé de me rappeler Laure avec quelque force. La pensée de Denise, *vivante*, me possède en entier. Au milieu du chaos, je demeure *vivant*, enivré par cette pureté pesante de Denise plus belle que je n'aurais pu le rêver (belle, il me semble, comme une bête). Ne pas aimer Denise ainsi, jusqu'à sentir ce malaise du cœur qui a le froid de la mort, me semblerait tout trahir : c'est aussi inconcevable que, pour la plante, cesser de bourgeonner et de croître [...].

En décembre 37, Maurice Heine nous conduisit Laure et moi comme nous le lui avions demandé à l'endroit que Sade avait choisi pour qu'on l'y enterre. « Il sera semé dessus des glands... » Mangé par la racine des chênes, s'anéantissant dans la terre d'un taillis... Il neigeait ce jour-là et la voiture s'est égarée dans la forêt. Il y avait sur la Beauce un vent sauvage. Au retour ayant quitté Maurice Heine, Laure et moi nous dressâmes un souper : nous attendions Ivanov et Odoïevtsova. Comme il était prévu, le souper ne fut pas moins sauvage que le vent. Odoïevtsova nue se mit à vomir.

En mars 38, nous sommes retournés au même lieu avec Michel Leiris et Zette. Maurice Heine ne nous accompagnait pas. A cette occasion, Laure vit à Epernon, les derniers films de sa vie : on donnait le *Voyage sans retour* *, elle ne le connaissait pas. Elle marcha dans la journée comme si la mort ne la minait pas et nous arrivâmes en plein soleil au bord de la mare désignée par Sade. Les Allemands venaient d'entrer dans Vienne et l'air était déjà chargé d'une odeur de guerre. Le soir où nous rentrâmes, Laure rêvait d'entraîner Zette et Leiris dans la voie qui nous plaisait. Le souper que nous avions acheté, c'est volontairement que nous l'achetâmes, Laure et moi, là où nous avions commandé le souper des Ivanov. Mais à peine rentrée Laure ressentit la première attaque du mal qui la tua : elle avait une forte fièvre et s'alita sans savoir qu'elle ne devait plus se lever. Depuis qu'elle revit la « tombe » de Sade, Laure ne sortit qu'un seul jour, à la fin du mois d'août. Je l'emmenai en voiture de la maison de Saint-Germain dans la forêt. Elle ne descendit qu'une seule fois : devant l'arbre foudroyé. A l'aller nous traversâmes la plaine de Montaigu où elle se grisa de la beauté des collines et des champs. Mais à peine entrée dans la forêt, elle aperçut à sa gauche deux *corbeaux* morts, pendus aux branches d'un arbre de taillis...

---

* Film de Tay Garnett (1932).

LAURE

J'aurais voulu que toujours il m'accompagnât
et me précédât
comme un chevalier son héraut *

Nous n'étions pas loin de la « maison ». Je vis les deux corbeaux quelques jours plus tard, passant au même endroit. Je le lui dis : elle frémit et sa voix s'étrangla à tel point que j'eus peur. Je compris seulement après sa mort qu'elle avait regardé la rencontre des oiseaux morts comme un signe. Laure n'était alors qu'un corps inerte : je venais de parcourir ses manuscrits et ce que j'avais lu dès les premières pages, c'était *Le Corbeau*.
3 juin [1940]

Paris vient d'être bombardé [*biffé :* et l'on m'a dit qu'une bombe était tombée sur la clinique de la rue Boileau où Laure passa deux mois avant d'aller avec moi, le 15 juillet 1938, dans la maison de Saint-Germain où elle mourut. Je ne sais pas quel bâtiment de la clinique est détruit. La maison de Saint-Germain va-t-elle s'effondrer à son tour? Dans une lettre destinée aux Leiris, Laure elle-même avait écrit que la maison qu'elle appelait avec mépris la « nonne » devait finir dans un désastre. J'écris cela aujourd'hui que tout est passé au « chaos sonore, absurde et violent » auquel elle voyait le monde voué].
J'ajoute : au seuil de la *gloire*, j'ai trouvé la *mort* sous l'apparence de la nudité, parée de jarretelles et de longs bas noirs. Qui approcha un être plus humain, qui supporta plus horrible furie : cette furie m'a conduit par la main dans mes enfers.

Je viens de raconter ma vie : *la mort* avait pris le nom de LAURE **

Je suis pour ceux que j'aime une provocation. Je ne puis supporter de les voir oublier la chance qu'ils seraient s'*ils jouaient*.
L. a joué jadis. Avec L. j'ai joué. Je n'ai plus de repos car j'ai gagné. Je ne puis que jouer encore, aviver cette chance vraiment folle...

L. joua et gagna. L. mourut.
Bientôt, dit L. le sol me manqua.

Sur Nietzsche

Sur le manuscrit de ce qui paraîtra sous le titre de Le Coupable *— et qui d'une certaine façon est le journal implicite de* la mort de Laure, *commencé avec un an de « retard » —, il se trouve que tous les fragments qui la nomment sont biffés ou omis.*

---

* Écrits de Laure. Le Corbeau.
** *O. C.*, T. V, © Éd. Gallimard.

Une singulière rature ou césure interrompt chaque pensée se rapportant à cette mort. La disposition de cette coupure, dans le récit, désigne un lieu central dans le rapport qui unit Bataille à Laure.

J.P.F.

Imaginer une femme incomparablement belle et morte : elle n'est pas un être, elle n'est rien de saisissable. Personne n'est dans la chambre. Dieu n'est pas dans la chambre. Et la chambre est vide.

... Comment *reconnaître* la chance, sans avoir à son intention disposé d'un amour *qui se cache?*

Un amour insensé la crée, se jetant à la tête en silence. Elle tombait du haut du ciel, comme la foudre, et c'était *moi!* Gouttelette brisée par la foudre, un court instant : plus brillant que le soleil.

Le coupable, OC., T.V., (c) Gallimard.

Je n'ai pu définir évidemment que *dans la nuit* ce que j'appelle *opération souveraine*. J'ai décrit le jeu d'éléments complexes, de mouvements encore équivoques et les *moments souverains* sont extérieurs à mes efforts. Ces moments sont d'une banalité relative : un peu d'ardeur et d'abandon suffisent (un peu de lâcheté par ailleurs en détourne et, l'instant d'après, nous radotons). Rire aux larmes, sensuellement jouir à crier, rien évidemment n'est plus commun (le plus étrange est la servilité qu'après coup nous avons parlant d'affaires graves, *comme si de rien n'était*). L'extase elle-même est proche de nous : qu'on imagine l'enchantement provocant de la poésie, l'intensité d'un fou rire, un vertigineux sentiment d'*absence*, mais ces éléments simplifiés, réduits au point géométrique, dans l'indistinction. Je représenterai encore l'apparition, la nuit, à la fenêtre d'une maison isolée, du visage aimé, mais affreux, d'une morte : subitement, sous ce coup, la nuit changée en jour, le tremblement de froid en un sourire fou, *comme si de rien n'était* — car le ravissement aigu diffère à peine d'un état quelconque.

Méthode de méditation, La nudité (*id.*).

« Je fixe un point devant moi et je me représente ce point comme le lieu géométrique de toute existence et de toute unité, de toute séparation et de toute angoisse, de tout désir inassouvi et de toute mort possibles.

« J'adhère à ce point et un profond amour de ce qui est en ce point me brûle jusqu'à refuser d'être en vie pour autre chose que ce qui est là, pour ce point qui, étant ensemble vie et mort d'un être aimé, a un éclat de cataracte. »

« La pratique de la joie devant la mort », *Acéphale*, 5 juin 1939. (Repris dans *L'Expérience intérieure*, id.)

LA ROSACE

Le « récapitulatif » inédit *

---

* Ce feuillet couvert de la très fine écriture de Bataille, comme en rosace, a été remis à Jérôme Peignot avec les inédits manuscrits de Laure, par Thadée Klossowski. Il appartenait manifestement, à l'ensemble des documents par lesquels Bataille s'efforçait de déchiffrer l'écriture et la vie de Laure.

(Nous y ajoutons entre crochets les mois de l'année 1934.)

Juin

M	20	
J	21	L et B viennent chez moi puis Lacan etc.
V	22	belle étoile
S	23	
D	24	
L	25	Bergery. rencontré B. 2 fois puis L
M	26	
M	27	
J	*28*	L. tél. matin la vois Univ. Soir chez Lacan.
V	*29*	L à la sortie B.N. (les vitres transp.) Select. je ne sais où. Edith à Wiessee voit Roehm.
S	30	S tél. à 8 h.

juillet

D	*1*	Je vais rue d'O à 3 h.
L	2	J'écris à L. qui tél. à 8 h. Limbour arrive à Paris.
M	*3*	Je vois L au Dauph. le matin 1re lettre de L. L. et Q au 2 M.
M	4	L. écrit de Lure. je vais rue de Ptes Ec.
J	5	L. tél. à Janine qui vient B.N. Je vais chez Francis puis Doriot rencontré Br.
V	6	Je reçois la lettre de Lure.
S	7	
D	8	
L	9	

M	10	Leiris et S. K. vont à la B.N. puis Whisky Union puis aux 2 M. un peu après 7 h... Br.
M	11	intentions sadiques. je reçois la lettre d'Oetz un mot de
J	12	le matin lettre de Piburg.
V	13	
S	14	
D	15	allé à la gare de l'Est propose aller Autr.
L	16	
M	17	
M	18	Je vois Breton puis Janine puis Queneau
J	19	tél. Oetz dép. pour Insbrück. Sylvia et
V	*20*	à Insbrück hôtel Victoria. L de 1 h à 5 h.
S	21	L. me tél. alors que j'entre ds le hall. Je reçois carte postale. tél. Hefelakagipfel.
D	22	reçu lettre Bolzano.
L	23	vers 11 h. L. tél. donne d. Muzzo Corona lendemain 6 h puis 1 h 45 nouv. tél. quand j'entre ds le hall. départ 5 h. coucher Bolzano hôtel Victoria
M	*24*	arrive à M.C. trouve L. à 8 h. départ pour 30 arr. à Trente vers 11 h. promenade le long de l'Adige retour hôt. Bologna. téléphone
M	*25*	de très bonne heure le matin puis décide L. à rester envoi tél. vers midi. départ L Molveno auto. déj. Molveno. arr. Andalo prom. bords lav. bcp lézards.
J	*26*	allé Molvano
V	*27*	monté vers les Dolomites.
S	*28*	coup de tél. S. l'homme d'Andalo. allé route de Molveno
D	*29*	dép. 30 . bu vin gare Mezzo Corona. buffet 30 la statue de Dante. dîner au Paon. pâtisserie et gâteau choc. le petit bouge. Stavisky.
L	*30*	bain la matinée au tél. décide L. à télégraphier. les sacrifices et les 2 enterrements. dîner au Paon. prom. et rentrer tôt.
M	*31*	déj. Insbrück. arrivée gare d'argent. oriflammes noirs.

août

M	*1*	mitrailleuses ds les mer.
J	*2*	tél. J. L. après promenade sinistre vers hôpital
V	*3*	promenade long de l'Inn. le matin tél. W. puis S. puis Ch. télégrammes et lettres. apaisement
S	*4*	reçu argent et lettres S. W. coiffeur. départ coucher Zurich téléphone
D	*5*	paris Bâle dormit hôtel Victoria et square bandits. demandé Paris htel Central. Puis Bolzan.

L	*6*	Queneau hl. Central. puis déjà. paris délicieux Cp de tél. vers 11 h. aller K. puis S.W. tél. Bolz. puis K. Départ maison de Santé.
L	7	L cps de tél. S. W. sortie avec K..vu Janine chez elle. dîner avec K. envoyé pour S. W. L' au Critérion
M	8	déj. La Roseraie le matin. Le soir je vois S. chez S. W.
J	9	je vois S. W. au départ du texte. Lettre à Ch. P. 1er tél. Borel.
V	10	re, cp, tre) Neuilly Ch. P. et S. remise du texte. 2d tél. Borel
S	11	date et envoi du texte — aller à Paris avec Janine. Accident car suivant explications. Ch. P. S. voit Janine
D	12	La Roseraie.
L	13	La Roseraie. Tél. à Borel et réponse. Vu Danty Ambrosino, puis Breton puis Piel et Simone coucher chez eux
M	14	dép. pour Priva à 8 h 15. Vu Borel à 6 h 30.
M	15	Borel le matin. cycliste alld et . Lyon.
J	16	retour B.N. hist. Bartcul. soir La Roseraie. Lettres Sylvia et M. L. D. A.
S	18	reçu lettre P. allé rue J. d'au. Janine voit L. Mauvais. Méchanceté! Lu Annabella
D	19	La Roseraie. Écrit à Ch. P. et à S. Triste pour la 3e partie.
L	20	2d lettre de Ch. P. téléphone à Mlle K. retourné à La Roseraie. repris *Fortuna*
M	21	Fini *Fortuna*. Tél. avec le Dr.
M	22	reçu mot de jaqui téléphone la lettre qu'elle a reçu la veille de L. idé inviter C. — dîner jacques Fl. et Peyrambut.
J	23	retour de J. L. qui tél. à 9 h. Vu Ch. 3 à 5. Retour de B.
V	24	tél. J. L. 8 h. essayé tél. B. inutile. P.S.A. aller vers SeA. allé 2 M. idée 7 h 27. rencontré Benstrom. dîné avec lui rentré maison. puis resorti. Écrit Rue.
S	25	allé Biaritz. Écrit B. dîner W. R. S. et G L. à la gare allé Bayonne auto. basque. parlé à S. jusqu'à 3 h. du matin.
D	26	difficulté passeport. cherché Duhamel. départ bateau St. Sébastien déjeuner Miami bu Valdepi h. à l'église. retour Jean de Luz. retrouvé Limbour. olives café de Madrid. quitté S. à 2 h. et demandé adresse vu Cl. R.
L	27	envoyé dépêche. sorti. déj. avec L. et S. déj. café de Madrid. villa N. puis pl. Miramar avec Cl. R. dernière fois. dîner avec S. sorti café M. allé Bayonne quitté S. et L. sur le quai
M	28	arr. P. reçu lettre Borel. tél. clinique. tél. Jacques qui a vu B. vu Jacques à Neptos. vu Max au 2M; dîner coucher Piel
M	29	reçu lettre B? dîner au Fl. J. et P. chez Flo. coucher Piel.
J	30	reçu tél. S. tél. clinique. répondu B. coucher Roseraie et Whiscky
V	31	le soir rentré de bonne heure lettre Sylvia. coucher Piel

LAURE

Septembre

S 1 vu Dommangot. 5 h. et B. vu Ulmo. Soir la Roseraie. whisky.
D 2 matin canot. lu
L 3 retour de Limbour. Bayard. Tabarin. retour taxi
M 4 tél. J. L. été chez P. K.
M 5 retour la soirée tél. dîner Piel
J 6 Borel voit L. Reçu. tél. Janine à l'eau etc. Jacques B. couscouss
V 7 pris rendez-vous Dr. B. 5 h. retrouvé G. L. chez Francis. dîner Piel
S 8 matin Diana Slip. 5 h. Simone B. 8 h. Viva Villa. Univers et Orangerie
D 9 10 h. 2 Magots. journée la Roseraie. bu. rentré à côté Simone.
L 10 matin G. L. coiffeur Lénina 5 h Borel. 7 h. J. et Fl. Vu War correspondant
M 11 matin clinique Frankel. déj. Muss. 5 h. montmarte. rencontre au clair de lune. Rentré Mme et Simone M.
M 12 Commencé 9e partie. Vu Ka sa sœur sa mère et Zette. Rencontré Denise.
J 13 matin Limbour. Ke Boul Olivier Déjeu. etc. Bayard Rentré puis Tabarin
puis Sphinx puis Dhôme OK — Sylvia téléphone.
V 14 Limbour Mme Limbour Frankel
S 15 Red Braff.
D 16 Limbour dîner J. et Fl.
L 17 Boul dîner Mad et Pelly. (Borel, écrit Simone)
M 18 Dîner Çhevalier (Divina)
M 19 Borel puis Denise
J 20 dîner P. K.
V 21 Borel rendez-vous Petitjean. tél. Sylvia.
S 22 Conct Mayol Maid Talbot la Catastrophe, reçu lettre Denise
D 23 Allé P . soir diabloterie les Naklès.
L 24 Borel. dîner Polly. essayé tél. Simone
M 25 dîner et Polly l'am. revu Simone
M 26 Borel. soir Leiris.
J 27 tél. d'Odoïevtsova
V 28 sans doute Edith vient pour la 1re fois à la bibl. et demande un papier
S 29
D 30 allé à porte Maillot. resté Paris pluie Ct Mayol P Ec. soir allé chez S. B. pas trouvé rencontre Gernica

Octobre

L 1 J. B. vient à la bibl. rencontré Edith à la porte et à l'agence Havas

M 2 dîner rest. chinois avec B Q. et J. Janine parle lettre L. Rendez-vous S. L. personne revu Krakatoa

M 3 thé Odoïevtsova. dîner avec Fl. et B. vu Hollywood party Rencontré Edith à 2 h au

J 4 cherché Edith au . L. à la bibl. j'apprends nouvelles de M. D. manqué Edith aux Tuileries. vu Borel. soirée Leiris. Songé à boire etc. . rentré par rue Belle.

V 5 matin dentiste à 14 h le mot d'Edith déj. avec Edith à 2 h. chez 5 h Lac aux Dames 5 h à 6 h 1/2 J. voit L. dîner rond point . puis bois puis Madrid puis cab. cubain

S 6 vu Limbour. attendu Edith à 7 h à l'Univers. dîner Bayard. café Colisée . rentré Issy vers 5 h S. W. avait téléphoné.

D 7 tél. P. K. matin Univers. Louvre. Univers. vu New York Miami bois dîner Bayard. rencontré Fl. et J.

L 8 Tél. J. le goût de cendres. tél. S. W. puis Odoïevtsova puis P. K. Borel. puis P. K. puis 2 M. etc. Simone. Edith C. F. nuit Florence

M 9 matin déj. Univers. Vu Denise. Sh Kahme . Assassinat Barrélla. dîner rest. Chinois puis 2M. puis Fred P .

M 10 2 h. bar aut. 5 h. Borel. 7 h. Edith Dupont dîner Poisson d'Or, rentré Issy.

S 13 Sylvia rentre Coye puis Chantilly. tombée de la nuit traversée du champ de course

D 14 Sorti le matin et ft l'amour ds les bois après-midi après sortie puis thé puis coucher de soleil au-dessus du chp de course oh! bcp de folie.

L 15 retrouvé Sylvia à 8 h. départ à 6 h. attendu Edith à l'entrée Com. fr. vu Ruy Blas

J 19 Le Cercle. S. W. Queneau et Ambrosino. je passe la soirée avec Edith.

M 24 Sylvia rentre avec Laurence.

J 25 Exclu du cercle d'Ambrosino

V 26 Ambrosino amour exclusion du Cercle

D 28 renoncé au voyage .aller Salon des Ind. Tél. chez Piel. dîner Bayard. Coucher rue du bar des Fleurs à l'hôtel...

L 29 Edith attendu chez Balzar à dîner, puis rue Mouffetard. Dîner

M 30 Edith à 5 h. à la bibl. Gare de l'Est puis Rue Allé Bd Haussmann. puis Rue. Puis Gare de l'Est.

Novembre

J 1 9 h. Thionville. 8 h. Trèves. Hl. de Cologne déj. puis allé Dom. Hôtel. Déj. Puis Koukels bey. dîner à l'hôtel.

LAURE

V	2		Courses le matin à Trêves. puis dép. 10 h 36 Moselle. 12 h. Koblentz déj. Eisbeim puis café 15 h. 45 voilier du Rhin cimetières asters et bougies. 18 h Francfort Romer. dîner Börsenkeller. 17 h 52 départ d'Edith pour Heidelberg
1	4	35	Rencontre de Laure. Flore, puis Fred P , puis rue de Rennes.
9	5		Rencontre de Madeleine
16	5		
17	5		rêve ciel renversé
27			retour de Dorothé
13	6		Laure à Flo. puis rue de Rennes. Flore. les Leiris et les Piel dîner Bayard. 12 h Jean W cimetière. monocle. Fleurs Kokô.
13	7		Madeleine rencontr S. W. devant le bar des Flano au moment ou Madeleine me disait qu'elle voyait Kiki.

Bataille prend personnellement l'initiative en 1935 de fonder un petit groupement politique qui, sous le nom de Contre-Attaque, *rassemble quelques anciens membres du* Cercle Communiste *et, à la suite d'une nette réconciliation avec André Breton, l'ensemble du groupe surréaliste [...] 1936 Contre-Attaque dissous, Bataille se décide immédiatement à former avec ceux de ses amis qui y avaient participé, parmi lesquels [...] Pierre Klossowski (...), une « société secrète » qui tournerait le dos à la politique et n'envisagerait plus qu'une fin* religieuse, *mais anti-chrétienne, essentiellement nietzschéenne [...] Son intention se traduisit en partie dans la revue* Acéphale, *qui eut quatre numéros de 1936 à 1939. Le* Collège de Sociologie, *fondé en mars 1936, fut en quelque sorte l'activité extérieure de cette « société secrète » [...] De la « société secrète » proprement dite, il est difficile de parler, mais il semble qu'au moins certains de ses membres en ont gardé une impression de « sortie hors du monde » [...] Un désaccord survint entre Bataille et l'ensemble des membres [...]*

« Une mort l'a déchiré en 1938 ».

Bataille, Fragment d'une notice autobiographique.

à Jérôme Peignot,
avec la très fidèle amitié de
Georges Bataille
et avec le projet de la réunion
très vite en
vue

SOMME ATHÉOLOGIQUE

II

de la publication
d'une nouvelle édition
des oeuvres de Colette
Je m'excuse d'un long
silence dû à un état
presque malade.

ANNEXES

Georges BATAILLE

à *Jérôme Peignot*
Orléans, 25 janvier 62.

Mon cher ami,

Je revois une revue où je trouve votre nom. Honteux d'être si longtemps resté sans vous écrire ou plutôt d'avoir été radicalement incapable de vous écrire. Mais ceci coïncide avec le fait que je vais à la fin revenir habiter Paris : j'y serai le 1er mars. J'y aurai le téléphone, qui déjà est installé dans l'appartement, mais comme je vais travailler à la bibliothèque nationale je dois attendre le 1er mars 62. Mon adresse est..., le téléphone.... Si vous pouviez me téléphoner d'assez bonne heure le matin (en principe, avant 11 heures vous me trouverez).

Comme je vous l'ai dit j'ai honte de ne pas vous avoir écrit. Mais il me semble que si nous pouvons nous trouver simplement dans Paris, l'obstacle que nous avons rencontré tombera.

Croyez à ma profonde affection,

Georges Bataille.

Actuellement, 1, rue Dupanloup, Orléans.

***

en tête du « Coupable »
à Jérôme Peignot
avec la très fidèle amitié de
Georges Bataille
et avec le projet de le revoir
très vite en
vue
de la publication
d'une nouvelle édition
des œuvres de Colette.
Je m'excuse d'un long
silence dû à un état
presque malade.

Ch~~ambre~~ avec

la Cornée de

d'êtres été anges

Plus que jamais :

affreusement

et inquiétiquement

seule —

les morts et leur sorte de

résonnance. ride — tard..

TABLE DES MATIÈRES

Achevé d'imprimer
sur les presses de
l'Imprimerie Hérissey à Évreux
le 26 février 1985
pour le compte de
la Société Nouvelle des Éditions Pauvert.

Imprimé en France
Dépôt légal : Mars 1985
N° d'édition : 9534 — N° d'impression : 36661
51-21-1085-02
ISBN 27202-0078-6